JN084476

人はみな
人と接して
人となる

山田　稔

◆部落問題研究所◆

表紙のさし絵　（絵：山田節子）

旧八幡郵便局（近江兄弟社創立者のヴォーリズの遺構）

はじめに

1958（昭和33）年、私は滋賀県立愛知（えち）高校で教職に就いた。顧問になったクラブ・学芸班がその年、部落問題を研究テーマにしていた。そのことがきっかけで、教師生活の大半を同和教育と部落問題に関わって過ごすこととなった。

このたび、部落問題研究所『人権と部落問題』誌に「人はみな　人と接して　人となる―同和教育と部落問題へのとりくみ」と題して、2022年９月号から15カ月にわたって連載の機会を与えていただいた。私自身の教師としての歩みを綴ったことにもなる。そこで、一つの冊子にまとめることを思いたった。

なお、連載の第1章「教職に就くまで」は、第２部の「生いたちの記」と重複するところが多いので、割愛した。

ついでに、同和教育以外の実践を振り返るとともに、ここしばらくの間の小稿も付け加えることにした。

第２部の「Ⅰ　生いたちの記」は、私自身がどういう人間で、どうかたちづくられてきたか、ご理解いただける一助になるかと思い、収録した。

第２部の「Ⅱ　憲法、47教育基本法に導かれて―同和教育以外の実践を中心に―」の多くは前著『ともに希望を紡いで―ある高校教師の戦後史』（2010年）と重複するところが多い。しかし、私家版ですでに絶版となっているので、今回あえて収録した。その際、文体を変えるとともに、大幅に削除、修正を加えた。

第３部は、「もう黙ってはおられない」との思いで、2019年以降に書き記したものである。「象徴天皇制と令和への代替わり」以降の雑稿を13編を集めた。

ご一読、ご批判いただければ幸いである。

目　次

第１部

人はみな
人と接して
人となる

―同和教育と部落問題へのとりくみ―

1　新任一年目にぶつかった部落問題

クラブ活動で、部落問題に取り組む

1958年4月、私は教職に就き、滋賀県立愛知高校に赴任した。世界人権宣言採択10周年の年だった。また、部落解放国策樹立要請全国会議が初めて開かれた年でもあり、朝日新聞（大阪本社）が「人権－差別とのたたかい」を連載するなど、マスコミもとりあげるようになり、部落問題がようやく大きな社会問題になりかけた時期でもあった。しかし、県内の高校で同和教育にとりくんでいるところはまだほとんどなかった。

たまたま、新任で顧問を担当した「学芸班」というクラブが、その年度の研究テーマを「部落問題」と決めていた。私が赴任する2年前にすでに愛知高を転出されていた小嶋昭道さんが育てられたクラブだった。生徒たちが、「父母の歴史」「私たちの歴史」と、近現代史を自分たちの身のまわりのものを通して学んできて、ぶつかったのが部落問題だった。前々年、1956年、隣の豊郷で同和地区を含む村との合併に、ある字（あざ）が強く反対して大きな社会問題になっていたことも、きっかけの一つだった。

部落の歴史について調べたり、雑誌や新聞などから資料を集めたり、その年の夏に大津で開かれた第2回部落解放全国青年集会に傍聴に出かけたりして、生徒たちと一緒に部落問題について学んでいった。京都市河原町七条（内浜）の靴組合の二階にあった当時の部落問題研究所を訪ね、三木一平さんに相談、助言をいただいたこともあった。

「公開の学園祭での発表は駄目」と学校

ところが、秋の学園祭に展示で発表しようというときになって、困った問題がもちあがった。今と違って、学園祭は土・日曜日に一般に公開する形でもたれていた。地域の文化的な行事がほとんどなかった当時、高校の文化祭といえば、卒業生や父母・住民にとっては文化的なものにふれることのできる数少ない機会であり、一般の見学者も結構あった。講堂の演劇部の公演などは満員の盛況だった。

一方、部落問題については、まだまだ、いわゆる「寝た子を起こすな」という考え方が支配的だった。そういうなかで、「今日の部落差別」などというテーマでの展示は「刺激が強すぎる」ということだったのだろう。教師側の学園祭企画委員会は「校内で発表する機会を別に設けるから、公開の学園祭での発表は差し控えるように」と決めた。

ちょうどその年、1958年、県内のすべての小・中・高校が参加する滋賀県同和教育研究会（滋同教）が発足した。どういう事情からか、愛知高の校長が高校サイドから副会長に選任されていた。部落問題について学園祭での発表は差し控えるようにというのは、その校長の意向でもあった。何年か前に、学園祭の展示が地域の保守勢力から「偏向教育だ」と攻撃される事件があり、職場全体に「ことを起したくない」という空気が強かった。

私は、「部落差別が現実にあるのに、それを避けて通ろうとする態度は正しくないし、そういうことでは生徒たちも納得しない」と強く主張した。しかし、なにせ新採の一年生教員。バックアップしてくれる同僚もいないなかで、いかんともしがたい。とはいえ、文化クラブは学園祭での発表を最大の目標に活動している。「別に発表の機会を設けるから、学園祭での発表は見合わせろ」などということで、生徒たちが納得するはずもない。

テーマを「世界人権宣言10周年にちなんで」と変更

「学校側の方針」と納得しない生徒たちとの板ばさみになって、悩みに悩んで、考えついたのが「人権は守られているだろうか－世界人権宣言10周年にちなんで」というテーマだった。冒頭にふれたように、その年の秋は世界人権宣言採択10周年ということで、人権擁護委員会が高校生の作文なども募集していた。そこで、先のようなテーマで、人権が侵害されている事例の一つとして部落差別をとりあげる。他に、男女差別の問題や、当時国際的にも大きな問題となっていたアメリカの黒人差別などもとりあげる、という構想である。部落問題だけをとりあげることと比べると、大分印象が変わってくるし、「世界人権宣言10周年にちなんで」というテーマであれば反対もできまいと考えた。職員側の学園祭企画委員会にこの案を出すと、「それならよいだろう。十分気をつけてやってほしい」ということになった。

ところが生徒たちは納得しなかった。

「学園祭での展示は、先のような構想でいこう。それなら学校側も認めると言っているから」という私の提案を、生徒たちはなかなか受け入れようとはしなかった。

「先生、なぜ部落問題だけではいけないのですか」

「部落問題を幅広い人権問題の一つとしてとりあげるのは大切なことだ。それに、前から言っているとおり、部落問題だけを大きくとりあげることは刺激が強すぎると多くの先生方が思っているのだ」

「それじゃ、“寝た子を起こすな”という考え方と同じです。そうした考え方が部落差別を残してきたのだと先生も言っていたではありませんか」

「…………………」

「先生の提案はごまかしです。納得できません！」

私は、「このままいけば学園祭で何も発表できなくなってしまう。不満な点があっても、この案でいけば発表できる。それに、人権問題という広い視野から、他の問題とも併せて考えていくことも大切なことだ」と、汗をかきながら、一所懸命生徒たちを説得した。

「せっかくとりくんできて、何も発表できないよりは、発表できたほうがよい」ということで、結局、生徒たちも折れた。

学園祭まであと10日余りという時間的な制約のなかで、生徒たちは、急きょ、世界人権宣言の内容やアメリカの黒人問題、女性差別などについて、分担して調べ展示の準備をすすめた。連日、陽がとっぷり暮れるまで必死で頑張った。

展示は結構、好評だった。その後、内容を冊子にまとめた。

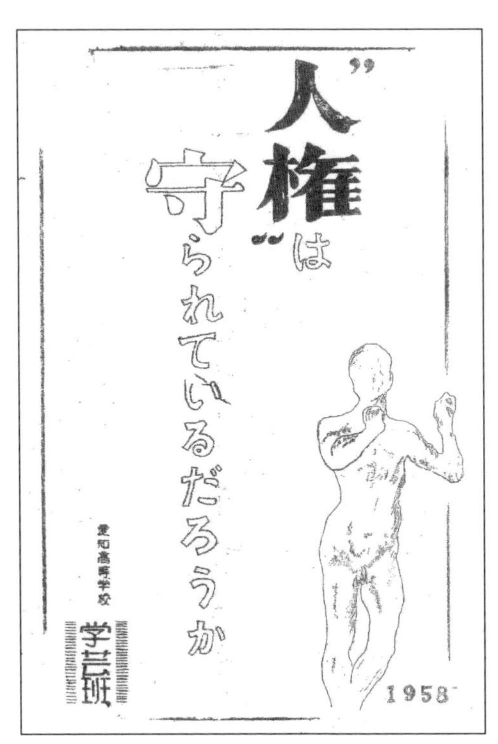

古びて褐色になった当時の私のノートに、学園祭が終ったあと、書き記した文章が残っている。

「学園祭の展示によって、少しでもたくさんの人たちに正しいことを知ってもらって差別をなくすようにしたい」という生徒たちの願いがどれだけ実ったかをおしはかることは難しい。しかし、実りは、本当は生徒たち自身のうちにあったのではないか。自分たちが正しいと信じることを何ほどかやれたということ、そして、それが、すべての人が人間として尊重されるようにするためであったということ。この経験はやがて生徒たちが社会に出て、いろいろな問題につきあたった時に、彼らが正しく行動するための支えになるのではないか。

今日、日本の教育がめざさなければならないものが、人間を人間として尊重し、自主的に行動できる人間を育てあげることだとすれば、そして、同和教育が何よりもそれを実践する教育であるとすれば、学芸班の生徒たちが、この一年間、自分たちの経験を通して学んだそのことが、とりもなおさず、同和教育の実践だったのではないか。…」

学園祭の後の記念写真（1958年10月）、前列中央が筆者

胸中で交錯した二つの考え方

教師一年目に、こうして部落問題に直接ぶつかったことは、その後の私の教職生活にとっても、大変貴重な経験となった。

しかし、後々まで、私の胸中では、「お前は、部落差別を温存する学校の古い体質や、校長・教頭や年配の教師たちの事なかれ主義的な考え方に対して、生徒たちと一緒に敢然と立ち向かうことを避けて、結局体裁のよい妥協で収拾したのではないか」、「いや、一挙に解決できる問題ではない。ああいう形で少しずつ前進をはかっていくことが必要なのだ。それに、人権問題という広い視野から部落問題をとらえていこうとしたこと自体は間違っていなかった」という二つの声が交錯していた。それは、その後も、いろんな場面でぶつかった悩みでもあった。

私が汗をかきながらクラブの生徒たちを一所懸命説得していたとき、生徒たちの間で、「だまされるな！」というメモが回されていたことを知ったのは、学園祭が終ってだいぶんたってからだった。

愛知高校の学芸班と小嶋昭道さんが指導されていた野洲高校の「どんぐりクラブ」、それに石田眞一さんが指導されていた京都・朱雀高校定時制の人文科学部の生徒たちとの交歓学習会が、毎夏、学芸班の夏期合宿学習会に２校の生徒たちを招待する形で、何年間かもたれていた。メモを回していた３年の生徒は、石田先生に学校の様子を報告し、助言を受けていたようだった。機会があれば、先生に当時のことをお聞きしたいと思っていたが、今はもうそのすべもない。

2　学級委員を伴ってN君宅を訪ねた私は…

どこが部落だと誰も教えてくれないなかで…

同和対策事業が実施される前の部落の生活実態は、大変劣悪で悲惨なものだった。しかし、私が生まれ育った大津市の晴嵐学区にはたまたま部落がなかったので、私はそうした差別の実態に直接ふれる機会を得ないまま教職に就いた。大学で日本史を専攻したので、部落の歴史や現状については一通りの知識はあった。しかし、それは実態を十分踏まえない観念的な理解に過ぎなかったように思う。

私が教職に就いた頃の部落の子どもたちの高校進学率がどの程度だったか、全県的な調査はまだ行われていなかったので、よく分からない。全体の進学率が５～６割台だった当時、部落の子どもたちの場合はおそらく１割台、10人のうち１人か２人が高校へ進学するという状況だったのではないか。ただし、愛知郡・犬上郡や近江八幡市などの湖東地方は県内でも比較的部落の比率が高かったので、その当時の愛知高校にも部落の子どもが何人かは在学していた。しかし、学校では同和教育はまだまったくとりくまれていなかった。大津市で生まれ育ち、教師になってはじめて愛知川町に来た私には、どこが部落かまったくわからなかったし、先輩も誰一人教えてはくれなかった。だから、クラスに部落の子がいても、すぐにそうとはわからなかった。そんな状況では、実は同和教育にとりくめるはずもなかったのである。

“みんなでＮ君に手紙を書こう”

愛知高校に赴任して２年目、1959（昭和34）年、私は１年の学級担任になった。４月の最初のホームルームで、houseとhomeの意味の違いを生徒に質問しながら、「ホームルーム」の意義を説明した。「これから１年間、私を入れてこの51人が一つの家族だ。私は君たちの兄貴のようなものだ。みんなで仲よく、協力しあって、全員が進級、卒業できるようにしよう」と呼びかけた（当時は１学級は50人定員だった）。そして、「一人はみんなのために、みんなは一人のために」と板書した。それがクラスの合言葉になった。

そのクラスにＮ君がいた。家庭事情が複雑で、祖父母と一緒に暮らしていた。２学期に入ってしばらくして、彼は学校を休みだした。Ｎ君が休みだしたとき、「この４・５日間、Ｎ君の机が空いたままになっている。君たちは、そのことを何とも思っていないのか」とクラスのみんなに問いかけた。生徒たちは「どうしているのかなぁと、気になっている」と答えた。「気になっているのに、何もしなくていいのか」とさらに問いかけた。そこで、「みんなでＮ君に手紙を書こう」

ということになった。半截の更半紙に、みんなが思い思いに誠意をこめて手紙を書いてくれた。その日の放課後、私は男女各一人の学級委員と一緒に、その手紙を携えてＮ君の家を訪れた。

やっと探しあてたＮ君の家は…

Ｎ君の家は近江八幡市のＳ町にあった。私は、まだ彼の家を訪問していなかった。また、迂闊にも、Ｓ町が県内でも有数の大規模な部落だとはまったく知らなかった。入学時に保護者から「個人調査書」を出してもらっており、その裏に「最寄り駅から自宅まで」の略地図を書いてもらっていた。それを見ればすぐ分かるだろうと安易に考えて出かけたのだった。ところが、その略地図を見ただけではとても分からない。あちらで尋ね、こちらで聞き、狭い路地をあっちに曲がり、こっちに折れて、やっと「ここがＮ君の家だ」とわかった途端、私は愕然とした。古びた小さな家が目の前にあった。しかし、それがＮ君の家だったのではない。その家の廂を延ばしてトタン板で囲った、おそらく６畳一間もなかっただろう。そこがＮ君の家だった。

Ｓ町から近江鉄道を八日市駅で乗り継いで愛知川まで通うのは、費用も時間もかかり、大変だったに違いない。それなのに、彼が近江八幡市内の高校を避けて、わざわざ愛知高へ入学したのは、自分がそうしたところに住んでいることを友だちに知られたくなかったのではなかろうか。それを、私は何も考えずに、学級委員まで連れて、いきなり出かけて行ったのだ。彼がどんな気持ちで私たちを迎えたかと思うと、私はとり返しのつかないことをしてしまったという思いでいっぱいだった。

生徒の気持ちや立場を考えることの大切さに気づいた

同和対策事業がまだ始まっていない、今から60年以上前の部落の劣悪な生活実態もさることながら、私は「一人の友だちのことを、自分のことのように考えられるクラスであってほしい」という教師としての自分の思いだけが先に立って、相手のＮ君の立場や気持ちはまったく考えていなかったのだった。

今、思い出しても冷や汗が出るような教師２年目の大失敗だった。Ｎ君には大変済まないことをしたが、「常に、相手の生徒の気持ちや立場を考える」ことの大切さに気づかせてくれたことは、貴重な経験だった。生徒たちの手紙が彼の心をゆり動かしたのか、そのあとＮ君は登校するようになったものの、結局、家庭の事情から１年生の学年末で退学していった。しかし、退学してからも、クラスの生徒たちとは交流が続いていたことが、私にとってはせめてもの救いだった。

3　全同教高知大会にレポーターで参加
－やっと始まった県内高校の同和教育のとりくみ－

同和教育の内実は「部落対策の教育」だった

私が教職についた1958（昭和33）年といえば、それまで校区に部落のある小学校・中学校を主体に組織されていた滋賀県同和教育研究協議会が、県下の小学校・中学校・高校の全校が参加する滋賀県同和教育研究会（滋同教）に発展的に改組された年でもあった。

滋同教に高校も参加するようになって、高校独自の同和教育研究会も年間１～２回程度開かれるようになった。学園祭で部落問題について展示発表することに反対していた校長が、高校サイドから副会長に選任されていた。そこで、愛知高が県内の高校同和教育推進の上で事務局的な役割も担うことになった。当時はまだ校内の分掌で同和教育の担当者が決められていたわけでもなく、もちろん同和主任も置かれてはいなかった。そこで、たまたまクラブ活動で部落問題にとりくんでいたこともあって、新任の私が事務局的な仕事も担当することになった。

その当時、高校の同和教育関係の会議に出席するのは、管理職か就職指導と生徒指導（当時は「生徒補導」といっていた）の担当者だった。部落の子どもたちの高校進学率はまだ非常に低かったが、それでも各高校に何人か在籍している部落の子どもたちの就職問題をどうするか、また、「補導」上問題となる生徒の指導をどうするかが議論の主な内容であった。「同和教育」は、実際上は「部落対策の教育」にすぎなかったともいえよう。それでも、愛知高のようにクラブ活動でとりくんでいる高校もあれば、また近江八幡市では、部落の子ども会や青年のサークルに八幡高校の教師たちが参加するなどの先駆的な動きがあった。

レポーターで全同教高知大会に参加

このような状況だったので、1959（昭和34）年秋に高知市で開催された第11回全国同和教育研究大会（全同教大会）に、県内の高校からも報告者を出すよう求められ、教職２年目の私が「クラブ活動で部落問題にとりくんで」とのテーマで県代表として参加することになった。高知には、当時、彦根東高校定時制に勤務していた故・山田昭さんと彼が顧問をしていた同校新聞部の生徒２人と一緒に赴いた。山田昭さんとは、その後も機会あるごとに県内の同和教育関係の会議に一緒に参加し、「官制同和教育反対！」「融和主義教育反対！」などの声をぶつけていた。血気さかんな年代であった。

勤評闘争直後の高知の現実に学ぶ

その時の高知は、勤務評定反対闘争が熾烈にたたかわれた直後だった。早くから教師たちが部落に入り、劣悪な生活条件の改善にともにとりくんでいた高知では、和歌山県とともに、部落の住民が「先生たちを守れ」と勤務評定反対闘争にともにたちあがっていった。そうしたたたかいの盛り上がりのなかで、何人かの気骨のある校長が、職場の教員に対する「勤務評定書」の提出を拒否、県教育委員会によって不当にも懲戒免職になった直後だった。私たちは、全同教大会の合間に、教職員組合の事務所を訪ね、その「気骨のある校長さんたち」から直接お話をお聞きした。その校長さんたちは、闘士めいたところはまったくなく、「人間として、当たり前のことを当たり前にしただけのことだ」と、静かな口調で淡々と話されていたことが印象的だった。

また、その当時の高知県は、おそらく全国で唯一であっただろう、県内の高校の「生徒会連合」が組織されており、生徒たちも「先生を守れ！」とたたかいにたちあがっていた。私たちは、その「生徒会連合」の役員の生徒諸君とも交流した。役員の生徒諸君がしっかりしていたのには圧倒された。肝心の全同教大会の分科会でどういう報告をし、どんな反響があったかは、今ではまったく記憶にない。しかし、勤評闘争をたたかいぬいた校長さんや生徒諸君との交流は、教職2年目の私にとっては大変衝撃的であり、今も鮮明に記憶に残っている。その後の私の教師生活にも大きな影響を与えたことだった。

こうした激動のなかで開かれた全同教高知大会は、部落差別は基本的に「封建遺制」によるものか、それとも「独占資本主義の矛盾」と分かち難く結びついているのかをめぐって激しい論議が展開された歴史に残る大会でもあった。最後の全体集会で、今は亡き石田眞一さんが学校教育分野の分科会のまとめを明快に行われたこと、若き日の東上高志さんが同和教育白書運動を提唱されていたかっこよい姿なども思い起こされる。

「高校社会科と同和教育」とのレポートをまとめる

高知から帰って、その年の12月、県内の高校としてはおそらく初めてであっただろう、“教科指導（特に社会科）のなかで同和教育をどうすすめるか”との具体的なテーマをかかげて研究会がもたれた。その場で、全同教大会の報告をかねて、若干の問題提起をすることになった。

当時、県教委と県同和対策協議会・滋同教三者の編集・発行で、学校や地域の「同和教育の実践」をまとめて、年度毎に１冊ずつ『同和教育資料集』が刊行されていた。1960（昭和35）年４月に発行された第６集に、求められて「高校社会科と同和教育」と題する小文を寄せた。教職２年目のつたない文章だが、当時の様子が窺えるかと思うので、その一部を再録しておきたい。

同和教育をどうとらえるか

同和教育は、今日、曲がり角にさしかかっているといわれている。たしかに、高知大会は、同和教育をどうとらえるかという問題を改めてわたしたちの前に提起したように思われる。そこで論議された、いわゆる封建遺制か対独占かという議論を、ここでもう一度むし返すつもりはない。しかし、わたしたちは少なくとも、次のような事実から出発しなければならないと思う。

部落差別が封建的な身分制度に起源をもっていること、そして、今日もそうした封建的な身分差別として現象していることはたしかである。しかし、そのことからだけでは、たとえば、近畿地方の部落人口比は５％でありながら、生活保護世帯の５割、失業対策事業従事者の７割までが部落で占められているという事実を説明することはできないだろう。

今日の日本の社会には、なおさまざまな形で社会的差別が存在している。そうした差別は、政治と経済と社会とが市民的権利を侵しているところから生まれてくる。部落は、こうした社会的差別が集中的に現れたものだといえるのではないか。対独占というようなことを、同和教育がスローガンとしてかかげることにわたしは反対である。だが、同時に、部落問題を単なる封建遺制の問題としてとらえることは事実を誤るだろう。そして、部落差別をこのように理解するならば、同和教育はこのような社会的現実に対する正しい認識を育て、また、そうした現実にたちむかい、それを克服していくような人間を育てあげていく教育だといえよう。従って、それは教育全体の営みのなかで遂行されていくべきものであると同時に、社会科教育とのかかわりもまたきわめて大きいわけである。

4 「ぼくなんかがどこか受けて、受かると思ってくれているの？」

―S君のこと、そして厳しかった就職差別―

就職指導主任が差別を容認

愛知高校で初めて担任した学年が3年生になった時だから、1961（昭和36）年度のことになる。その当時の愛知高は大学へ進学する生徒もいたが、大半は就職希望で、京阪神の繊維関係の商社などへ就職する生徒が多かった。2学期、就職試験の時期になると、進路指導室前の廊下に求人票が張り出される。就職希望の生徒たちはそれを見て応募先を決め、必要書類を用意してくれるよう担任に申し出ることになっていた。今のように学校にはまだコピー機がなく、担任が一枚一枚手書きで調査書を書いた。けっこう手間がかかったので、生徒たちには早めに連絡するよう言っておいた。

ところが就職希望のはずのＳ君がいっこうに何も言ってこない。「君はどこを受けるつもりや。家の人ともよく相談して、早目に言うてくれないと、急に言ってくれても困るぞ」と言うと、「先生、ぼくなんかがどこか受けて、受かると思ってくれているの？」という言葉が返ってきた。「君はけっこう真面目にがんばっているし、試験のことだから結果は約束できないけれど、大丈夫と違うか」と言ったものの、気になって年輩の就職指導主任に報告した。すると、「山田君、その子の家はどこや？」と聞かれたので、「Ｋ町です」と答えると、生徒たちの就職の世話を熱心にしていた温厚なその先生が「そうか、それやったら、かわいそうやけど、仕方がないなぁ」と平然と言ってのけた。

応募書類を送れば、県内出身者の多い京阪神の企業では、部落かそうでないかすぐにわかる。部落出身だとわかれば、採用試験前に応募書類が送り返されてくることさえあった。そうした状況を、就職担当の教師が「かわいそうだけど仕方がない」と容認していたのが当時の実態だった。「なんとかならないのですか」と言うのがせきのやまで、そのときの私にはそれ以上何もできなかった。彼は、地元の人が大阪に出て営んでいる皮革関係の小さな企業に就職していった。

もちろん、部落の子どもたちだけが差別されていたのではない。当時は、第二次大戦の傷跡がまだ残っていて、父親が顔もみないうちに戦死したという生徒たちも多くいた。ところが金融機関などでは、母子家庭の子どもは絶対に採用しなかった。

力合わせて、差別撤廃に取り組む

S君のことについては、そのまま見過ごすことはできず、教職員組合や同和教育関係の会合で報告し、とりくみをしていくよう要請した。続けて担任した学年の生徒が就職していく3年後の1964年度になると、滋同教の進路保障研究部が活動するようになり、少しずつ状況は変わっていった。しかし、県内で本格的に就職差別撤廃のとりくみが組織的にすすめられるのは、1973（昭和48）年、滋賀県就職差別撤廃共闘会議（就職共闘）の結成を待たなければならなかった。

S君の詩がビデオ・ドラマ「睦子の宿題」の素材に

S君は、その後東京に移り、働きながら詩作にも励んでいたようだった。しばらくは年賀状を交換していたが、それも途切れてしまっていた。ところが、ほぼ20年後、滋賀県同和教育研究会（滋同教）の事務局に勤務していた時のことになる。県教育委員会の委託を受けて、高校生対象の視聴覚教材・ビデオドラマ『睦子の宿題』を制作した。プロデュースとシナリオを担当してくれたのはプロダクション京都の安東民児さん。作品のモチーフとなったのは、日野町豊田の木元清太郎さんの手記『私の自転車人生』（部落問題研究所編「部落問題はいま」所収）と、今ひとつは、部落出身の一人の青年が廃品回収で生計をたてていた亡き父の苦労を偲んで綴った『お父さん、私は知っています』という詩だった。その詩の作者が、奇しくもS君だった。

お父さん、私は知っています
－お前を笑うやつを、お前が笑いかえしてやれ－
お父さん、私は知っています
どうして、あなたが
白い粉のふきでたゴツゴツのその手で
私の坊主頭をなでまわし

幼い私に、そのことをうえつけようとしたのか
あなたのその手が
どんなに多くの苦労をものがたり
どんなに多くの恥にたえしのんできたのか

わがもの顔に照りつける
夏の太陽が
黄色いうずになって
あなたの眼前をかけめぐっている
その時も
あなたは、身体を横にする事も知らず
ぼろ布のように体をなげだし
さびついた自転車の荷台に
集めた廃品を積み上げ
ひきずって歩いた
そんなあなたを……

5　同和教育の基盤つくった「長浜北高民主化闘争」
―高教組書記長1年目の大きな体験―

“同和教育の思い出”に、なぜ「長浜北高民主化闘争」？

1967（昭和42）年、私は滋賀高教組の書記長に選任された。教職に就いてちょうど10年目、33歳の弱輩。ピンチヒッターとしての登場だった。

その前年度、1966年は北川泰三さんの書記長初年度であった。彼は40代半ばの働きざかり、周りはもとより本人も４・５年は続ける

つもりだっただろう。ところが、役員選挙立候補締め切りの直前、体調がすぐれないので病院に行ったら、肺結核とわかり、即休職と療養を宣告された。新しく書記長候補を探す時間的余裕がない。たまたまその年度、非専従の執行委員をしていた私にお鉢がまわってきた。生来、人にものを頼まれたら断れない性分。自信がないまま引き受けてしまった。こうして、1967年度から4年間、学校現場を離れ、組合活動に専念することとなった。

公務員共闘の統一ストライキに参加し、高教組として初めて「実力行使」にたちあがった時期で、組合業務は多忙を極めた。さまざまな出来事があったが、忘れられないのはなんといっても書記長一年目の年度末の「長浜北高民主化闘争」だった。

「同和教育の思い出」に、「なぜ長浜北高民主化闘争なの？」と怪訝（けげん）に思われる向きがあるかもしれない。しかし、教師が、自らの権利を自覚し、それを侵すものとたたかう姿勢をもたずして、子どもたちの人権を守ることも、人権をしっかり教えることもできないだろう。また、学校現場に民主主義が息づき、民主的な教職員集団が形成されていなければ、民主教育も同和教育も真に推進することはできない。そういう意味では、「長浜北高民主化闘争」は県内の高校現場が同和教育にとりくむ上での不可欠な基盤を築いたと思っている。

民主的な職場をぶっ壊した専制的なS校長

S校長が着任する前の長浜北高校は、湖北地区ではもっとも民主的な職場だった。職員会議は公選の議長団が運営し、校務分掌もみんなの希望をもとに決められ、分掌の主任も公選だった。しかし、S校長は、最初の職員会議で「俺はカミソリと言われた男だ。排斥運動をやるなら、やってみろ。上手にやらないと、お前たちの首がとぶぞ」と言ったという。着任の挨拶で口にする言葉だろうか。まるで職場に対する「宣戦布告」ではないか（「60年安保闘争」に滋賀高教組が立ち上がる際、膳所高支部が強硬に反対した。そして、70数人の教職員全員が一人残らず組合を脱退した。そのときの支部長がＳ氏だった（160頁参照）。

彼は、前年度末に決められていた校務分掌を一挙にご破算、任命し直した。職員会議を「職員連絡会」と改め、学校を完全に校長の独裁的な運営下においた。組合活動を敵視し、組合の会議に出席した翌日は、授業を監視しに教室に出向き、その後は校長室に呼びつけて叱責（しっせき）した。大勢の前で「無能力」呼ばわりし、罵詈雑言（ばりぞうごん）を浴びせかけた。「大学にどれだけ進学させるか」だけが学校の教育目標にされ、生徒が理解しようがしまいがおかまいなしに、教材のプリントをいかに多く作成するかで評価された。退職の強要、カリキュラムを一方的に改訂して授業を奪おうとする事態さえ起きてきた。

かけ出しの書記長が「天皇」と称されたS校長と対決？

職場では、みんなが耐えに耐え、ＰＴＡ会長や地元のＩ県教育委員に陳情したり、人権擁護委員会に訴えようとしたり、あきらめて転職しようとする人さえ出てきた。みんなが高教組に結集してたたかいに立ち上がる他ないと決意したのが、３年目の年度末であった。1968年３月。それは、ちょうど私の書記長１年目の年度末でもあった。

３月23日、北高支部は徹夜で肚がためを行い、①独善的な学校運営をやめよ、②人権無視をやめよ、③組合活動を弾圧するな、の３点を中心に罫紙８枚に及ぶ要求書を作成し、25日、校長に提出した。

その年、彦根東高校から執行委員に出ていた椙本延夫さんが長浜在住で、春以来、職場の相談にも対応してくれていた。その椙本さん宅に現地闘争本部をおいた。当時の高教組の専従役員は委員長と書記長の２人だけ。藤森寛委員長は年度末人事闘争で大津市を離れるわけにもいかず、現地の責任者として私が長浜に赴くことになった。３月25日、最後の人闘委員長会議を終えて長浜に向かう私を藤森さんは大津駅のプラットフォームまで見送ってくれた。彼も心配だったのだろう(23年間の長きにわたって高教組の委員長をつとめ、「大委員長」といわれた藤森さんが、出張する組合役員を駅頭まで見送ったのは、おそらくこの時が最初で、最後だったのではないか)。相手は、自ら「カミソリと言われた男」と豪語し、「Ｓ天皇」と称された人物。こちらは30歳を過ぎたばかりのかけだしの書記長。長浜に一人で向かう私も正直言って大変心細かった。「正義はわが方にあり」という確信と、「高教組1300人が背後にいてくれる」ことだけが心の支えだった。

「あなたの下では教育はできない」と不信任つけられた校長に、いったい何ができる？

３月26日に第１回校長交渉。どちらかと言えば校長ペースだったようだ。自信を持った彼は、翌日、自分から「第２回目以後の交渉はすべて公開を原則とする」と職員室に掲示した。28日午後、第２回校長交渉。高教組は全県動員をかけた。湖北・彦根・湖東の各職場から約40人が交渉に参加した。私たちが校長室を訪れた時、背を向けて昼食をとっていた傲慢(ごうまん)な校長は挨拶もしなかった。私たちの仲間にも侍(さむらい)がいる。長浜商工高校支部の市川純雄さんが一喝した。「校長！、『今、食事をしているから、ちょっと待ってほしい』とそちらから挨拶するのが礼儀だろう。」「わしほど偉いものはいない」と思い込んでいた校長は、「鼻をへし折られた」思いがしたのだろう。そのままダンマリ戦術を押し通した。結果的にはそれが組合側に幸いした。私たちは、人権問題として社会的に大きな問題にする。そのためにハンストをするつもりだった。しかし、それにはきっかけが要る。「もうこれ以上、辛抱できない」と、夕刻、阿部・高田・太田の３教論が予定通りハンストに突入した。

翌29日、「先生ら40人が座りこみ、“校長、人権を無視、独裁的運営に反発”」（「朝日新聞」）などと、各新聞が一斉に報道という経過を経て、29日午後9時40分から最後の校長交渉をもった。その模様を『滋高教35年の歩み』は、概略次のように記述している。

わり込み
長浜北高で学園騒動
校長の独善に反発
このままでは社会問題
生徒にスパイさ
長浜北高の先生 校長不信のハ
県教組
“校長、人権を無視”
独裁的運営に反発
“校長の独善許
先生20人が

長浜北支部の民主化闘争を伝える新聞（1958年3月29日）

校長は「回答を遅らせて申し訳ない」と一言謝って頭を下げた。

しかし、決意を固めて立ち上がった組合員の前には、校長はにわかに小さく見えた。「あなたは生徒にとても理解できない教材を押しつける。文句をいえばしっぺ返しをされるので、その通り従ってきた。しかし、これでは生徒がかわいそうだ。私は今日から自分を偽ることはしない」。

切々と訴える支部員の発言が、S校長の教育方針が何であったかを鋭く告発する。最後に本部山田書記長がとどめをさした。

「教員に信頼されない校長。あなたのもとでは教育活動はできないと、生命をかけた抗議を受けているあなたは、このような事態を招いた責任をどうとるのか。高教組1300人があなたの去就に注目している。」

校長は「明朝回答する」と約束、その夜の交渉は終った。

大津では、湖南・湖西ブロックの動員者に加えて、滋賀地方労働組合評議会（滋賀地評）の代表も加わっての県教委交渉が持たれ、任命権者としての責任追及がなされた。

今、明かす、深夜のI県教育委員との折衝

以下はもう時効だと思い、活字にすることにする。その日の深夜、地元のI教育委員から「書記長さんとサシで話をさせてほしい」と申し出があった。私は人闘本部の藤森委員長とも相談の上、応ずることにした。I委員は「組合の要求はもっともだと思っている。校長は更迭する。しかし、年度末人事でそれをやれば、教委が組合に屈服したことになるので、それはできない。しばらく時間をほしい。間違いなく要求は受け入れるので、ハンストは解いてほしい」と言った。私は「組合としては、年度末人事のなかで、すっきりした形で解決したいと思っている。しかし、そちらの事情も分からないことはないので、申し出は受け入れてもよい。但し、一つだけ条件がある。今回の事態は、校長にすべての責任がある。3人のハンストはやむにやまれぬ行動だ。懲戒処分をするなどということは絶対ないだろうね」と釘を刺した。I委員は「趣旨はよくわかった。最大限努力する」と約束した。

翌朝、校長は「自分の身柄はI委員に預ける」と文書回答をした。組合は「要求が基本的に実現する見通しがついた」として闘争態勢を解いた。しかし、その日現地で開いた「総括集会」では、私は結構しんどい思いをした。一部の組合員が「要求が実現する見通しがついたとの本部の判断は甘い」と厳しく批判、なかなか納得しない。とは言え、深夜のI委員とのやりとりを公にするわけにはいかない。「執行部の判断を信頼してほしい」と繰り返す他なかった。

4月14日、県教委は形だけ新しく設けた教育研究所にS校長を転出させた。3人の教師には「文書訓告」が出された。「訓告」は懲戒処分ではない。困難ななかで話し合いを繰り返し、結束を固めてたた

かいに立ち上がった北高支部の全面勝利だった。「北高闘争」の勝利は、全県の高校教職員に大きな確信を与えた。また、各校の管理職にとっても「他山の石」となったに違いない（これだけの大闘争になれば、普通は「けんか両成敗」で、組合側も一定の懲戒処分を受けることになる。文書訓告だけで済んだのは、こうしたケースではおそらく希有のことだったのではないか）。

勝利した組合は「橋のない川」１万人上映運動を推進

勝利した北高支部は課題であった教文闘争や生徒の自主活動へのとりくみを強めていった。やがてそれは、1970年代に入って、地元の小学校・中学校・高校教職員と父母も含めた「湖北教育研究集会」や、映画『橋のない川』の１万人上映運動へと広がっていった。

長北支部の書記長として闘争の中心で頑張った阿部義宣さんは、その後、『橋のない川』の上映運動でも活躍した。彦根西高校に転勤してからは同和主任になり、生徒たちの自主活動を主体とした同和教育実践の推進役を担った。私とは、後述のように『高校における同和教育』『高等学校の同和教育』の共同執筆、県教委の「高等学校同和教育実践課題研究委員会」での共同の取り組み、『滋賀の同和教育―滋同教40年の歩み』、滋賀県民主教育研究所設立20周年記念出版『戦後滋賀の教育の歩み―民間の実践を中心に』の編集など、協力して取り組んだ仕事は枚挙に暇がない。

彼との出会いの場となった「長北闘争」は、私にとって終生忘れ得ぬ思い出のひとこまとなっている。

後日譚を二つ

大変印象深い取り組みだったので、滋賀高教組が所属していた日本高等学校教職員組合（「日高教」194頁参照）の学習交流集会でも報告し、結構評判になった。２・３カ月経って、労働旬報社の編集者が訪ねてきて、「是非、本にしたい」と申し出があった。私は大いに乗り気だったが、保守的な地域でもあり、職場は公にすることには踏み切れず、残念ながら実現しなかった。

また、当時は県教育委員会の事務局は県庁別館にあった。教育研究所がその４階の一室に新しく設けられた。３階に教職員課があったので、所用でよくでかけた。ある日、あわててエレベーターに乗り込んだら、ばったりＳ氏と一緒になった。二人きりでバツが悪かったが、やむを得ない。私は「その節には、どうも…」と挨拶した。ところがＳ氏、プイと横を向いたままだった。

6　拝むように迎えられた八鹿高校支援のデモ隊

同和教育研究指定を受けたばかりの八幡高校に転勤

1974（昭和49）年４月、私は教職員組合の専従役員を辞任し、県立八幡（はちまん）高校へ転勤した。

八幡高校は、1960年代始め、八幡工業高校新設の際、県教委が廃校の方針をうち出したこともある小規模校だった。教職員だけでなく在校生や卒業生も立ち上がって、やっと学校存続が決まり、その後普通科に衛生看護科が増設され、私が赴任した当時は学年５～６クラスの中規模校になっていた。しかし、小規模校時代からの家族的な雰囲気が学校の伝統として根づいていた。教職員は、年齢に関係なく、お互いに「○○さん」と呼び合っていた。安井尚さんは「やっさん」、月村至文さんは「つきさん」などと愛称で呼び合う気楽さだった。西村昌雄さん・西村武一さんと「西村さん」が二人いたので、区別して「マーさん」「ブーさん」。同じ社会科に先輩の山田進さんがいたので、彼は「スーさん」、私は「ミーさん」と行きつけのスナックの常連客みたいな愛称で呼ばれた。同僚をどう呼びあうかが、その学校の民主化の一つのメルクマールだと私は思っている。年配の教師が若い教師を「○○君」と呼ぶのはどうかと思う。と同時に、新任の教師を「○○先生」と呼ぶのも慇懃無礼で、かえって気色悪い。

八幡高校は、私が赴任したその年からちょうど２年間、県教委の同和教育研究指定校を引き受けた。前年度２年の学級担任だった山田進さんが急きょ同和主任にまわり、私は赴任していきなり彼のあとの３年の学級担任を持たされた。新しい学校で、生徒の名前も顔も分からず大変まごついた。その翌年、進さんのあと社研部の顧問を引き受け、さらに翌々年には彼と交代して同和主任になった。「スーさん」のあとを私が引き受ければ「スミ」で一件落着。逆に私が先に出れば「ミス」で、「これはまずいから仕方がないか」などと冗談を言いあっていた。

生徒全員を対象に、ホームルームを取り組みの場に

同和教育研究指定校を引き受けるかどうかについては、職場で相当議論があった。県教委の一方的な指定には強い反発があったし、「発表のための研究」に陥りがちな「指定研究」についての批判もあった。しかし、加配教員が配置になり、若干の予算もつくというので、それを活用して生徒たちのためになる教育活動をみんなで推進しよう、ということで研究指定校を引き受けた経過があった。

生徒全員を対象にとりくむということで、ホームルームをとりくみの場とする「同和統一ＬＨＲ（ロングホームルーム）」方式がうちだされた。また、教職員全員がかかわるために、担任外の教員もすべてどこかの学年に所属し、担任と協力して指導にあたることになった。月１回、全校生徒向けの同和教育ニュース“だいち”も発行されだした。

八幡高校のホームルーム

こうしたとりくみの企画・推進にあたったのが同和教育係であった。当時の八幡高校の校務分掌は、教務部・生徒指導部・進路指導部・厚生部・図書部などの「部」のもとに、いくつかの「係」がおかれていた（例えば、教務部のもとに、教育課程係・学習指導係）。同和教育を担当する分掌を新しく設ける際、他の部と並ぶような「同和教育部」にまではする必要はないというので、「同和教育係」という名称になった。字句にこだわるようであるが、このあたりに、学校教育全体のなかに同和教育をどう位置づけるかについての八幡高校教職員の見識が示されていたように思う。学校によっては「同和教育の肥大化」と批判されるような状況が起きていくのは、もう少し後のことになる。

衝撃的だった前代未聞の「八鹿高校事件」

全校あげて同和教育にとりくみ出した矢先、衝撃的な大事件が起きた。「八鹿高校事件」である。

1974年11月22日、部落解放同盟（「解同」）朝田・丸尾派を主体とする「八鹿高校差別教育糾弾共闘会議」のメンバー数百人が、危険を感じて集団下校しようとした兵庫県立八鹿高校の教職員約70人を、公道で襲撃して学校の体育館に連れ戻し、10数時間にわたって、竹の棒で殴る、金具のついた靴で蹴る、失神するとバケツで冷水を浴びせてさらに殴るという、戦前の「特高」まがいの集団リンチを加えたのであった。40数人が重軽傷（うち、28人は意識不明、肋骨骨折、腹部内出血などで入院加療）を負うという、日本の教育史上その例を見ない凄惨な事件であった。

その後、被害者の提訴によって、部落解放同盟員13人が、拉致・監禁、致傷、強要、傷害で起訴され、有罪が確定した。また、損害賠償の民事訴訟が提起され、最終的に3000万円で「和解」が成立した。

八鹿高校は長年にわたって自主的民主的な同和教育を推進してきた学校であった。生徒たちの自主的な部落問題研究会（部落研）も活動していた。ところが、校長が「解同」の圧力に屈して、教職員の同意を得ることなく、「解放教育研究会」（解放研）の設置を強行した。それを認めなかった教職員を「差別者」として暴力的に糾弾、暴力で「自己批判」を迫ったのが事件の真相であった。

こうした大事件にもかかわらず、新聞やテレビは一切報道しなかった。教職員が長時間にわたって暴行を加えられ、瀕死（ひんし）の重傷を負っているのに、校長も当日校長室に詰めていた県の教育次長も警察への出動要請を拒否した。警察は、家族から保護願が出され、町民からの通報もあったにもかかわらず、まったく動かなかった。日本共産党の機関誌「赤旗」だけが連日大きくとりあげた。

八幡高校でも、事件の真相が伝えられるにつれ、教職員の間に困惑や動揺が広がっていった。おそらく全国各地で、同和教育に真面目にとりくもうとしていた教職員の多くが逡巡したに違いない。その点からだけでも、八鹿高校事件は、部落問題の解決を大きく逆行させた蛮行であった。

拝むようにデモを迎えた老婦人が忘れられない

12月１日、「解同朝田・丸尾一派の蛮行に抗議し、人権と教育、地方自治を守る兵庫県民大集会」が、現地八鹿町の八木川原で開催された。私も、高教組支部書記長の西田平一さんと一緒に八鹿にかけつけた。国道９号線をバスで八鹿に近づくにつれ、異様な光景が目に入ってきた。道路の両側に、「日共差別者糾弾」などと赤と黒で書きなぐったベニヤ板の立看板が林立する。その数の多さ。背筋が寒くなるような光景で、緊張感が走る。しかし、その日八鹿の町に「解同」の姿はまったく見られなかった。八木川原に全国各地から結集した１万8000人の参加者に圧倒されたに違いない。

八鹿町で1万8000人が12・1集会に結集

集会後、私たちは「解同の暴力を許すな！」「先生を守れ！」とのシュプレヒコールを大きな声でくり返しながら、八鹿の町をデモ行進した。表通りに町民の姿はまったく見られない。しかし、やがて、２階の窓をそっと開け、家の扉を細く開けて、祈るようなまなざしでデモ隊を迎えてくれる町民の姿があちこちで見られるようになった。玄関の扉の陰から、デモ隊に向かって拝むように両手を合わせていた老婦人の姿を私は終生忘れることができない。

暴力で人々を屈服させようとする「糾弾路線」の破綻を確信して、

帰途についたことだった。

7　活動の基礎を築いた「高校部落研活動の基本的性格」の定式化
－1975年度から「高校生部落研活動」に携わる－

「部落研顧問連」の事務局長を引き受ける

八幡高校に転勤した翌1975（昭和50）年度から、私は高校生部落研活動にかかわることになった。1975年１月の滋賀県高校生部落問題研究連絡協議会（滋高部落研連）第４回総会で、本校の山口仁司さんが事務局長に選ばれた。その当時は生徒の事務局長在籍校の顧問が滋高部落研連顧問連絡協議会（部落研顧問連）の事務局長を勤める慣例だった。社会問題研究同好会（社研部）の顧問は同和主任の山田進さんが兼任していたが、研究指定校の２年目で、顧問連の事務局長まで担当するのは無理だった。そこで、顧問に名前を連ねていた私が急きょ引き受けることになった。それ以降、1976年度は副会長、中島秀治郎さんのあとを受けて、1977・1978年度は顧問連の会長に就任した。1979年度に滋同教事務局に出向するまでの４年間、主として高校生部落研活動の指導に携わった。

1966（昭和41）年に橋元淑夫さんたちが中心になってつくった滋高部落研連は、教師側のバックアップ体制がなかったこともあって、いったん活動が中断した。その後、1971（昭和46）年、第７回全国高校生部落問題研究集会が大津商業高校を会場に開催されたことを契機に再建され、「びわこをとりまくすべての高校に部落研を」を合言葉に活発に活動をすすめた。1972（昭和47）年には「部落研ＯＢの会」、続いて各校顧問の自主的な組織である「顧問連」も結成された。
しかし、当時は「他校交流禁止」という「校長会申し合せ」によって生徒の校外での活動を認めない高校も多く、1972年の第1回滋賀県高校生部落問題研究集会は県立高校で開催することができなかった。県教委も顧問連を認知せず、顧問連の会合への出席には公務出張を認めないという学校さえあった。「解同県連」の要求によって1972年以降、部落研全国集会参加旅費の補助金が予算化されたが、この配分についても、県教委は顧問連と協議しようとはしなかった。校長と同和主任とで構成する「高等学校同和教育連絡協議会」(高同連)が急きょ組織され、そこにおろされた。高同連の結成は、すでに滋同教高校連絡協議会(高校連協)が組織されて活動していたなかでは、高校連協との関係においても問題をはらんでいた。

生徒たちが直面した「助成金」問題

1975年1月の総会で選出された役員たちがまず直面したのは「助成金問題」であった。1974年11月に長野県で開かれた第10回全国高校生部落研集会の直前になって、いくつかの高校で「県から助成金が出ているのだからカンパ活動はするな」と、カンパ活動が禁止された。第7回全国集会以降、各校の部落研では全国集会参加のために学校や地域でカンパを訴えてきた。それは直接的には参加旅費の一部をまかなうためであったが、併せて部落研活動の意義を学友や地域の人たちに訴え、その支持のもとに集会に参加する。集会が終れば報告活動をして集会の成果を周りの人たちに返していく。そういう意味では部落研活動の欠かせない部分となっていた。「カンパ活動の禁止」は「自主活動の抑圧」であり、生徒たちにとっては許せないことだった。「そんなことなら、助成金はいらない。助成金は受け取らずに、カンパで全国集会に参加しよう！」、全国集会1週間前の参加者集会でそう申し合せた生徒たちは、僅か１週間で90万円をこえるカンパを集めて長野集会に参加した。

ところが、年度末が近づくにつれ、問題が起きてきた。「旅費が足りないので、助成金がほしい」という学校がいくつか出てきた。また、このまま返上すれば、来年度から予算化されないおそれもあった。県教委や一部の校長の「カンパ活動禁止」、自主活動抑圧の姿勢は容認できない。しかし、教育活動の一環としてやっている以上、県教委が助成するのは当然であり、「助成金がほしい」という学校があるなかで、機械的に一括返上することにも無理があった。新しく滋高部落研連の会長・事務局長に選ばれた故・川嶋勉、山口仁司の両君は、徹夜で話し合って討議資料をまとめた。各校の部落研や役員会などで２カ月近く討議した。その結果、生徒たちは、

①高校教育活動の一環としてやっているのであり、県教委が助成するのは当然である。

②しかし、部落研だけに出るのは問題だ。将来的には高文連（高校文化クラブ連盟）をつくり、文化クラブ全体に対する助成に発展させる。

③カンパ活動の規制はさせない。

④助成金は全国集会の参加旅費に限定せず、使い方は学校に任せる。

と意志統一した。

そこで、顧問連として県教委と交渉をもち、

①県教委としては、カンパ活動の規制はしない。

②全国集会の参加旅費に限定せず、来年度以降は、部落研クラブ、サークルの県内外の交流の旅費の補助として予算化する。

③配分については、顧問連と協議する。

ことを確認させ、「助成金」問題は決着を見たのだった。

生徒の手で「部落研活動の基本的性格」をまとめる

「助成金」問題に対するこうしたとりくみは、高校生の自主活動の一環としての部落研活動の意義や性格について、生徒たちが理論的に追求していく絶好の機会となった。

それまで、部落研活動は部落解放運動の一翼を担うかのようにとらえられたり、指導についてはＯＢの諸君に負うところが大きく、顧問は後からついていくという印象を拭えなかった。折から、1974年11月に起きた八鹿高校事件は、部落研活動のすすめ方やその指導のあり方についても、深刻な反省を迫るものとなった。

1975年度に入って、生徒たちは役員会でたびたび議論を重ねて、「高校部落研活動の基本的性格」について次のように定式化し、1976年１月の滋高部落研連第５回総会で採択した。

《高校部落研活動の基本的性格》

第一の性格は、部落問題についての自主的、民主的な学習活動です。差別の現実に深く学び、解放の歴史から教訓を学びとる独自の活動を発展させ、青年の未来と部落問題について学習と交流を深めなくてはなりません。

第二の性格は、高校生の自主活動の一環であるということです。高校部落研を特殊化することなく、県内の高校生の自主的な集まりである「高校生のつどい」などをはじめ、他のクラブ・サークル・生徒会活動と連帯を強め、自主活動を発展させるとりくみを県下に

運動と教育のあり方をめぐり高校部落研の性格を確認

広めなくてはなりません。

第三の性格は、高校教育活動の一環であるということです。高校部落研は、教育の３集団（教職員集団、生徒集団、父母・地域集団）のうち、教職員の指導と助言のもとに、後の２集団と協力して、自主的民主的教育活動を確立する学習をすすめなくてはなりません。

1975年の段階で、このように高校部落研活動の性格や役割を正しく整理したことは、その後の県内の部落研活動発展の基礎を築いたものとして大きな意義があったと思っている。

8　「ひとのことを自分のことのように考えられる人間になれた」―部落研活動のなかでの生徒の成長に感動―

４年間、部落研活動の指導にあたる

1975年度から衛生看護科の太田多賀子さんと一緒に滋高部落研連の活動にかかわるようになって、生徒たちと一緒に部落問題を学ぶとともに、生徒たちから学んだことも多くあった。と同時に、ちょっと気になることもあった。その一つは、先に述べたように、具体的な活動の指導についてはＯＢの諸君に負うところが大きく、顧問は後からついていくという状況だったことである。学校の教育活動の一環としてのクラブ活動である以上、「これではどうかなぁ」と思った。この点については、八鹿高校事件を深刻に受けとめるなかで、生徒、顧問、ＯＢのそれぞれで論議し、「高校部落研活動の基本的性格」を1976年１月の滋高部落研連第５回総会で採択して、理論的には整理できた。

今一つは、ブロック体制が未確立だったこともあり、ほとんどの活

動が全県規模で行われていたことである。年間の主な行事・活動をあげると、5月はじめに「新入部員歓迎集会」、夏休みに「合宿研究会」、9月か10月に「部落研県集会」、11月には「全国高校生部落研集会」に参加。このあと新年度の役員体制の確立にとりくみ、1月に「総会」、3月の「卒業生を送る会」へと続く。さらにそれぞれの行事の前後には役員会や全県の部長会議が入る。これだけ行事がつまると、役員の生徒たちはそれをこなすだけが精いっぱいで、肝心のそれぞれの校内での活動がほとんどできなくなる。これでは本末転倒ではないかと思った。

折から「びわこをとりまくすべての高校に部落研をつくろう！」とのスローガンが徐々に実を結び、部落研・社研のある高校が増えてきた。そうしたなかで、1975年度から、全県を湖東・湖西・湖南・湖北の4つに分けてのブロック体制をしくことになった。その結果、夏休みの合宿学習会などはブロック毎にもつことになり、湖東や湖北ブロックでは、同和地区の会館を借りて、現地の実態調査活動にとりくむ「夏季合宿」がもたれるようになった。地区内を戸別訪問して、直接住民から聞き取り調査をする。「あんたらは、何のためにそんなことをしているの？」と聞かれて、きちんと答えられなければ戸別訪問はできない。そこで活動の意義を再確認する。また、祖父母の時代、父母の時代、そして自分たちの時代で、部落がどう変ってきたのかなどを聞き取るなかで、部落問題が着実に解決に向かっている現実も自分たちの目で確かめられた。

一方、学内では、文化祭で活動の成果を展示で発表したり、生徒会活動に積極的に参加したり、「うわべだけの学校の同和教育はこれでいいのだろうか」と話しあったりして、「学園に根ざした部落研活動」がだんだん定着していった。

部落研活動の教訓と課題を整理する

部落研活動の教訓や課題については、後述の『高等学校の同和教育』のなかで詳しく述べたが、ここで要約しておく。

①学園に根ざした活動と仲間づくり

毎週活動日を決め、テキストをもとにした学習会や、テーマを決めての話し合い・レクリエーションなどをすすめる。また、目あてをもって調査活動にもとりくむ。

さらに、クラスの仲間に働きかけ、ＨＲ活動や、ＨＲにおける仲間づくりをおしすすめる。生徒会の役員にも積極的に立候補し、生徒会活動をもりあげていった。

次は、全国集会のなかで確認されてきた「仲間づくりの７原則」である。

まず、気のついた人から
クラスを基礎に
目的と展望をはっきりさせて
なかまを信頼し
あせらず、ねばり強く、こつこつと
クラブや生徒会、学校行事を生かして
先生とも協力してすすめよう

②「学ぶこと」を基本に

部落問題についての学習・研究活動が部落研のもっとも基本的な活動である。次の３つの「学び」を大事にしていった。

１つ目に、「現実から学ぶ」。実態調査活動や聞きとりなど、部落問題の現実に直接ふれ、現実から学ぶ活動を重視してきた。毎年夏休みを利用して、ブロック毎に合宿研究会をもち、部落問題の変化してきている状況を直接自分たちの手でつかむようにしてきた。

２つ目に、「先輩や仲間から学ぶ」。先輩の体験や仲間のとりくみのなかから、実に多くのことを学んできた。成長していく世代である高校生たちにとって、先輩や仲間との交流は、私たち大人が考える以上に大きな意味あいをもっている。

３つ目に、「書物から学ぶ」。「活字離れ」の傾向の強い今日の高校生にとっては、この点は苦手であるが、そうであればなおさら、部落研活動のなかで、すぐれた「書物との出合い」を経験させることが大切である。

③人権や平和の課題にも視野を広げて

部落問題だけを狭く、特殊化するのではなく、民主主義や人権確立の課題として広い視野からとらえ、また障害者問題や戦争と平和の問題にもとりくんできた。彦根・湖東ブロックの仲間たちは、障害児の発達を追った記録映画「光の中に子どもたちがいる」の上映運動を３回にわたって成功させた。

核戦争の脅威が強まり、全世界で反核・平和の運動が高揚してきているなかで、部落研活動でも、戦争と平和の問題にとりくんできた。県内でも、広島や長崎への修学旅行を軸とした学年全体の平和学習に部落研が中心的役割を果したり、戦争と部落問題をテーマにした影絵劇「還ってきた遺骨」上演にとりくんだ。

広島の高校生は原爆と部落問題の関わりを追究し、高知の生徒たちはビキニの被爆者の調査、告発をしてきた。

④「生き方」の確立と結んで

全国高校生部落研集会は、第１回以来、「青年の未来と部落問題について、学習と交流を深めよう」とのスローガンをかかげてきた。部落研活動のなかで、それぞれ自分の「生き方」をとらえ直し、確立してきた。「自分を変え、仲間を変える」ことも、部落研活動のなかでの生徒たちの合い言葉の一つである。

部会を休まずに続ける。ニュースを定期的に出す。そうした経験が社会に出てから大いに役立つ。高校を卒業してから、どれだけがんばれるか。それには、社会を見る目をどれだけ確かなものとしてきたか、仲間をどれだけ自分の周りに組織できるかなどがかかわってくる。

⑤自治能力をどう育てていくか

自治能力をどう育てていくかも重要な課題である。

県教委の部落研活動に対する助成金をめぐって、役員が徹夜で討議したり、１週間で90万円を超えるカンパを集めた経験については先に述べた。「校外の集会に参加すれば処分する」という学校の方針をはねのけ、活動していった先輩たちのきびしい経験もある。

また、部落研活動の指導をめぐっては、教師の指導性と生徒の自主性との統一も重要である。えてして見られるのは、「自主性を尊重する」とか「自主活動の保障」という言葉のもとで、何もかも生徒にまかせっぱなしにする。逆に、「指導を強める」ということで、教師がこまかく手を出しすぎる場合もある。生徒たちの自主性をどうひき出すかという点にこそ、教師の指導性が発揮されなければならない。

⑥文化創造の活動を

最後に、文化創造活動の重要性である。今日の高校生は、抽象的、論理的な思考という面は苦手だが、感覚的にはすばらしい能力をもっている。音楽やテレビなどの映像文化は、彼らの生活のきわめて多くの部分を占めている。今日の高校生のもっている文化的能力のすぐれた側面に依拠し、彼らの活動をつくり出すことが必要である。

第12回全国集会（1976年）では、湖東ブロックの仲間が影絵劇『替え玉庄屋』(平井清隆原作。天保義民と被差別部落民とのかかわりが主題）を、第18回集会（1982年）には湖南・湖西ブロックの仲間が同じく影絵劇『還ってきた遺骨』（山田哲二郎原作。第二次世界大戦のなかでの被差別部落出身の兵士が主人公）を上演、全国の参加者に大きな感動を与えた。西門民江さんの『ひとつのいのち』を紙芝居にまとめたり（長浜北高）、水平社運動に参加してきた地域の老人の聞きとりから構成劇をつくったり（水口高）、部落研の先輩の結婚差別

第12回全国高校生部落問題研究集会

をのりこえた体験を同じく構成劇にする（八日市南高）など、さまざまなとりくみがすすめられてきた。

自分たちで何かをつくる。そのことを通して仲間に訴える。それが人間的な感動を呼ぶ。そのとき、自分たちが毎日の生活の中でどっぷりつかってしまっている退廃的な文化とは違う、前向きに生きていく力につながっていく新しい文化を見つけ出し、つくりあげることができるだろう。

なお、高校生部落研全国集会は、その後、「平和・人権・民主主義を考える全国高校生集会」との名称のもと、会場持ち周りで、毎年度開催されている。

印象的だった取り組みのひとこま

今でも忘れられない、部落研活動のなかでのひとこまがある。湖東ブロックのとりくみとあわせて、近江八幡市内の4校（八幡高校・八幡商業高校・八幡工業高校・近江兄弟社高校）で、全国集会へ向けてのカンパ活動を一緒にとりくむなど、共同のとりくみを行っていた。その一つに、2～3月にもった「卒業生を送る会」がある。みんなで歌を歌ったり、ゲームをしたりした後、卒業していく生徒が順番に、3年間の活動の思い出や後輩に送る言葉などを述べるというプログラムだったように思う。

ある年の卒業生に、M君という平生からおとなしく、本当に目立たない感じの生徒がいた。その彼が、順番がきて小さい声でぼそぼそとしゃべった。「部落研をやってきて、自分は、ひと（他人）のことを自分のことのように考えられる人間になれた。そのことが一番うれしい」というような趣旨の発言であった。表立ったところには出ずに、隅っこで一人黙々と仕事をしていた彼の、内面の成長と、その自分の成長を的確にとらえている姿に、胸がジーンとくる感動を覚えたことが今も忘れられない。

校長と同和主任だけが集まる高同連は「発展的解消」へ

部落研顧問連の役員になり、1976年度からは校内の同和主任を勤めるようになって、同和教育関係の会議に顔を出す機会が増えるにつれ、「これではまずいなぁ」と思うことがあった。

1971年度、滋同教が学校単位の加入から個人会員・会費制に改組された機会に校種別連絡協議会についての規定が設けられ、高校連絡協議会（高校連協）が発足した。高校連協は学期毎に全県の協議会を開き、また少し後になるが県内を5地区に分けて地区協議会をもち、日常的に、各校のとりくみの交流や、統一アンケートの実施、映画・演劇の共同鑑賞などの事業をすすめるようになった。高校連協の発足とその活動は、滋高部落研連や同顧問連の活動とあいまって、小学校・中学校に比べて遅れているといわれていた県内の高校同和教育が急速に推進されていく途を開くこととなった。

ところが、1973年7月、県教委主催の同和教育に関する連絡協議会の席上、各高校の校長と同和主任とで構成する高等学校同和教育連絡協議会（高同連）の結成が提案され、反対意見も出たようだが、それを押し切って発足した。高同連も学期毎に全県の協議会とともに地区協議会をもった。そこで、高校連協・高同連の全県や地区の会議、それに滋同教の研究部や支部の会合、地元市町村の同推協や校区の諸種の会合などを含めると、同和主任は、毎週半分くらいは出張で学校を空けることになってしまう。これでは本末転倒だと思った。とりわけ、高校連協と高同連はメンバーもほとんど同じで、何故二重に集まりをもつのか分からない。何よりも民主主義や平等を基本理念としているはずの同和教育のとりくみのなかで、構成員を校長と同和主任に限定した閉鎖的な組織が存在すること自体、納得できないことだった。

とはいえ、一度できて、それなりの活動をしている組織をなくしてしまうことは容易ではない。当時の県教委同和教育指導課のＩ課長は滋同教の助成にも尽力してくれた、結構話のわかる人であった。彼も「高校の同和教育の推進にかかわって、こんなにいくつも組織があるのはおかしい」という考えであった。そこで、指導課からも働きかけてもらって、高校同和教育の推進組織が一本化できないかということで、高校連協・高同連・部落研顧問連の三者の話し合いを何回かもった。その結果、顧問連は部落研の指導という独自の任務があり、一つにまとめることには無理があるが、せめて高校連協と高同連は一本化しようということになり、1977年度で高同連は高校連協に一本化する形で発展的に解消した。一本化した高校連協は、その後、県内高校同和教育推進の上でいっそう積極的な役割を果していくこととなった。

9　ＨＲでの人権・部落問題学習は是か非か
―「同和統一ＬＨＲ」をめぐって論争―

「同和統一ＬＨＲ」を取り組みの中心に

八幡高校では、1974・1975年度、県教委の同和教育研究指定を受け、「同和統一ＬＨＲ」と名づけて、全校一斉にロング・ホーム・ルーム（以下、ＬＨＲ）での人権・部落問題学習にとりくんだ。学校全体で学期毎に大まかな主題を決め、あとは各ＨＲで具体的なテーマを決めてとりくむというやり方であった。

研究指定校の２年間は、いわば学校ぐるみのとりくみの端緒を開いたものといえるだろう。当然、1976年度以降もとりくみを継続・発展させていくことになり、1979年４月に滋同教事務局に出向するまでの３年間、私は同和主任としてその推進にあたった。継続してとりくむ場合には、３学年同一の主題ではなく、学年毎に主題を決め、とりくみを積み上げていくほうが望ましい。そこで、次のように学年毎の大まかな主題を決めた。

第１学年　私たちをとりまく現実と差別問題

第２学年　差別の歴史と解放への歩みに学ぶ

第３学年　青年の未来と展望を考える

さらに、主題に迫る小テーマを学年毎に10項目前後あげた。これはあくまで参考であって、実際にとりくむテーマやすすめ方は、それぞれのＨＲごとに、生徒と担任で相談して決めることを基本としていた。当初は、クラス毎に結構創意的なとりくみが生まれたが、何年か経つうちに、いつのまにか学年全体で統一したテーマで、画一的なとりくみに流れがちになったのはいささか残念だった。

取り組みの要点

八幡高校の具体的な実践については、いろいろな場で報告し、『高校における同和教育』（部落問題研究所、1980年）や『私の人権教育論』（部落問題研究所、1995年）にもいくつか実践事例を収録した。

とりくみの要点は次のようであった。

①統一ＬＨＲの日程は、年間のＬＨＲ活動計画のなかにおりこみ、いわゆる「特設」ＬＨＲではなく、通常のＨＲ活動の一環として推進する。

②３～４週間前から、テーマやすすめ方について、学年・学級で相談し、準備活動に入る。

③テーマにもとづいて、事前学習や資料の収集・分析など、「事前のとりくみ」を重視する。班で分担して、当日の討議資料を作成する。

④当日は、短縮５限の授業のあと、６・７限、90分をあてる。生徒が直接運営し、教師は適宜、助言やまとめをおこなう。事前学習の報告、班別討論、その集約と全体討論という形式ですすめる場合が多い。

⑤ＬＨＲの実施後、できるかぎり全員に感想文を書かせる。また、各ＨＲから２～３編の感想文とともに報告書を提出してもらい、全体の集約をはかる。

「ＨＲの部落問題学習は間違いだ」とする批判

「統一ＬＨＲ」については、その後、他の学校にも広がり、滋賀県における高校同和教育実践の一つの典型をつくっていったように思う。

同時に、このようなＨＲにおける同和教育や部落問題学習については、当時（1976～1977年）、小嶋昭道さんなどから批判があり、各種研究会の場で「論争」が行われることとなった。

批判された主な点

①部落の歴史や部落問題の現状については、日本史や政治・経済など教科のなかで教えるべきで、「部落の歴史」だけをとり出して教える「取り出し学習」は正しくない。

②ＨＲ担任は多様な教科の担当者であり、部落問題に精通しているわけではないし、科学的に教えるのには無理がある。

③ＨＲは、本来生徒の自主活動の場である。そこへ教師の側から一方的に同和教育を持ち込むことは、自主活動をそこなう。

④「特設」同和教育は、部落問題の特殊化・肥大化であり、正しくない。

ＬＨＲでの自主的集団的学習の積極的意味

指摘された諸点はうなずけるところも多く、とりくむ場合にも配慮すべきものであった。しかし、だからといって、ＨＲで同和教育にとりくむこと自体が本来的にまちがっているという見解には、私は賛成できなかった。

私は次のように考えた。

①一部の府県のように、毎週１時間、副読本を使って部落問題を教えるなどというのは、特殊化・肥大化で、正しくない。しかし、それが教科以外の領域で、人権・部落問題学習にとりくむことをすべて否定する論拠となるものではない。

②部落の歴史は日本史で、部落問題の現状は政治・経済で扱うのは当然である。だからといって教育の他の領域でとりくむことがすべて間違いだということにはならない。平和や人権など適切な課題、適切

な方法で、教科外で学習活動を展開することは、それなりに意義のあることである。

③同和教育の推進については、知的陶冶とあわせて訓育の側面をより重視する必要がある。生徒たちが、自分たちの生活の現実や生き方とかかわって、部落問題を主体的に学んでいかなければ、ほんとうに身についたものとはならない。そういう意味で、生徒たちがＬＨＲで部落問題や人権・平和などの問題にとりくむことは積極的な意義をもっている。

④ＬＨＲで部落問題にとりくむ場合には、ＨＲの活動にふさわしい指導と展開が必要である。生徒たちの自主的な学習・討論を中心に、生徒自身の手で運営されるべきであり、教師の指導は自主的な活動をどう引き出し組織するかという点に主眼がおかれなければならない。

⑤教科の枠に閉じこもりがちな高校の教職員が集団で学習・討議、統一的な教育活動を展開してきたこと、生徒の自主活動を促進し、ＨＲの集団づくりにつながってきたことなど、統一ＬＨＲのとりくみの副次的役割もそれなりに評価すべきである。

部落問題が解決をみた以上、根本的な是正を

「論争」に決着がついたわけではないが、高校における人権・部落問題学習については、「自主的なクラブ活動としての部落研活動」「ＬＨＲでのとりくみ」「社会科を中心とする教科における学習」の３分野のとりくみを、それぞれの学校でウエイトのおき方に違いはあっても、それなりにすすめていったのが1970年代後半から1980年代にかけての滋賀県内の状況であった。

もちろん、部落問題がほぼ解決をみてきた1990年代に入って、ＬＨＲの部落問題学習が旧態依然たる形で行われている傾向については直ちに是正されなければならない。しかし、そのことから、1970年

代から1980年代にかけてのＬＨＲにおける人権・部落問題学習の教育的意義まで否定的にとらえることは正しくないだろう。
　また、その後、教科の枠を超えた「総合学習」がすすめられてきている。ＬＨＲにおける人権・部落問題学習についても、「総合学習」の視点からの再評価が必要ではないかと思っている。

10　同和教育ニュース“だいち”のこと

12年間に144号の“だいち”を編集

　私は、滋同教事務局勤務の７年間をはさんで、前後12年間八幡高校で同和主任を勤めた。校内の同和教育推進が中心的な仕事であるが、それとともに滋同教や滋同教高校連協、近江八幡支部の活動、地域の同和教育推進協議会や学区内の諸会議への参加など、校外での活動も結構な比重を占めた。滋同教事務局勤務も含めて、小学校・中学校の教員や保育園・幼稚園の人たちとの交流の機会が結構あったことは、その後、滋賀県民主教育研究所（滋賀民研）の事務局業務に携わる際にも大変役立った。
　近江八幡市の部落解放運動は部落解放同盟中央本部寄りだったので、地域の運動とのかかわりにはそれなりに気を配った。部落解放同盟の関係者と顔を合わす機会も多かった。自主的・民主的な立場を貫きながら、そうかと言って批判一本やりで済ますわけにもいかず、またそれなりの連携が必要な場合もあった。あるとき、部落解放同盟近江八幡市協議会の事務局から「山田先生に一度事務所に来てほしい」と「呼び出し」を受けた。しかし、「話があれば、そちらから学校に来てほしい。いつでも話はきちんと聞く」と答えて、応じなかった。後で分かったことだが、校長が出向いて何か弁解したようだった。

校務分掌は、本来皆で交替しながらすすめるのが原則である。しかし、そうした事情から、職場のみんなが「同和は、山田さんに続けてやってもらおう」ということになり、余り感心したことではないが、長く担当する結果となった。

校内の仕事で忘れられないのが、同和教育ニュース“だいち”の編集である。1974年度、県教委の研究指定校を引き受けた際、同和教育推進の一つの方策として月刊で同和教育ニュースを発行するようになった。その“だいち”の編集・発行も同和主任の仕事である。

12年間同和教育を担当したので、延べ144号の“だいち”をつくったことになる。学級を担任せず、教科の授業も軽減措置があった。全校の生徒に接することができるのは、わずかに毎月の“だいち”を通じてということになる。そこで、どうしたら生徒諸君に読んでもらえるニュースがつくれるか、今度はどういう内容をとりあげるか、しょっちゅう考えていた。

新聞や雑誌、書籍を読んでいても、またいろいろな集会で講演や報告を聞いていても、「これは“だいち”に使えるか、どうか」を考えた。部落問題だけではなく、人権や「人間としての生き方」にかかわるテーマなどもとりあげ、生徒諸君が感動して読んでくれたものも結構あった。

手書きのプリントか、パソコンか

“だいち”は毎回、教科の授業で使っていたプリントと同じように、複写用の用紙に、へたくそな字で、しかし心をこめて清書し、下版をつくった。ワープロという便利なものが普及してきた1990年代に入って少し経ったころだっただろうか。あるとき、生徒に「山田先生は、ワープロもよう使えへんの？」と言われ、ガックリきた。そこで、思いきってワープロ専用機を買うつもりだったが、若手の田邊雅之さん・山添孝夫さんが「買うのだったら、これからはパソコンを買ったほうがよい」と助言してくれた。ちょうどエプソンからノートパソコンが発売された時だった。30数万円もしたが、思い切って購入した。二人のサポートのおかげで、なんとか使いこなせるようになった。目の前の世界が大きく広がり、仕事の能率も格段によくなった。しかし、同僚の上田美穂子さんなどは「“だいち”は、山田さんの手書きの方があたたかな感じがしてよかった」ということだった。

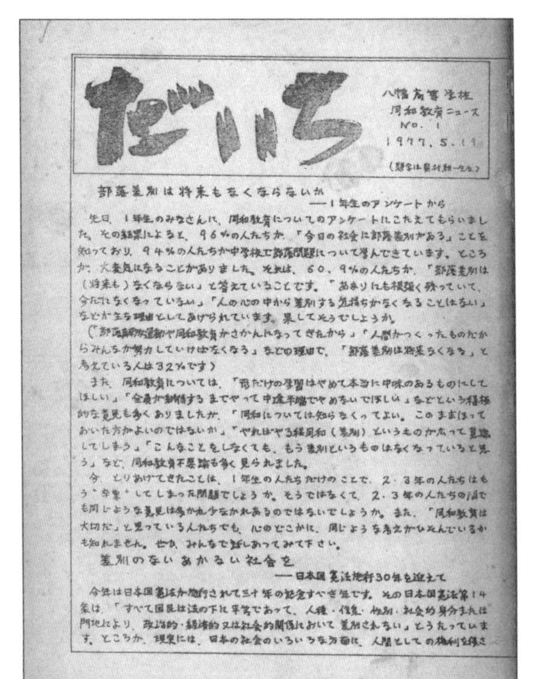
だいち

八幡高等学校
同和教育ニュース
NO. 1
1977. 5. 19
（題字は[illegible]先生）

部落差別は将来もなくならないか
——1年生のアンケートから

先日、1年生のみなさんに、同和教育についてのアンケートにこたえてもらいました。その結果によると、96%の人たちが「今日の社会に部落差別がある」ことを知っており、94%の人たちが中学校で部落問題について学んできています。ところが、大変気になることがありました。それは、60.9%の人たちが「部落差別は（将来も）なくならない」と答えていることです。「あまりにも根強く残っていて、今だになくなっていない」「人の心の中から差別する気持ちがなくなることはない」などが主な理由としてあげられています。果してそうでしょうか。

（「部落解放運動や同和教育がさかんになってきたから」「人間がつくったものだからみんなが努力していけばなくなる」などの理由で、「部落差別は将来なくなる」と考えている人は32%です）

また、同和教育については、「形だけの学習はやめて本当に中味のあるものにしてほしい」「全員が納得するまでやって中途半端でやめないでほしい」などという積極的な意見も多くありましたが、「同和については知らなくってよい。このままほっておいた方がよいのではないか」「やればやる程同和（差別）というものが広がって意識してしまう」「こんなことをしなくても、もう差別というものはなくなっていると思う」など、同和教育不要論も多く見られました。

今、とりあげてきたことは、1年生の人たちだけのことで、2・3年の人たちはもう“卒業”してしまった問題でしょうか。そうではなくて、2・3年の人たちの間でも同じような意見は多かれ少なかれあるのではないでしょうか。また、「同和教育は大切だ」と思っている人たちでも、心のどこかに、同じような考えがひそんでいるかも知れません。ぜひ、みんなで話しあってみて下さい。

差別のないあかるい社会を
——日本国憲法施行30年を迎えて

今年は日本国憲法が施行されて三十年の記念すべき年です。その日本国憲法第14条は、「すべて国民は法の下に平等であって、人種・信条・性別・社会的身分または門地により、政治的・経済的又は社会的関係において差別されない」とうたっています。ところが、現実には、日本の社会のいろいろな方面に、人間としての権利を侵さ

八幡高等学校同和教育ニュース「だいち」（1977年5月19日）

手書きのプリントということで思い出すことがある。定年退職する際の離任式で何を話そうかと思案した。40年近い教師生活の思い出を話し出せばキリがない。そこで、それらはすべてカットして、大好きだった斎藤隆介の『花咲き山』を手書きでリプリントして、生徒たちに配った。「やまんば」になったつもりで、壇上でそれをそらんじて、最後に「みなさん一人ひとりが、それぞれの『花咲き山』に、きれいな花をいっぱい咲かせてくれるよう願っています。さようなら」とだけ言って降壇した。生徒諸君が大きな拍手で応えてくれたことを今も覚えている。

次は、『仲間と手をつないで、未来を切りひらく力を』と題して、1992年の４月に発行したその年度の“だいち”第１号である。

仲間と手をつないで、未来をきりひらく力を
心配ないからね　君の想いが　誰かにとどく明日がきっとある
どんなに困難でくじけそうでも　信じることを決してやめないで
Carry On、Carry Out　傷つけ傷ついて愛する切なさに
すこしつかれても　Oh、もう一度　夢見よう
愛されるよろこびを知っているのなら Oh、夜空に流星をみつけるたびに
願いをたくし僕らはやってきた　どんなに困難でくじけそうでも
信じることさ　必ず最後に愛は勝つ　（KAN・「愛は勝つ」）

新入生の皆さん、もう学校になれましたか。友だちはできたでしょうか。八幡高校についての印象はどうですか。これから３年間、おおいに学び、行動し、悔いのない高校生活を築いていって下さい。

２年生の皆さんは、新しいクラスのなかで、修学旅行のとりくみに忙しい毎日を送っていることでしょう。

３年生の皆さんは、進路の目標をしっかり決めて、最終学年のスタートを踏み出すことができたでしょうか。

生徒諸君が、それぞれの学年に応じて、ＫＡＮが『愛は勝つ』のなかで歌っているように、「♪どんなに困難でくじけそうでも信じることを決してやめないで」頑張ってほしいと願っています。

さて、今年も、学期に１回ずつ同和統一ＬＨＲをもちます。そのため、この“だいち”で皆さんに問題を提起していきます。

「また同和か、しょうもない」「めんどくさいことはかなん」と思っている人もいるかも知れません。しかし、この春、本校を卒業していった君たちの先輩は、次のような言葉を残していってくれました。

○１年のときは、あまり身近に受けとれなくて、理解もしにくかったけど、２年のときの障害者差別の問題にとりくんだときは、障害児学校の訪問もできて、今までの偏見や思い違いも直せたし、３年の結婚問題も、身近なこととしてとらえられてよかった。
○結婚差別など私たちがこれから生きていくうえで関係のあることをくわしく学べたのがよかった。ひとごとではなく、自分のことだということの自覚がもてた。
○国語・数学のできる人が一番立派な人間だと私は思いません。人間としてのあたたかさをもった人、あるいはやさしさをもった人、私はそういう人になれるよう努力していきたいと思いました。

今日の日本の社会には、さまざまな矛盾があり、差別があります。部落問題も、そうした問題の一つです。
部落問題をはじめとする私たちの周りにある差別や矛盾—人権を侵されている実態を鋭く見抜き、それを見過ごさない人間、差別に怒りをもち、差別に立ち向かっていく人間にみんなが成長していくこと、そのことを通じて、お互いに未来を切り開いていく力を身につけること、こうしたことをめざして、本校では同和教育に力を入れています。
いつも相手の身になって、互いに認め合い、助け合う仲間として毎学期１回ずつ、全校一斉に統一ＬＨＲをもって、人権問題や部落問題について学習をすすめます。しかし、その時間だけ人権について考え、人権を大切にするようであっては困りますね。皆さんが、次のような観点で、毎日の学習やクラブ・ホームルーム・生徒会などの活動にがんばってとりくみ、毎日の高校生活を送っていくことこそが大切なことであり、そのことがとりもなおさず同和教育なのだと思うのです。
①いつも、自分たちの生活をしっかり見つめよう。
自分でしっかりめあてをもって、充実した高校生活を送れているだろうか。毎日の学校生活のなかで、見過ごせない問題はないだろうか。

親たちの仕事や生活はどうなっているだろうか。

②矛盾や差別に眼をつぶらない。

納得できないことははっきり言おう。矛盾や差別に眼をつぶらずに、「仕方がない」「どうせどうにもならないものだ」とあきらめないようにしよう。人間の社会が生み出した矛盾は、人間の力で必ず解決できるはずだから。

③「私には関係ない」「自分さえよければ」などとは考えない。

いつも相手の身になって考えよう。友だちのこと、仲間のことを考えよう。お互いに認め合い、支えあっていくなかでこそ、楽しい学校生活が築いていけるのだから。

④部落問題やさまざまな社会のできごとについて、すすんで学習しよう。

なぜ差別や矛盾があるのか、どうしたら無くせるのか。しっかり学習するなかから、解決の道筋が明らかになるだろう。毎日の新聞やテレビのニュースにも関心をもつようにしよう。

⑤多くの書物に接し、自分の内面を磨こう。

高校生の時代は、人生のなかで最も成長の早い時期。身体だけの成長であっては恥ずかしい。自分の内面を豊かに伸ばそう。書物には、君たちを成長させる栄養がいっぱいつまっている。うんと沢山の本を読み、自分の内面を磨き、生き方を確立しよう。

私たちが住むこの社会を、すべての人々の基本的人権がほんとうに尊重され保障されていくように変えていくこと、そのためにどうすれば、みんなが手をつなぎあい、信頼しあっていけるのか―そのことを、これからみんなで一緒に学びあい、考えあっていきましょう。

『人となる－同和教育実践資料集』を刊行

1993年は、八幡高校が県教委の同和教育研究指定を受けてちょうど20周年であった。この間、衛生看護科を除いて、教職員はおおかた顔ぶれが替わった。また、部落問題が大きく解決の方向に向かい、同和教育の取り組みについても、これまでの成果を踏まえながら新しい発展の方向を探ることが求められてきた。

そうした状況を踏まえて、これまでいろいろな場で報告してきたレポートをまとめて、『実践資料集』を編むことを思いたった。せっかくの機会だというので、これまで発行してきた“だいち”の中から今後も活用できるもの40篇を選んで収録した。それらを『人となる―八幡高校同和教育実践資料集』と名付けて刊行した。全教職員に配布するとともに、お世話になった人たちや関係方面にも届けた。A４判、175頁に及ぶ、それなりに貴重な冊子になったのではないかと思っている。

ちなみに「人となる」は、自主・自立・連帯の全人教育を指向する八幡高校の「校是」というべきものである（「おわりに」の項参照）。

11　人権蹂躙（じゅうりん）の場と化した「人権教育」分科会

「解放教育」との抗争の場、全国教研「人権教育分科会」

「教育研究全国集会」（全国教研）は、現在全日本教職員組合（全教）と全国私学教職員組合連合（私教連）を中心に、広範な諸団体も加わった実行委員会の主催で、「教育のつどい」と名付けて開かれている（「連合日教組」は別個に開催）。

これから述べるのは、日教組・日高教共催時代の「全国教研」である。両教組は組織人員に大きな差があり、日教組はその当時から「大国主義」的で、共催とはいうものの、対等平等の関係にはほど遠かった。館博通さん（日高教副委員長・教文部長、のち日高教委員長、滋賀高教組出身）なども大変苦労されたことと思っている。

さて、1974年の「八鹿高校事件」以来、部落解放同盟と「連帯」する「解放教育」と、自主的民主的同和教育の対立はますます激しくなっていった。その全国レベルでの抗争の場となったのが全国教研第18「人権教育」分科会だった。

解放教育と自主的民主的同和教育との対立点

両者の対立はどういうところにあったのだろうか。その当時（1980年代前半）、私は次のように整理していた（当時のメモによる－Aが「解放教育」側の主張、Bが「自主的民主的同和教育」側の主張）。

①部落問題の現状把握

A－部落差別は陰湿で年々厳しくなっている。

B－人々の努力によって解消の方向にある。

②解放運動とのかかわり

A－同和教育は部落解放のための教育であり、解放同盟と一体となってすすめる。

B－教育の自主性・主体性を守るべきで、教育を運動に従属させてはならない。

③教育内容にかかわって

A－部落解放に立ち上がる子どもを育てる。（子どもの発達段階を無視した「狭山裁判の教材化」、子どもたちを「差別する側」と「される側」に峻別することを前提にした「部落民宣言」など）

B－基礎学力の充実や民主的人格形成のとりくみを重視。仲間づくりや文学教材、生活綴方の実践を通して人権認識を培う。

④同和教育の位置づけ

A－同和教育は民主教育の中核であり原点だ。
B－同和教育は民主教育の一環である。

教研集会で強行された反対意見の排除

両者の理論的な対立は大きかったが、具体的な教育実践を出し合って論争が行われるのであればそれなりの意味があっただろうし、教研集会である以上は、当然そうあるべきであった。しかし、分科会の実態はそうではなかった。

両派が「陣とり合戦」をして早暁から分科会場の入り口に列をつくるとか、やじと怒号で発言が聞きとれないなどということもあったので、1976年１月の大津教研の際、「６項目確認」が行われた（「他団体への誹謗・中傷は慎む」「発言はレポーターに限る」など）。教研集会になじまない点もあったが、やむを得ない面もあった。瀬田工業高校で開催された分科会は、現地の会場係の努力で円滑に運営された。これ以降、1981年の東京教研までは、若干の紛糾はあったが大きな混乱はなかった。

ところが、1982年２月の広島教研の開催に際し、「解同」べったりの広島県教組・高教組が「解放同盟を誹謗する大阪・奈良・長野（私学）３府県のレポートを排除せよ、そうでなければ会場を返上する」などと理不尽な要求を出したことから、ひどい事態になっていった。やがて、レポートのなかに解放同盟の教育介入などの事実を指摘した記述がちょっとでもあれば、「誹謗・中傷」にあたらなくても、教研本部が該当箇所の削除を要求する、「道理に合わない削除要求に従うことはできない」と拒否するとそのレポートは報告させないことになったのである。

教研集会は、「ブロック教研」から「府県教研」へと「積み上げ方式」をとっていた。そこで、レポートの冒頭には各府県教研での該当分科会の論議の概要を記す慣例になっていた。レポートの本文には解放同盟のカの字も出ていなくても、府県教研の報告・討論の概要のなかで、1・2行でも「解放同盟の教育介入」などの文言があれば、レポートを発表できないばかりか、そのレポーターは3日間の分科会の期間中、質問も含めて一切発言を許されなかった。また、他のレポーターも分科会運営についての発言は一切認められなかった。今、こうして書いている私自身、読者に信じてもらえそうにない気がするが、それが事実だったのである。最後の合同教研集会となった1988年度の札幌教研では、東京・埼玉・京都・大阪・奈良・兵庫（高）の都府県9レポートが排除され、やむなく排除されたレポーターや参加者が別会場で交流会をもつこととなった。

民主主義蹂躙に大声で抗議、毎回、のどをつぶして帰る羽目に

1980年代、私はほぼ毎年、レポーターもしくは一般参加者として人権教育分科会に出席していた。滋賀県はまだ運動は分裂しておらず、解放同盟による教育介入もなかったので、滋賀県のレポートが「発表禁止」の措置を受けることはなかった。しかし、レポート報告の際や討論のなかで、こうした民主主義否定、人権蹂躙の分科会運営について、当然、声を大にして抗議した。ところがそのことに言及しようとするやいなや、たちまち司会者に発言を制止される。それを無視して発言を続けると今度は会場係がマイクのスイッチを切るという卑劣なことまで行われた。マイクを切られたら仕方がない、今度は地声で抗議する。他の人が同じような扱いを受けた場合にも、やっぱり大声で抗議する。そこで、3日間の分科会が終る頃には、毎回のどが完全につぶれてしまう。教研集会が終って家に帰ると、当時まだ中学生だった末娘に「お父さん、なんで教研集会とかへ行くと、のどを痛めて帰って来るの？」と聞かれて、返事に困ったことだった。

どんなに権力をもっていようとも、どんなに表面的には「多数派」であっても、民主主義を踏みにじるものに未来はない。そして、民主主義を踏みにじるものに「部落解放」や「同和教育」を語る資格はない。当時からそう確信していた。

教研集会の後日談

後日談を一つ。合同教研の最後となった札幌教研で、京都府立大江高校から「仲間とともに生きる青年を育てる人権・平和学習の創造をめざして」と題する優れた実践報告が提出された。そのレポートの前文に京都府の教研集会分科会の概要が記載され、そこに部落解放同盟による教育介入に言及した記述が２、３行あった。本文中にはそうした記述はまったくなかったのに、やっぱり全面的に報告禁止になった。頭にきた私は全国教研の場でも、当然強く抗議した。

集会後しばらくして開かれた滋賀県内の「報告集会」の際、その大江高校のレポートをそっくりリプリントして参加者に配布した。私の口からではなく、事実を通して全国教研・人権教育分科会の真実を知ってもらおうとの思いからであった。ところが県教組執行部から早速クレームがつき、レポートはすべてその場で強制的に回収された。私は、「え！　そこまでやるの？」と無性に腹が立った。時の県教組の副委員長・教文部長は、その後、「滋同教の専従事務局員は役員選考委員会において選考する。県教委はその結果を尊重して発令する」というルールと慣行を踏みにじって、３月までは滋同教の会員でもなかった県教組専従役員から、滋同教事務局員に横すべりしたＫ氏だった。

12　主体性堅持しつつ、行政とも連携
—1980年代前半の滋同教の活動—

7年間、滋同教事務局に専従で勤務

1977・1978年度、私は八幡高校の同和主任・加配教員や高校部落研顧問連の仕事のかたわら、滋同教の非専従事務局員を委嘱され、滋同教にかかわることとなった。たまたま、高校サイドからの専従事務局員だった鈴木悛亮さんが1978年度末で現場に帰ることとなり、彼のあとを受けて、1979年度から滋同教事務局に出向した。当時の事務局長は南澤透さん、事務局員は谷口良太郎・島田彦隆の両氏と私の3人であった。2年後、1975年度の専従事務局体制発足以来、桑原正哲さんとともに滋同教の発展に尽力してきた南澤さんが現場に帰り、代わって谷口さんが事務局長を2年つとめ、そのあと私が3年間事務局長を担当した。こうして、1979年度から1985年度までの7年間、滋同教事務局に勤務した。

いわゆる「滋賀路線」とは

この時期の滋賀県は、部落問題をめぐって、今日とは違って、いわゆる「滋賀路線」とか「滋賀県方式」とかいわれた形が一番うまく機能していた。

「滋賀路線」とは、部落解放運動が全国的には分裂して厳しい対立がくりひろげられているなかで、滋賀県では一応運動の統一が維持されていた。「侵さず、侵されず」をスローガンに、運動・行政・教育の三者がそれぞれの主体性を尊重しながら、部落問題の解決という共通の課題で連携していた。戦後、県内の部落解放運動が「滋賀民主同

盟」として出発して以来、「県民に愛され、支持される解放運動」を標榜し、組織内の思想・信条の自由、政党支持の自由を保障してきたことが背景にあった。とりわけ、1974年の八鹿高校事件のあと、組織内で深刻な討論を行い、「暴力があったことは何人も否定できない」「完全解放を20年も30年も遅らせた」と、事件と当時の部落解放同盟中央本部の方針を厳しく批判し、これと一定の距離をおく「是々非々主義」の立場を確認したことが大きかった。

1975年10月、解同県連と滋同教が集めた資金カンパと県・市町村の助成金によって「光荘」が完成した際にも、これを他府県のように「解放会館」とせずに、行政・教育・運動に携わる関係機関・団体が共同で運営する「解放県民センター」としたことも、「滋賀路線」の産物であった。

基本原則は「サポート アンド ノーコントロール」

当時の滋同教は、教育研究団体としての自主性・主体性を、組織のよってたつ基本原則として何よりも大事にしていた。解放県民センター内に事務局を設置したのも、建物の竣工と同時に入居したのではなく、光荘が「解放会館」ではなく、財団法人「解放県民センター」として維持・運営されることが確定してからであった。

滋同教は1971年に会則を改正し、それまでの学校ぐるみの加入から、個人会員・会費制に移行した。それによって、自主的な研究団体としての組織的財政的基盤が確立した。県教委から補助金も受けており、専従事務局体制も「研修派遣」という便法で行政側がバックアップしてくれてはじめて実現した制度であった。しかし、滋同教は、行政当局に対しては「Suport and no Control」(支援すれども、介入せず）の姿勢を厳しく求めてきた。教育行政のサイドもそれを理解し、そうした姿勢を守ってくれていた。1974年に革新県政が成立し、県政の民主化が一定すすみだしてきた背景もあった。
たとえば、専従事務局員は「研修派遣」制度を準用していた。事務局長は会長・副会長などとともに滋同教の役員であり、役員選考委員会の選考を経て総会で選出される。事務局員は会則上は「会長の委嘱による」ものとなっていたが、役員と同じような役割や責任を担っていたので、事務局長に準じて役員選考委員会で選考し、総会で承認を得ることになっていた。とはいえ、総会は例年5月末に開催されるので、総会を終えてからの手続きでは年度途中になってしまう。そこで、役員選考委員会の選考が終わった時点（2月段階）で、県教委に「来年度はこういうメンバーで事務局を構成しますのでよろしく」と報告しておく。そうすると、年度末人事の際それぞれのメンバーの在籍校に代替教員が配置されることになっていた。「研修派遣」制度を準用していたので、教育長名で「滋同教事務局研修生として研修を命ずる」という辞令が出されるが、それはまったく形式上の手続きにすぎなかった。
事務局勤務の終わり頃だったか、教職員課の参事から「最終的に決める前に、せめてこういう人を考えているくらいの事前折衝はしてほしい」と言われたことがあった。しかし「誰を事務局員にするかは、滋同教の純然たる内部問題です。それに県教委が介入することになればまずいでしょう」という一言で、それ以上のやりとりをする必要はなかった。

県教委も専門機関としての滋同教の見解を尊重

学習指導要領改訂前に文部省が「日の丸・君が代の義務づけ」方針をうち出してきたとき、「子どもたちに人間の平等・尊厳を教えることと、『君が代』を歌わせることとのあいだに矛盾はないのかどうか。同和教育が大切にしてきたことは、教職員自身が民主主義の実践者になることであり、教育の自主性ではなかったのか―今こそ真摯な論議が求められています」と滋同教の活動方針で言及した（1985年度）。

早速誰かが注進に及んだのか、教育長が同和教育指導課長を呼んで「こんなことでは困る」と文句を言ったようだった。その記述については「現場で大変議論になっており、事務局の見解も聞かれている。言及せざるを得ない」とあらかじめ課長に言っておいた。課長は「滋同教の内部で大いに議論しようという趣旨だと理解している」と説明しておいたということだった。

1970年代後半から1980年代前半の県教委は、滋同教の自主性を尊重していただけではなく、同和教育を推進する上で、同和教育研究の専門組織としての滋同教の見解は大いに尊重するという姿勢をとっていた。その点でも今日とは大きな違いがあった。「同和教育実践課題研究委員会」や「学力向上総合推進事業」「同和教育推進にかかわる視聴覚教材の作成」「高校中退問題検討協議会」など、滋同教が提起し、それを県教委が積極的に受けとめて行政施策として実行していったものも数多くあった。県教委は1972（昭和47）年に「同和教育基本方針」を策定していたが、情勢の進展や同和教育のとりくみの前進に即して改訂が必要になり、1981（昭和56）年に新「同和教育基本方針」を策定した。このときには（案）の段階で滋同教事務局に説明があり、「検討して意見を聞かせてほしい」ということになった。滋同教の意見もとり入れて、新しい「同和教育基本方針」がつくられた。

このように、私が滋同教事務局にいた1970年代末から1980年代前半は、「運動・行政・教育の三者がそれぞれの主体性を尊重しながら、部落問題の解決という共通の課題で連携していく」という「滋賀路線」が現実に機能していた時期であった。そのことは、滋同教の研究活動を前進させる上でも、学校現場の同和教育推進の上でも、大変有利な条件だったと思っている。

13　民主教育の推進にも貢献した滋同教の活動

私が滋同教事務局に勤務した７年間は、行政や運動との関係もうまくいき、会の活動が最も順調に進んだ時期だったと思っている。ここで改めて、滋同教の組織とその活動を振り返っておきたい。

○会員数

県内の保育園・幼稚園・小学校・中学校・高校・障害児学校の教職員のほぼ全員が加入した。大学の教職員も一部加入し、会員数は多い時には１万3000人近くに上った。

○事務局

解放県民センター・光荘内に事務局をおいた。事務局長と３人の専従事務局員、６人の非専従事務局員で構成。日常の会業務の企画・執行にあたった。

○会報『滋同教』

年数回、全会員宛に発行した。内容は、総会や県大会の報告。講演要旨やレポートの紹介。討議資料など多岐にわたった。

○支部

19郡市（当時）に支部をおき、それぞれ活動をすすめた。

校・園の代表による支部委員会。県大会に先立つ郡市研究大会の開催など（大津市は８会場で開催）。講演と実践報告。県大会への報告者の選出など（参加者は、1984年度の場合、延べ１万人近くに上った）。郡市の同和教育推進協議会などにも参画。中学校単位に「校区研」も持たれた。

○研究部

８つの研究部（教育集団・教育内容・自主活動・健康問題・障害児教育・就学前教育・進路保障・社会同和教育）を設けて活動した。

各支部からの推薦により40～60人の部員で構成。原則として、毎月開催。実践報告と講演、県大会の関係分科会の運営、全同教大会の報告者の選出、特別部会の開催など、滋同教の研究活動の中心を担った。自主活動部会や教育内容部会では部会誌も発行した。

○主な集会と参加者数

・滋賀県同和教育研究大会（滋同教と県・県教委・県社会教育研究会の４者の共同主催）。全体会・分科会はそれぞれ7500人ほどが参加(1984年度の場合、以下同じ)。

毎年度『滋同教研究集録』と題した冊子を発行し、講演や特別報告、各分科会報告を収録した。

・同和教育における授業と教材に関する研究会

県下４ブロックに別れて開催した。参加者は約1400人。

・課題別研究集会

「低学力・非行」「幼児教育」「部落問題学習」「進路保障」の各テーマで開催した。参加者は約400人。

・同和加配教員等宿泊研修会　参加者は162人。

こうした諸集会によって、同和教育だけではなく、民主教育全体の推進にも貢献できたと思っている。

以下、少し長くなるが、参考までに私の事務局勤務の最後になった1985年度の「活動方針」から、『研究活動の具体的推進について』を紹介しておきたい。

１．同和教育の研究・推進体制の確立について

「21世紀に部落問題をもちこさない」決意のもと、部落問題にもとづく教育上の課題解決と人権教育・民主教育の前進を期して、会員一人ひとりの自主的・自覚的な研究・実践を基礎に、学校・園の自主的・民主的な研究・推進体制を確立してとりくみをすすめます。

1）各学校・園で、子どもたちの実態をリアルにつかみ、そこから校・園の教育課題を引き出し、校・園ぐるみのとりくみをすすめます。それぞれの校・園で、これまでの同和教育の成果と到達点を明らかにし、子どもたちの実態から引き出される課題をふまえて、校・園の具体的な同和教育方針を作り上げます。

2）子どもたちの問題状況がますます深刻さを増している今日、一人ひとりの教職員の個々の努力や実践だけでは、課題を解決することはできません。教職員の一致したとりくみを推進します。同時に、一人ひとりの教職員が教育実践の力量をたかめ、個性を発揮していく。お互いに個性を尊重しあっていくことも大切です。

3）同和教育をすすめていくためには、変化しつつある今日の部落問題と同和教育の課題について、教職員の科学的な学習・研究活動が大切になっています。こうした学習と併せて、校・園の具体的な課題と実践に即した研究・研修の推進をはかります。また、教職員自ら人権意識を高め、鋭い人権感覚を身につけることを重視します。

4）「係まかせ」「係請負い」の状況をなくし「みんなでとりくむ同和教育」の体制を確立します。同和加配教員について一部に便宜的な選任が見られます。意欲・経験・力量のある適任者を民主的に選出し、同和教育推進のために特別に配置されている趣旨に沿った校内での位置付けと具体的な実践の推進をはかります。

5）今日の子どもたちの実態を見るとき、それぞれの発達段階で問題を固定的にとらえることでは、解決は困難です。0歳から高校生までの保育・教育全体のなかで課題を明らかにし、校種を超えた共同のとりくみをすすめていくことが大切になっています。校区研やブロック・町村の合同研究会など、保・幼・小・中・高の共同の研究と実践を推進します。

以上のとりくみをすすめていく上で、教育現場の自主的・主体的な教育権限を大切にし、職場の民主主義と教育研究の自由を確立していくこと、また定員増・旅費・教材費・研修費の保障や公正で民主的な人事配置など、教育条件・教職員の勤務条件改善のとりくみが重視されなければなりません。

2　基礎からの発達をめざすとりくみについて

乳幼児から小学校低学年にかけての生育歴が、その後の学力や人格の形成に大きく影響を及ぼすことが明らかにされてきています。つまり、「幼児期における親とのふれあいの頻度」「同年齢の友だちとの遊びの経験」「祖父母兄弟がいるかどうか」「入学前に大病やケガをしたかどうか」「絵本や童話などに接する機会がどれだけあったか」など、子どもをとりまく様々な要因が、人間として成長・発達していくことに大きくかかわっています。このことを踏まえた上で、基礎からの発達を着実に伸ばしていくとりくみとして、学校教育だけでなく、家庭教育での「子育て」問題とも深くかかわりながら、次の活動をおしすすめます。

1）父母や子どもたちの生活実態・地域の実態を具体的に把握し、そこから引き出された教育課題を正面に据えたとりくみをすすめます。部落の子どもたちや困難をかかえた子どもたちの問題については、親の生育歴や仕事の状況、家庭や地域の教育力の問題と関係づけてとらえていきます。

2）乳幼児の発達段階を的確にとらえ、それを踏まえた上での教育内容、つまり「発達に応じ、発達に必要な教育」を創造していきます。また、「発達の芽」と「問題行動の芽」を正しく見極められるように、発達の道筋を明らかにします。

3）健康（からだ）の問題と学力や人格形成とのかかわりを明らかにしながら、健康学習を通じて子ども自身にからだを自己管理する力を身につけさせます。

4）就学前教育の特質ともかかわって、感動的な体験を通じて豊かな感性や表現力、仲間との友情と連帯を育てることを大切にします。その際、幼児期からの塾通い、遊び場の不足、遊びそのものの変化、食生活の変化等についても、広く深く、問題を掘り下げます。

5）保・幼・小・中・高の連絡会や校区研が組織され成果をあげている地域の積極的なとりくみの教訓をひろげていきます。あわせて、保・幼をはじめ関係教職員の研修の権利を保障していくとりくみを大切にします。

6）子どもの発達保障という課題を父母・地域社会と共通認識にして、教育現場と一体化した子育てのとりくみをひろげていきます。そのために、子どもたちが自ら生活を組みたてる力を育てるとりくみとして、「基本的生活習慣確立のための生活点検運動」や「自主的な規律確立のための規則」を重視します。その際、これらのとりくみにおいては、単なる「おしつけ」でなく、父母との共通理解をもとに、発達の節をおさえてとりくんでいきます。

また、「発達」「能力」のとらえ方とかかわって、障害児教育の実践は、教育の本質とかかわる問題をするどく提起しています。障害児教育の課題と同和教育の課題とのかかわりや独自性を明らかにしながら、障害児教育の前進をはかり、あわせてその成果を学んでいきます。

3　部落問題についての正しい認識を育てるとりくみについて

今日、深刻化する少年非行の背景に子どもたち自身が自分の将来に明るい見通しや展望をもてなくされている現実があります。こうした状況が「部落問題は必ず解決できる」という展望をもたせることを難しくしていることは否定できません。どの子も生き生きと人間らしく生きる力を培うとりくみを土台に、部落問題学習の位置づけを検討し、その内容と方法に一層の工夫を重ねていきます。

1）基本的人権尊重の精神と民主主義を体得させていく教育のいと

なみを重視します。どの子にもわかる授業と、どの子も生き生きと活動できる民主的な集団づくりをおしすすめるとともに、文学教材の指導や生活つづり方のとりくみを積極的に推進します。

2）民主教育をすすめる全体の計画の中に、部落問題学習を正しく位置づけ、子どもや地域の実態とのかかわりを明らかにしながら、その内容と方法を創造します。

3）部落問題学習で到達させる学習内容としては、次の6点を基本に実践的な検討を進めます。

①江戸時代に、搾取の強化と民衆の分裂支配のために人為的につくられた身分差別であること。

②明治維新の過程で法制的には廃止されたが、天皇を頂点とする新しい身分制度と寄生地主制、資本主義の跛行的な発達のもとで、残され、利用されてきたこと。

③全国水平社の結成以来、差別をなくすための運動や努力がつみ重ねられてきたこと。

④日本国憲法の制定をはじめとする戦後の民主的な変革によって、部落差別を残してきた社会的な基盤が崩されてきたこと。

⑤同和対策事業など国や地方自治体の行政施策・国民的なとりくみによって、今日部落問題は解決の方向に向っているが、なお課題も残されていること。

⑥部落問題の完全解決は、日本の民主主義と人権確立のため重要な課題であり、「21世紀に部落差別をもちこさない」決意で、とりわけ若い世代の努力が求められていること。

4）以上の学習は、基本的には中学校において実践を進めるものとし、小学校ではそのための基礎的な学習で、問題意識を育てる学習として位置づけます。高校では義務教育の上にたって、生徒の状況を確かめながら、学習と研究・調査活動を進め、自分の生き方とかかわる学習へと発展させます。

5）社会科での系統的・科学的学習と教科外指導の二つを統一して学習を進め、確かな認識を育てます。

6）社会科におけるとりくみは、教科の本質を踏まえ、小・中・高それぞれの内容を検討し、小・中・高校が同じことのくり返しにならないで、しかも一貫した指導ができるように、それぞれの段階の役割を明確にします。

7）部落の歴史や部落問題をことさらにとり出し肥大化するとり扱いをさけ、社会科の中に系統的に位置づけ、確かな認識を育てます。そのために、社会科全体が科学的で豊かな内容となるよう研究をすすめます。そうした中で、教科書の部落問題記述や副読本の実践的批判的検討、地域に根ざす教材づくりのとりくみをおしすすめます

8）教科外の指導は、人間の生き方について学習を進める場として、生活の課題と深くかかわる学習を進め、子どもたちの人間的自覚の形成をめざします。その際、子どもの生活認識・問題意識や関心を出発点としてとりくみます。

4　「非行」・「いじめ」などの問題行動を克服し、民主的な人格・集団を形成していくとりくみについて

戦後第3のピークといわれて深刻の度を深めていた少年非行は、刑法犯・暴力行為などを中心に「沈静化」してきているといわれています。しかし、一方で「いじめ」・「登校拒否」などが目立っています。こうした「非行」・「いじめ」などの背後に広範な子どもたちの生活のくずれがあります。とりわけ、人間の尊厳を傷つけ、人格を否定する「いじめ」が子どもたちの世界に急速にひろがっていることは看過できません。この問題を放置しておいて、人権教育も同和教育もありえないといえるでしょう。こうした状況にメスを入れ、「非行」・「いじめ」などの問題行動を克服し、民主的人格と集団を形成していくとりくみを、学校・園を軸に、家庭・地域・行政等を含めて総合的

におしすすめます。

1）子どもの心と身体・生活のくずれを立て直し、健康な生活リズムを確立させるとりくみをすすめます。子どもの生活に外から枠をはめるのではなく、子どもが自らの生活をみつめ直し、自らの生活を築いていく、自立をめざすとりくみを強めます。

2）班活動・たて割り集団の活動・リーダー養成などを通して、子どもたちの集団の教育力を高め、子どもたち自身が非行に立ち向かい、これを克服する力を育てていきます。民主的に討議し、実践する自治能力を育てあげることを重視します。

3）うち込んでやりとげた喜びの体験に乏しい子どもたちに対して、集団でねりあげられた感動的な文化活動を育て、子どもたちをむしばむ退廃的・非人間的文化を克服するとりくみをすすめます。その際、仲間に目が注がれていること、生き方を考えさせること、真実に裏付けされていること、そのことによって感動を呼ぶこと、などを大切にします。

4）教師が子どもの人権をそこなったり、不用意な言動によって子どもを傷つけている場合が多く見られます。子どもの人権を守るするどい感性をとぎすまし、学校現場から一切の体罰をなくすとともに、人間的成長への信頼に立脚した「きびしさ」を追求します。子どもを「外から客観的にとらえる」視点と、子どもによりそい、「内面かち理解する」視点の統一をはかります。

5）「わかる授業」を通して、子どもたちが意欲をもって学習にとりくみ、自分に対する自信を回復できるようにとりくみます。すべての子どもたちに学校生活のなかで自己実現ができ、自己に対する自信と誇りを持たせる指導を重視します。

6）学校ぐるみ・地域ぐるみで非行克服の組織的なとりくみを推進します。そのために、子どもの現状と教育課題について共通理解を深め、一致した目標のもとに一人ひとりの教職員のもち味を生かした実践をすすめ、学校の教育力を高めます。学校から父母・地域に率直に問題を提起し、学校・地域・家庭の共同のとりくみを組織していきます。

7）人間を育てるはずの教育の場で、集団で、長期的に、かつ陰湿な人権侵害が頻発している現実と、それを傍観している多数の子どもたちがいる現実を直視して、早急に「いじめ」を克服するとりくみをすすめます。（『会報』87号、参照）

5 基礎学力の充実をはかっていくとりくみについて

一昨年度の高校進学率の大幅な落ちこみについての背景・要因の分析のなかで明らかになってきたのは、「低学力」の子どもたちが厚い層をなしており、その層のなかに同和地区の子どもたちや家庭的に困難をかかえた子どもたちが集中しているという事実でした。すべての子どもたちに「わかる授業」を保障し、たしかな学力をつちかっていくことは民主教育そのものの中心的な課題であるとともに、同和教育の重要な課題でもあります。

1）小学校低学年の段階ですでに、同和地区の子どもたちが獲得している「語い」数に差があり、そのことが学力の格差につながっていくことが指摘されています。子どもたちの「くらし」にメスを入れ、園や家庭での会話やあそび、本の読み聞かせなど、保・幼の段階での「ゆたかな土壌づくり」を重視します。

2）「基礎から、段階をふんで、着実に習得させる指導」にとりくみます。そのため教科書の記述についての実践的・批判的な研究をすすめ、教科の学習内容の精選、系統化をはかります。基本になることがらについては、反復して習得させるとともに、それぞれの発達の段階に即した学習活動のなかで習熟させる工夫をします。

3）発達の順次性を正しくふまえた教育課程の自主的な編成にとりくみます。また、教科、科目のそれぞれの段階での到達目標を明確にし、到達度評価など学習意欲をたかめる評価のあり方についても研究をすすめます。

4）「読む力」や「書く力」を育てることを重視し、親子読書運動、ノー・テレビデーなと家庭と連携してのとりくみを強めます。それぞれの発達段階に即して家庭学習の習慣化をはかります。

5）子どもたちの学ぶ意欲をひき出し、高めるために、地域の生活とくらしに根ざした教材づくりにとりくみます。また、「1時間、1時間の授業で勝負する」教師一人ひとりの指導の力量を高めるために、教材の分析、授業実践の交流と研究を集団的にすすめます。

6）「学力のおくれ」は「生活のくずれ」と密接に結びついています。班活動をとり入れての子どもたちの生活を高めるとりくみを「班学習」に発展させ、子ども同士の教えあい、学びあいを通して、学習集団の確立・向上をはかります。

7）以上のように、それぞれの発達段階での「落ちこぼし」を出さない実践を基底におきながら、「低学力」の実態に即して、「おくれ」をとりもどすとりくみ、とりたてての「学力補充」のとりくみを、学年ぐるみ、学校ぐるみでおしすすめます。

6　進路保障のとりくみについて

子どもの側から考えると「進路は私たちの命の問題」であり、教師の側からとらえると「進路保障は同和教育の総和である」という戦後同和教育運動の教訓をあらためて大切にし、さらにとりくみを強めます。今年度も、同和地区の子どもたちや家庭的に困難をかかえた子どもたち、障害をもった子どもたちの進路保障を中心に、すべての子どもたちに確かな進路を保障することをめざしてとりくみをすすめます。ひきつづき、高校進学問題を重要課題の一つとして位置づけてとりくみます。

1）中学卒業段階や、高校生、あるいは高校卒業後の子どもたちの進路をめぐる状況を実態調査をもとに明らかにしながら、進路保障が保幼小中高一貫する課題として受けとめられるようとりくみます。「校区研」や「合同研」等、校種間にわたる合同のとりくみが広がってきていますが、そのなかに進路保障の課題を位置づけ、「進路を切りひらく力を基礎から着実に育てる」とりくみを追求します。同時に「制度問題」についても、すべての教職員の問題意識となるよう学習と論議を深めます。

2）1989年のピーク時にむけて中学生の急増期に入っています（今春卒業生より3000名増）。希望するすべての子どもたちに高校教育を保障する立場から、高校の増設や増学級を強く求めていかなければなりません。中・高間の連携を密にしながら、地域・父母とも手をむすび、「地域に根ざした高校づくり」をすすめます。

3）「湖南３分割」(※)が２年目に入ります。初年度の矛盾や問題点を整理しながら、「完全３分割」に向けてとりくみをすすめます。また、普通科の学区縮小と併せて、職業科への学区制導入や教育条件整備について検討ととりくみをすすめます。

※旧湖南通学区域を大津・湖南・甲賀に分割

4）高校や職業訓練校等における中退・留年問題は依然として深刻な課題です。中退せざるを得ない子どもたちの背景に、高校や訓練校の教育のあり方とあわせて、親の生活や地域における子どもたちの生活が大きな問題として浮かびあがってきています。それぞれの学校のとりくみだけにまかせることなく、小・中・高間の連携、地域の関係機関との協力など、進級・卒業を保障していく体制づくりに努力します。

5）就職採用試験における不適切な質問や作文題、また、大学・短大などの入学時の提出書類や面接で、本籍地や親の職業を聞くなどのことがなお見られます。就職差別撤廃運動のこれまでの歴史に学び、意義を確認しあいながら就職試験や入試の追跡調査を行い、関係機関・団体と連携をとりながらとりくみをすすめます。

6）「6年制中学校」や「単位制高校」など、後期中等教育の複線化をめざす動きが「臨教審」を中心に出てきています。同和教育における進路保障の理念から黙視することはできません。こうした「教育改革」論議の動向に注目するとともに学習と論議を深めます。

7　父母・地域との連携を深めていくとりくみについて

「差別の現実に学ぶ同和教育」「足でかせぐ同和教育」など、これまでの同和教育のなかで、私たちは一貫して父母や地域・子どもたちの願いを大切にし、とりくみをすすめてきました。さらに、次の点を重視してとりくみます。

1）教師の側から見た子どもの姿だけでなしに、父母や地域の側から見た子どもの姿をありのまま出しあい、つきあわせることによって、子どもたちの現状について、教師・父母・地域の共通理解を深めます。そのためにも、学級ＰＴＡ活動や「地区懇」を大切にします。

2）学校での子どもの生活には、子どもをとりまく地域の状況や父母のくらしが大きく影響を与えています。学校や教室の子どもの姿だけを見ていては状況を正しくつかむことはできません。そのために、日常的な家庭訪問・地域とのつながりを重視します。

3）子どもの現状からひき出された課題を「学校が中心になってとりくむ仕事」「地域が中心になってとりくむ仕事」などに整理し、家庭や地域に提起をし、共同のとりくみをすすめます。

4）学校やそれぞれの団体の主体性を大切にしながら、関係機関との連携を強め、父母・地域をまきこんだ「合同研」・「校区研」・「子どもを守る会」など、組織づくりと実践をすすめます。

5）教師として、何よりも子どもたちの人間としての成長を大切にする姿勢を土台にしながら、父母・地域の学校・教師に対する願いを受けとめ、信頼関係を深めます。
6）今日の状況のもとで、「ここまでが学校と教師のしごと」と機械的に線を引くことはできません。そこに子どもたちがいて、悩み、苦しみ、教師の授助や指導を求めているかぎり、これまでの枠をのりこえて出かけていく、そうした教育の専門家としてのとりくみを、励ましあい支えあいながらおしすすめます。
7）地域に残る封建的な考え方や、偏見をとりのぞき、民主的な地域づくりをすすめることは、父母や地域との連携を深めていく上で、また、子どもたちの民主的な人格形成をはかる上でも重要なことです。民主的な地域づくりの観点から、社会同和教育をとらえなおし、その活動にも積極的に参加します。

14　1983年度、高校進学率が大幅に低下
―背景・要因を分析、「高校進学白書」を編む―

「ひのえうま」の翌年に生まれた子どもの進学率が大幅に低下

同和対策事業や同和教育が本格的にとりくまれる以前、例えば1966（昭和41）年3月の高校進学率は、全県が69・4％だったとき、同和地区生徒の進学率は33・8％と、大変大きな格差があった。この格差の解消を部落問題解決のための重要な教育上の課題ととらえ、行政施策とともに、教育現場でもさまざまなとりくみがすすめられてきた。その結果、高校進学率の格差は今ではほぼ解消してきている。

私が滋同教事務局に勤務していた1970年代末から1980年代前半、全県の進学率は92・3％、同和地区のそれは81・2％で、11％台の格

高校進学率の推移

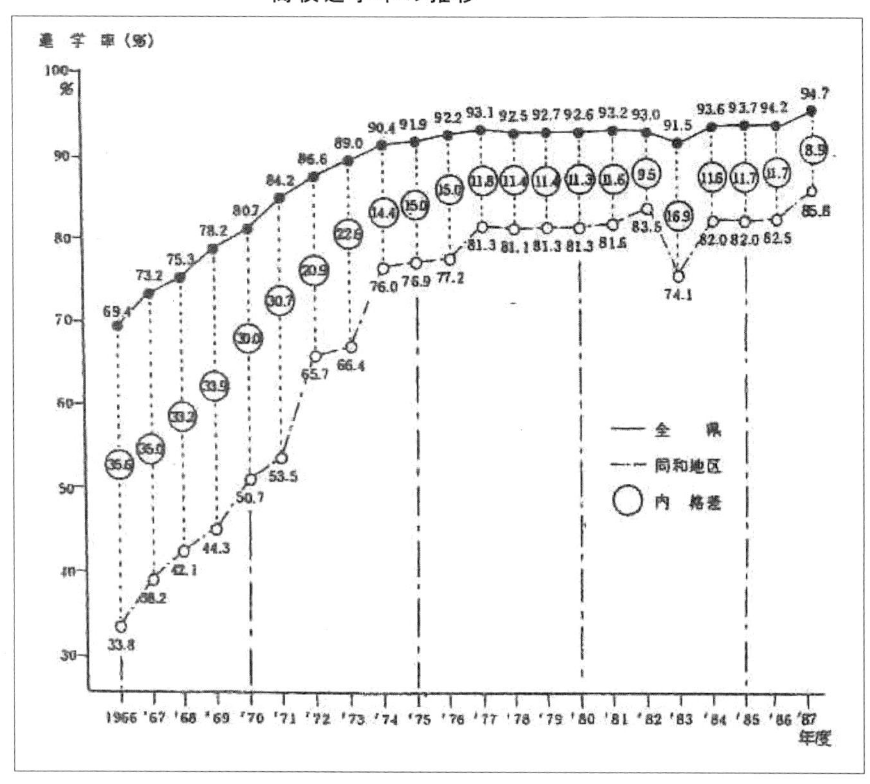

差がなかなか解消しなかった。そうしたなかで、同和地区の進学率が突然大きく落ち込んだ年があった。1983（昭和58）年である。その前年は「ひのえうま（丙午）」生まれの子どもたちが進学してきた年で、高校もやや「広き門」となり、同和地区の進学率も83・5％、格差9・5％と、この前後では最高の数字となった。ところが、翌1983年は、そのあおりをくって、子どもの数が急増、県内の中学校卒業生も一挙に2844人増加した。県教委も５校を新設、既設校で21学級増やしたが、これでカバーできたのは2285人に過ぎなかった。その結果、全県の進学率も93・0％から91・5％へと低下したが、同和地区のそれは、83・5％から74・1％へと10％近く急落した。格差17・4％

は、ほぼ10年前の水準であった。

進学率低下の背景・要因の分析に取り組む

事態を重視した滋同教では、進路保障研究部が中心になって、進学率低下の背景や要因の調査・分析に力を入れた。その結果明らかになってきた一つの問題は、県立高校の入学定員枠そのものが非常に「狭き門」となっていたのに加え、5校新設も影響してか、高校間に志望のアンバランスが生まれた。大幅に定員をオーバーした高校がある一方、定員割れした学校も結構あった。しかも、そうした高校で80人にのぼる子どもたちが、「定員の枠内」であるにもかかわらず不合格とされた。県立全日制高校全体では合格発表時で316人、辞退者も含めると347人という大量の欠員が生じたのだった。しかし、当時は2次募集は行われていなかった。その結果、県全体の高校進学率も都道府県単位では最大の落ち込みになった。それらの影響が、学力面や生活面で多くの課題をかかえていた同和地区の子どもたちを直撃したのである。

中学校の協力得て、悉皆調査を実施

そこで、実態を正確に把握するため、思い切って県下の全中学校に協力をお願いして、その春中学校を卒業しながら全日制高校に進学できなかった、あるいはしなかったすべての子どもたちについて悉皆調査を実施した。

調査は、全日制高校に進学できなかった、しなかったすべての子どもについて、次のような各項目にわたって個別に記入して、事務局に報告するという形で実施した。対象者1757人に対して、1695人のデータが集約できた（集約率96.5％）。

＜調査項目＞

性別、同和地区か地区外か、家庭状況（両親の有無、要保護家庭かどうか）、進路決定経過（公立不合格、受験せず）、４月１日現在の進路状況（定時制・通信制・各種学校・職業訓練校・就職・未定）、その後の経過（中退、離転職）、全日制高校に進学できなかった、しなかった背景・要因（生活のくずれ・学習意欲喪失・低学力・怠学・経済的事情・上記以外の家庭的事情・身体的事情―教師から見て、該当すると思う項目にいくつでも○をしてもらう）。

調査結果をもとに『高校進学白書』を刊行

今日のようにパソコンという便利なものはまだ普及していない時期だった。そこで大阪の専門業者にマークシート（パンチカード）の作成を依頼した。その上で、コンピューターで集計、各種の相関表も作成してもらった。それでも、事務局で個別にマークシートにマーク（パンチ）する手間は相当なものだった。

こうした調査によって、進学できなかった子どもたちの家庭状況は母子・父子家庭や要保護家庭が多く、５人に１人が家庭的困難をかかえていること、「低学力」と「生活のくずれ」が重なっている子どもたちが多く、彼らは中学校卒業後も各種学校や職業訓練校での中退や離転職を繰り返していること、それらは同和地区内外に共通して見られる現象であるが、同和地区がより深刻であることなど、問題状況が鮮明に浮かびあがってきた。

調査とその分析結果を、1983年12月、『すべての子どもたちに、たしかな進路を―進学率低下の背景・要因と打開の方向（1983年度高校進学白書）』と題して、Ｂ5判、27頁のパンフレットにまとめ、全校・園に配布した。翌1984年１月にはその抜粋を会報「滋同教」の特集号として発行、全会員に配布、討議を求めた。

また、こうした結果をもとに、県教育委員会にも入試制度の改善にかかわって要望書を提出し、話し合いをもった。調査結果とその分析は全同教の冊子や『同和教育運動』（部落問題研究所）にも紹介され、全国的にも注目された取り組みとなった。

○冊子の項目

（１）1983年3月の中学校卒業生の進路実態

（２）子どもの生活と学力にかかわって

　１．学力の実態と問題点

　２．「低学力」と「生活のくずれ」とのかかわり

　３．　進学を「あきらめさせられた」子どもたちと、「受けるつもりのなかった」子どもたち

（３）社会的矛盾の谷間で－家庭と地域の問題

　１．進学できなかった子どもの家庭状況

　２．長引く不況のもとで、きびしさ増す親の生活

（４）入試制度の矛盾と問題点

　１．志願のアンバランスはなぜ生じたか

　２．定員の枠内の不合格について

　３．二次募集の是非をめぐって

（５）現状をどう打開するか

　１．基礎からの着実な発達を

　２．「どう生きるのか」を基軸にすえた進路指導

　３．高校教育の役割と位置づけ

　４．今こそ、地域に根ざした高校づくりを

事務局や進路保障研究部会などでの議論をもとに、最終的には私が文章化することになった。ちょうど11月末に奈良で全同教大会があった。先だって全同教委員会や結成30周年記念レセプションがあり、

顔を出さないわけにいかない。やむを得ず、関係資料を鞄に詰め込んで奈良に出かけた。全体会や分科会は失礼して、３日間ホテルに閉じこもって、半分徹夜しながら書きあげた。大学の卒業論文にも匹敵する大仕事だった。

15　「高校同和教育実践課題研究委員会」

滋同教の提起を受けとめて、行政施策を実施

私が滋同教事務局に勤務していた1970年代末から1980年代前半は、教育・行政・運動の三者が、それぞれの主体性を尊重しながら「部落問題の解決」という共通の課題へ向けて協力してとりくんでいくという、いわゆる「滋賀路線」が比較的うまく機能していた時期であった。

そうしたなかで、滋同教が行政に課題として提起し、行政側がそれを受けとめて施策として実施していったものがいくつもあった。早くからとりくまれた新規中学卒業生の進路実態調査(実務は、進路保障研究部とも協力しながら、進路保障推進協議会が担当した)、同和教育推進のための視聴覚教材の作成、高校生の中途退学問題へのとりくみ、大規模な同和地区を校区にもつ中学校区単位の学力向上総合推進事業などがその例である。

高校同和教育実践課題研究委員会の場合

そうしたとりくみの代表的なケースとして、同和教育実践課題研究委員会のことにふれておきたい。

学校現場で役立つ実践資料集の作成をという滋同教の要望に応えて、

県教委は1977（昭和52）年度にまず「高等学校同和教育実践課題研究委員会」（高校課題研）を発足させ、一年遅れて1978年度から「小・中課題研」が発足、それぞれ資料集の作成にとりかかった。

「高校課題研」の場合は、委員を県教委が一方的に委嘱するのではなく、滋同教高校連協と高同連（1977年度末をもって発展的解消）と部落研顧問連の三者がそれぞれ推薦するという現場サイドからの選任に委ねられた。それ以降、各期毎にメンバーはある程度交代したが、基本的にはそうした現場からの推薦という考え方が踏襲されていった。

「高校課題研」は1977年度から1987年度まで５期にわたってとりくまれ、次のように５冊の資料集が刊行されて、県教委の手で県立高校ならびに県立障害児学校の全教職員に配布された。

第１期（1977～1978年度・委員長小嶋昭道）
『高等学校における同和教育の現状と課題』
第２期（1979～1980年度・委員長徳島法融）
『高校同和教育の教材と資料―教育実践を深めるために』
第３期（1981～1982年度・委員長古株助次郎）
『高校同和教育の実践―広がりと深まりを求めて』
第４期（1983～1984年度・委員長国房輝男）
『高校同和教育の充実をめざして』
第５期（1985～1987年度・委員長中野芳一）
『高校同和教育の創造―新たな出発点に立って』

印象に残った第２集『高校同和教育の教材と資料』

発行されたそれぞれの実践資料集は、県教委が発行した冊子としては現場で比較的よく読まれ、活用されたように思う。全国的にも注目されたとりくみであった。

私は第１期は顧問連から、２～４期は滋同教事務局から委員に名を連ねた。同じ者が余り長く続けるのはよくないと思い、第５期は委員会には直接加わらず原稿を寄稿するにとどめた。４期にわたって多くの人たちと高校同和教育の課題について議論を重ね、資料を集め、実践報告の検討を重ねたことは、私自身にとっても大変勉強になった。とりわけ、阿部義宣さんや江竜喜之さんなどと一緒に仕事をできたことが今も心に残っている。

実践資料集のそれぞれに特徴があり、それなりの思い出があるが、とりわけ印象に残っているのは、1980年10月に発行された『高校同和教育の教材と資料』（第２集）である。これは、「教科やＨＲで使える具体的な資料や実践事例がほしい」「県内の部落史についての系統的な資料がほしい」との現場の要求に応えて、14人の委員が３つの小委員会に分かれ、２年間にわたる取り組みによってまとめたものである。

第１章「 部落の歴史と社会科」では、滋賀県を中心にした部落の歴史を15項目にわたってとりあげ、「社会科の各科目における部落問題の取り扱い」と７篇の実践事例を収録した。

第２章「部落問題の現状と解決の展望」では、「部落問題と同和対策事業」「進路をめぐる差別と撤廃へのとりくみ」「結婚をめぐる差別とその他の差別事象」「実践事例」を収録した。

第３章「高校生の生き方と部落問題」は、「私たちの生き方と部落問題」「人権についての理解を深めるために」「実践事例」で構成されている。

とくに、２・３章の多くの部分は阿部義宣さんの発案で一つの項目を見開き２頁に収め、そのまま生徒の学習教材として利用できるように工夫した。

編集・執筆にあたっては、部落問題解決を民主主義の課題として押さえること、部落の歴史は民衆史と結合すること、高校生の実態に即して考えることの３点に留意した。例えば、第１章では「自由民権運動と部落の人びと」「米騒動と滋賀の部落」「近江絹糸の人権争議」などの項目がとりあげられている。

「部落問題の今日的状況をどうとらえるか－その基本的な視点」

第２章の冒頭には、私が担当して、「部落問題の今日的状況をどうとらえるか—その基本的な視点」との項目を設け、要旨次のように述べた。

・戦後30数年間の民主主義の前進、部落解放運動や住民の努力、国や地方自治体の行政措置などによって、今日、部落問題が大きく解決に向かっている。
・進学や就職、結婚などをめぐる具体的な差別事象を教材化する場合には、単に差別の事実を指摘するだけではなく、その差別の現実に対して、人びとがどのようにたちむかい、その結果どうなったかというところまで明らかにする。
・部落問題だけを他の社会問題から切り離して特殊化してとりあげない。「封建的身分差別の残存」という部落差別の独自性を正しく押さえながら、その解決の課題を、国民全体の生活と権利を守り向上させ、民主主義をおしすすめる大きな展望のもとでとらえる。
・高校での部落問題学習については、教師の側から一方的に教えこむのではなく、生徒たちの自主的・集団的な学習を組織すること。高校生の生活の現実や生き方とかかわって部落問題を学べるように、自分たちの先輩が部落問題にどう直面し、それをどうのりこえていったかという活動の経験を教材化して、活用していく。

こうした取り組みが、なぜできた？

県教育委員会の名で発行され現場に配布された資料集に、こうした「基本的な視点」がきちんと記述されたことについては、意外に思われる向きがあるかも知れない。

県教委の事業としてとりくまれ、県教委の手で発行されたけれども、内容はあくまで実践課題研究委員会の集団的な議論によってまとめられたものであった。県教委も研究内容とそのまとめについては委員会にすべてを委ね、研究内容には容喙しないという見識ある姿勢を貫いたように思う。

背景としては、すでに述べたように、県内の部落解放運動が「県民に愛され支持される解放運動」を標榜し、今日のように部落第一主義、部落排外主義の路線にたっていなかったこと、そうしたもとでいわゆる「滋賀路線」が機能していたこと、いろいろな問題点をはらみながらも、「武村革新県政」が２期目に入り、教育行政の民主化も一定すすんできたことなどがあげられよう。

それと同時に、この時期に県教委同和教育指導課の高校担当指導主事をつとめ、学校教育課に移ったあとも同和教育を担当していた故・奥村治八郎さんの果たした役割もたいへん大きかった。彼は、県同和問題研究所発行の『滋賀の部落』にも、匿名で度々寄稿していた。

16　『高校の同和教育』３部作を刊行

『高校における同和教育』

1979年６月、部落問題研究所の東上高志さんから、「同和教育実践シリーズ」の１冊として、滋賀県内の高校の実践をまとめるよう依頼があった。しかし、「１校で実践をまとめることはまだ無理なようだ」とお断りしたが、「いくつかの学校の実践をまとめることでもよい」とのことだったので、思い切ってとりくむことにした。

第１章　自主活動を軸にした非行克服のとりくみ
八日市南高等学校

第２章　生きる力を育てるＨ・Ｒの部落問題学習
八幡高等学校

第３章　同和教育の基盤づくりをめざして
彦根西高等学校

第４章　高校における同和教育の現状と課題
―滋賀県下のとりくみの概況にふれて―

各校から２人（八日市南高―寺元和彦・真山昭三、八幡高―華園孝昭・山田進、彦根西高―阿部義宣・寺村二三夫）に出てもらい、滋同教事務局の山田が加わり、７人で編集委員会を構成した。前後７回の編集委員会をもち、1980年６月、『高校における同和教育』と題して部落問題研究所から刊行してもらった。第４章は主として私が執筆した。

小学校・中学校については、すでに相当数の実践記録が出版されていたが、高校についてはまとまった書籍は初めてであったと思う。結構好評で版を重ねた。それなりの印税をいただいた記憶がある。

『高等学校の同和教育』（同和教育実践選書刊行会）

1984年３月、東上高志さんから再び「現代同和教育の実践」の高校篇を担当するよう依頼があった。「長年とりくんできたベテラン教師が自己形成史なども折り込み、実践とそれを支えた地域の教育運動を踏まえて書きくだす」というのが編集のねらいであった。それに応えることができたか、はなはだ心許ないが、今回は彦根西高の阿部義宣さん・長浜高校の江竜喜之さんとの３人で執筆することにした。

江竜さんが「第３章　教科における部落問題学習」を、阿部さんが「第４章　同和教育の基盤づくりをめざして」を執筆してくれた。私は「第１章　高校生の部落研活動」と「第２章　ＬＨＲにおける部落問題学習」を担当した。最終的には「同和教育実践選書刊行会」の手で『高等学校の同和教育』と題して、山田の編著で刊行された。

『私の人権教育論―高校生とともに学んで』

1995年３月、滋同教事務局へ出向した７年間を含めて、前後21年間在籍した八幡高校を最後に定年退職することとなった。先に紹介した２冊の刊行後も、各種の研究集会でのレポートやいろいろな機会に書きためたものが結構あった。退職を機会に１冊にまとめることを思いたった。今回も部落問題研究所から『私の人権教育論―高校生とともに学んで』と題して刊行してもらった。

各界の知人・友人11人が発起人となり、各団体から14人が事務局を構成。同僚はじめ卒業生、大学の同級生、かかわりを持たせてもらった人たちなど90人が出席して、「出版祝賀と今後の活躍を励ます会」を開催してくれた。心のこもったねぎらいや激励の言葉をいただいた。日本史を教えていたクラスの生徒たち数人が、担任の森裕子さんの引率で駆けつけてくれたことも嬉しいことだった。

愛知高で青年教師時代を共にした畏友の藤野宗典さんが滋賀民研の通信『手をつなぐ』第80号に、心あたたまる書評を寄せてくれたことも忘れられない。ちょっと面はゆい気がするが、書評の冒頭の部分を引用しておく。

1959年5月のことである。愛知高校学芸班の機関誌『だるま』第4号は、次のような一文を載せた。

「（現在の天皇と美智子妃の結婚に関して）天皇となるべき人が、おそらく何重ものかっこつきのものであろうけれども、恋愛の自由、結婚の自由をもった。それは天皇となるその人個人のために喜ばしいというだけのものではない。天皇が人間としての自由を与えられるその範囲で、国民は天皇制の支配から自由になることができるだろう。

自ら自由である人間こそが、他人の自由を尊ぶことができる。

自由でない人間、自由であろうとしない人間が、どうして自由の尊さを知ることができよう。どうして他人の自由を尊重することができよう」

これは、本書の著者山田稔さんが未だ24歳の青年教師であったころのことばである。

このころ、彼はまたこうも述べている。「『近頃の生徒はものを考える力がない』とか、『ものを書く力がない』とかいうことを私たちはよく耳にしたり、また自分からも言ったりする。しかし、その前に自分たちがどんな教育をしているかを思い返してみるべきかもしれない」（同『だるま』第8号）

この本の表題に類した書物は、世に少なくはない。しかし、理論が実践と表裏一体となり、それらが世界史のなかの日本という歴史的な視座のなかにきっちり位置付けられて、しかもなお、全編を流れる人間に対する温かな思いに、読者の胸を熱くするような書物は、そうざらにはないであろう。（以下、略）

なお、同和教育に直接かかわるものではないが、2010年4月、『ともに希望を紡いで―ある高校教師の戦後史』と題して自分史を刊行した（私家版）。今回の連載についても、このように過去に活字にしたものが結構残っていたことが、大変役立っている。

17　今やっておかなければならない一つの大きな仕事
―『滋賀の同和教育―滋同教40年の歩み』の刊行―

『滋同教40年の歩み』の刊行を思いつく

1979年度から７年間に及んだ滋同教事務局での最後の大きな仕事になったのが、『滋賀の同和教育―滋同教40年の歩み』の編纂と刊行であった。

滋賀県同和教育研究会の発足は、ちょうど私が教職についた1958（昭和33）年であった。しかし、その前身の滋賀県同和教育研究協議会が結成されたのは、1947（昭和22)年8月である。それから数えると、1987年８月で結成40周年を迎えることになる。幸い、1958年以降の歴代会長は健在であった。しかし、関係者のなかではすでに他界された人もあれば、個人の手元にある資料もどんどん散逸していく。「今のうちに滋同教の歩み、ないしは滋賀の同和教育の歩みをまとめておくことが必要だ。」こういう思いが、事務局勤務のなかで次第に募ってきた。とはいえ「40年の歩み」の編集・刊行といえば大事業である。一朝一夕にできるものではない。

かつて、仲間と一緒に滋賀高教組の「20年の歩み」をまとめた経験があった。編集委員会を立ちあげ、集団的に英知を結集し、力を合わせればできるという確信もあった。とはいえ、こういう大仕事は誰かが言い出し、誰かがプロモートしなければ、簡単にはできない。

まず定期総会で方針を決定

「40年の歩みをまとめよう」と事務局で提起したとき、当時の専従事務局員だった伊藤和次・河瀬哲也・今井彰の３氏は快く賛意を表してくれた。とりあえず、早いうちに資料の収集にとりかかろうと、1985年5月の滋同教定期総会に、「結成40周年の記念事業として、『滋同教の歩み』をまとめる。今年度より編集委員会を発足させ、資料の収集にとりかかる」との方針を提案し、採択された。

総会終了後、早速6月15日、 編集委員会を発足させた。メンバーは次の各氏であった。

大友　恭、桑原正哲、阿部義宣、谷口勝巳、谷口良太郎
堀部迪雄、南澤　透、山田　稔、伊藤和次、河瀬哲也

大変だった資料集め

1975（昭和50）年度に専従事務局体制が確立するまでは、会長の在勤校に事務局がおかれていた。会長の交代とともに事務局も移動する。そのとき、ダンボール箱につめた重要書類も引き継いでいくことになる。しかし年々増えていく書類をすべて引き継いでいけるわけがない。そのため、専従事務局体制が発足するまでの期間の資料がきちんと残っていなかったのは当然だった。こうした事情から、1950年代から1960年代にかけては記録がほとんど残っておらず、資料もごく一部しかなかった。

委員がそれぞれ手分けして、古くからの関係者を訪ねたが、水害で家財が散逸してしまった人や転居の機会に処分した人などがあり、思うようにはすすまなかった。

幸い、大津市立膳所小学校や日野町立必佐小学校などから古い資料を提供してもらった。また豆田敏夫氏の遺族の好意で貴重な資料を借用することができた。

私は1986年度には事務局専従を終えて、八幡高校に復帰した。事務局長は伊藤和次さんが受け継ぎ、編集作業もすすめてくれた。私も度々光荘に通い、資料の整理や執筆などの編集作業にあたった。

予定より少し遅れたが、1987年12月、菊判400頁の結構立派な『滋賀の同和教育―滋同教40年の歩み』を上梓することができた。

多くの人に購入してもらうため戦後の同和教育全体をまとめた

実は、編集・刊行費をあらかじめ予算化してとりかかった事業ではなかった。基本的にはできあがった冊子を有料で頒布し、印刷・製本費や諸経費をまかなおうというのであったから、今から考えれば無謀な計画ではあった。しかし、そうした事情が結果的には幸いしたといえるかも知れない。

なぜなら、多くの人たちに買ってもらうためには、読みやすく、わかりやすいことが第一条件である。そのためにまず配慮したのは、「滋同教の歩み」という組織の歴史だけをまとめたのでは、特別にかかわってきたもの以外にとっては「私らには関係がない」ものになってしまう。そこで、滋同教の歩みをまとめるだけにとどめず、県内の戦後の同和教育の歩み全体をまとめるよう努力した。また、それぞれの時期の部落差別の実態や子どもの状況、そうしたなかでの典型的な同和教育実践も具体的に記述するよう努力した。

読みやすく、役にたつものになるよう努力

今一つは、客観的な事実や記録にもとづきながら、できるだけ読みやすくわかりやすい記述になるよう努力をしたことである。そのため、全体を次の4期に分け、各期ごとの冒頭に「この期のあらまし」を4頁にわたってまとめ、全体の流れや特徴を浮き彫りにした。

第1期　同和教育のあけぼの（1947〜1957）
第2期　広がりと深まりを求めて（1958〜1968）
第3期　自主的民主的な研究活動の前進（1969〜1974）
第4期　校園ぐるみで多面的な実践へ（1975〜1986）

本文は通史的な記述を避け、それぞれの時期の特徴的な事柄や典型的な実践を見開き2頁ないし4頁に、項目毎に「読み切り」の形にまとめた。とりあげた項目は、4期あわせて58項目にのぼった。

こうした類（たぐい）の「歴史」としては、比較的読みやすく、項目によってはそのままリプリントして学習会や研修会の資料として活用できるものとなった。たとえば、『部落のあけぼの―武佐中学校のとりくみ』『自主的な解放をめざして―八幡町“日曜学校”と文集「一隅」』『壁を破るもの―坂本「子どもを守る会」のとりくみ』『「同対審答申」以前の部落―日野町豊田地区の実態』などがそうである。

滋同教初代会長だった山根房一氏をはじめ、健在だった10人の歴代会長にそれぞれ印象に残っていることを綴ってもらい、紙面に花を添えることもできた。本文302頁、巻末には横組み93頁をあてて、そのときどきの基本的な文献・資料と歴代役員名簿、全国同和教育研究大会報告者一覧、滋賀における戦後同和教育運動史年表、参考文献のリストなどを収録した。

谷口勝巳氏の友人だった中村太古社・中村七右衛門氏の好意で立派な装幀（そうてい）の本ができあがり、多くの人たちに購入、活用してもらうこと

ができた。

「心残りの点がないわけではありません。しかし、『今だからできる』『今やっておかなければできない』一つの大きな仕事がなしとげられたのではないかと思っています。」―「あとがき」の一節である。

それは刊行を終えたときの正直な気持ちであったし、その思いは今も変わらない。

18　「子どもの権利条約」批准促進のとりくみ
―滋賀県民主教育研究所の活動ともかかわって―

1985年度で滋同教事務局勤務を終えて八幡高校に復帰して以後、同和主任としての仕事とともに、1988年に設立した滋賀県民主教育研究所（滋賀民研）事務局の仕事が中心になった（2004年３月まで事務局長、その後、2022年３月まで副理事長）。滋賀民研の活動は、教育研究活動を中心にしながら、登校拒否問題への取り組みなど多岐にわたった。ここでは設立のいきさつを紹介するとともに、連載の主題とも関わって、「子どもの権利条約」批准促進のとりくみについて述べておくこととしたい。

一気呵成(かせい)に立ち上げた「滋賀民研」

民主的な教育研究所の設立は、滋賀県教育サークル協議会（サークル協・会長小嶋昭道さん）の結成（1957年）以来の悲願だった。当初は「京都教育センター」や「大阪教育文化センター」のような「組合立」の設立がめざされた。県教組や高教組の合同教育研究集会はずっと持たれていたし、両教組がその活動方針に「研究所設立」を明記した時期もあった。

しかし、1980年代に入り、全国的に教職員組合運動の分裂がすすむにつれ、断念せざるを得なくなった。サークル協の事務局では、自主的な設立をめざして論議を重ねていたが、なかなか陽の目を見るには至らなかった。私は、滋同教事務局時代に「どの子も伸びる」研究会代表の河瀬哲也さんから様子は仄聞していた。

1987年12月、大仕事だった『滋賀の同和教育―滋同教40年のあゆみ』が刊行できた。時を同じくして、編集委員に名前を連ねていた『滋賀高教組35年史』も出来上がった。1988年1月、出版記念とその年の「旗びらき」を兼ねて、高教組のレセプションが開かれた。2つの大きな仕事が無事に終り、私は結構杯を重ねたようだった。その場で、旧知の玉置秀貞さん（サークル協事務局メンバー、その後、十数年以上にわたって滋賀民研の事務局長・次長として、「御神酒徳利」のように一緒に仕事をした）にばったり出会った。ご機嫌で、「研究所設立の話はどうなっているの？ ちよっと手が空きそうなので、一枚かんでもよいよ」と言ったらしい。酒の上での話。言った本人はすっかり忘れていたが、玉置さんが小嶋さんに報告したようだった。早速、小嶋さんから「準備会を持つから出席してほしい」と声がかかった。

出席してみて、驚いた。その時の議題は「研究所の所屋をどうするか」だった。十分な資金があって取り組む仕事ではない。「所屋を確保してから」では、研究所の発足は何時になるかわからない。「今、『臨時教育審議会によって民主教育が毀される』とみんなが危機感を持っている。研究所設立の好機だ。事務所問題は研究所が軌道に乗ってから考えればよいではないか」と率直に意見を述べた。そうしたら、いつの間にか、設立準備会の中心を担う羽目になってしまった。「同和教育は、ほぼその役割を終えた。これからは民主教育そのものの推進が肝心だ」との思いが心のどこかにあったような気もする。

5月、畑中誠治さん（滋賀大学・滋賀民研初代理事長）や東上高志さん（滋賀大学／部落問題研究所）を初め、各界32人の人たちの「設立の呼びかけ」を発表、設立準備会発足、設立資金カンパの訴え。7月に設立準備集会開催、研究所通信『手をつなぐ』を発刊。9月には八田光雄さん(高教組副委員長、のち委員長）の協力を得て、教文会館（高教組本部）を借りて、電話による教育相談『教育110番』を開設などの経過を経て、1988年11月20日、100人余りの参加で研究所の設立を見たのだった。

新しい組織を立ち上げるためには、もっと周到な準備が必要だと考える人もいるだろう。しかし、「機をとらえて一気呵成にやる」のも一法だと私は思った。ただ、当時、県内の教育運動を主に担っていたのは、中島修さん（八幡中学校と近江兄弟社高校の校長を歴任／滋賀民研副理事長、のち理事長）などが中心になった湖東地方だった。その湖東では、「そんなに急いで大丈夫か」という声が強かったと、後になって聞いた。

「学校教育と子どもの人権」をテーマに

設立した滋賀民研の活動の中心になったのは「学校教育と子どもの人権」をテーマに掲げた研究活動だった。そのための基礎資料を得るべく、2回にわたって大規模な教育調査を実施した。中学校4校、高校5校に協力を依頼、2年生の生徒約2500人とその保護者に十数項目のアンケートに答えてもらった。生徒にアンケート用紙を持ち帰らせて、後日、回収するという面倒な取り組みである。ほぼ同じ項目で、高教組の協力を得て、高校教職員500人余りにも答えてもらった。あらかじめ各校で中心になる人を頼んだ上で、私が直接訪問し、学校長に協力を依頼した。今になれば「よくそんなことができたなぁ」と言えないこともない、たいそうな取り組みだった。滋同教事務局時代に培った「人脈」が、結構役だったように思っている。

調査結果の集計と分析がまた大変な作業だった。那須光章さん（滋賀大学、のち滋賀県立大学）と吉田一郎さん（滋賀県立大学）にパソコンを駆使して、各種の相関表を作成、分析してもらった。その結果、現状と課題があきらかになった。詳細は、『学校教育と子どもの人権』『子どもたちに学ぶよろこびと生きる力を―子ども観・学習観の転換と「子どもの権利条約」』の２冊を『研究紀要』に掲載した。全国的にも注目され、普及活動も順調だった。滋賀民研の財政にもそれなりの貢献ができた。

調査によって明らかになった課題をもとに、『学校を、子どもたちがいきいきと学び、成長する場にしよう―「学校改革」のための滋賀民研からの提言』をまとめた（民研ブックレット第１号『こんな学校いいな』に所収）。

「子どもの権利条約」の批准と実行を

奇しくも滋賀民研設立のちょうど１年後、1989年11月20日、第44回国連総会で「子どもの権利条約」が採択された。願ってもない画期的な出来事だった。直ちに条約の学習に取り組んだ。1990年4月の第１回は民研単独の主催だったが、２回目（6月）３回目（7月）は、自由法曹団・県母親大会連絡会・全教滋賀教組・滋賀高教組との共催で持つことができた。学習をもとに、1990年10月13日、「子どもの権利条約の批准と実行を求める滋賀県実行委員会」の結成をみたのだった。事務局長として活動の中心を担ったのは、宮下ゆたかさん（滋賀高教組書記次長、現・滋賀民研副所長）だった。

こうして、全国的にも条約の批准を求める声が高まっていった。しかし、その声に押されて、政府がやっと条約の批准に踏み切ったのは1994年４月24日。全世界で158番目という恥ずかしい状況だった（現

学校教育と子どもの人権

□□□滋賀県民主教育研究所研究紀要□□□

■創刊号／1991.5.26

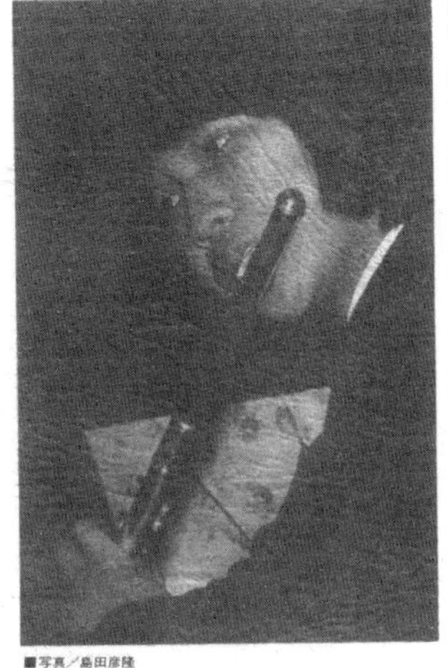

■アンケート調査
学校教育と子どもの人権

■研究論文・研究ノート
1. 学校を子どもの人権が保障される場にしよう
2. 現場教師の教育研究
3. 教科学習と子どもの人権

■学校から・地域から
1. 父母・地域と結んで
2. 生徒を中心にすえて学校の再生を
3. 日朝関係史の学習から見えてきたこと
4.「この子らが主人公」序説
5.「日の丸・君が代」のとりくみ

■滋賀民研の活動から
1. 研究部会報告
2. 教育相談の事例から 母と子、再登校へのたたかい
3. 活動日誌から

■資料
子どもの権利条約

■写真／島田彦隆

滋賀県民主教育研究所

在、196の国と地域が批准）。

なお、条約の批准を受けて、滋賀県教育委員会は1995年に入って、高校生向けに「子どもの権利条約」の解説書を作成・配布した。広報義務を果たそうとする姿勢は評価できた。しかし、内容は私から見れば条約の精神に悖る気がしないでもなかった。詳述する余裕はないが、滋賀民研の研究所通信『手をつなぐ』1995年７月号に載せた「小稿」の結びの言葉を引用しておきたい。

条約を正しく受けとめようとするのであれば、「これまでの校則が、生徒諸君の人権をおろそかにしていなかったかどうか、教師の側でも厳しく見直したい。生徒諸君も率直に意見を出してほしい。学校のきまりは、これからは、生徒諸君と教師が話しあって決めるようにしたい」と呼びかけるべきではないか。

19　「日の丸・君が代」と同和教育

「日の丸・君が代」の押し付けに激しく抵抗

1986年３月、私は７年間にわたる滋同教事務局勤務を終えて、八幡高校に復帰、再び同和主任と加配教員を兼務することとなった。八幡高校は、当時教職員が80人を超える大所帯だったが、ほぼ全員が高教組の組合員で、組合活動も結構活発だった。藤本利夫さん（新しい書の会）と私がほぼ交代で支部長を勤めた（藤本さんには滋賀民研の通信『手をつなぐ』の題字を揮毫（きごう）してもらった。民研の諸集会でも毎回、看板や垂れ幕を書いてくれた）。

1995年３月に定年退職するまでの９年間は、ちょうど「日の丸・君が代」の権力的な押し付けに教育現場が激しく抵抗し、教育界が揺れに揺れた時期であった。県内の公立高校で最後まで強行導入を許さずに抵抗したのが八幡高校と、先に述べた奥村治八郎さんが校長の大津高校だった。

おそらく膳所高校の校長で定年を迎えるはずだった奥村さんが、瀬田高校（瀬田工業高校の定時制が前身）の校長に左遷された。誰が見ても明らかな報復人事だった。私より１歳若かった奥村さんは、退職後、県教委の再就職口の斡旋はすべて断り、ピアノのレッスンを受けるなど、悠々自適の生活を送っていた。その後、１年余り経ったころ、旧知の中村誠輝さんから立命館大学ＢＫＣキャンパスの教職支援センターを手伝うよう依頼があった。「採用試験に受かるよう学生を指導する」という。県教委に楯突いてばかりいた私にはあまり向いていない。県教育委員会勤務が長かった奥村さんの方が適任だと思い、推薦した。栗東市居住の彼は、キャンパスが近いので喜んで週３日間勤めていた。ところが、２年も経たないうちに肺ガンで倒れた。結局その後を受けて、私が立命館大学に勤めることになった。

なお、立命館大学の勤務が終わったあと、今度は梅田修さん（滋賀大学・部落問題研究所）の推薦で、滋賀県立大学の「人権教育論」を担当することになった。その後吉田一郎さんの後をうけて、自由選択科目「差別と人権」を担当、2020 年度、86歳の高齢まで勤めさせてもらった。学生諸君と長く接することができたのは嬉しいことだった。

八幡高校の卒業式は、従来から３年生の各クラス代表の生徒たちが委員会をつくり、答辞の内容の検討から、各種の総代の選出、式歌の選定なども生徒の手ですすめてきた。生徒会（在校生）は、「卒業生を送る歌」を決めたり、卒業生一人ひとりに花を贈って祝福するなどしてきた。式場のステージ正面には、美術部と書道部の生徒たちが毎年交代で共同制作した作品を飾ってきた。このような卒業式に「日の丸・君が代」が入りこむ余地はなかった。

1989年３月、「入学式や卒業式などにおいては、国旗を掲揚するとともに、国歌を斉唱するよう指導するものとする」と規定した新学習指導要領が告示された。それ以後、県教委は「日の丸・君が代」の権力的導入に狂奔した。八幡高校では「君が代」を導入しなかったというだけで、３年連続して校長を交代させるという非教育的なことが行われた。「八幡高校の教育よりも、君が代斉唱の方が大事だ」という県教委の姿勢は絶対に許せなかった。歴代の校長は、県教委の「指導」に従って必死に「君が代」導入をはかろうとした。

同和教育の理念と相容れない「君が代」の強制

これに対して、職場では、職員会議で何回も議論し、「学習指導要領で決められたのだからやらざるを得ない」という校長の提案を、毎年圧倒的な多数で否決してきた。それは「人となる」をモットーに、生徒たちの自主活動と全人教育の推進を学校教育の大きな柱にとりくんできた八幡高校の教育実践と「君が代」導入は相容れないからであった。子どもたちもまた、「君が代」問題の歴史を学び、クラスで討論するなかで、「私たちの卒業式に君が代はいらない」と申し合わせていた。

とりわけ、同和教育の推進に力を入れていた私たちにとって、「君が代」の強制的な導入は同和教育の理念に反するとの思いが強かった。

江戸時代に封建的な身分制度の一環として生まれたえた・非人に対する厳しい差別が、なぜ明治以降も存続したのか。そのことの解明が近・現代の部落問題把握の出発点である。私は、明治維新以降の日本の近代化の歪みがその根本にあるととらえていたし、生徒たちにもそのように教えてきた。江戸幕府を倒し、国の近代化をすすめる社会的な変革が「王政復古」という形で始められ、寄生地主制や封建的な家族制度など半ば封建的な要素を色濃く残し、それを利用しながら日本の近代化はすすめれていった。その根幹となっていたのが絶対主義的天皇制であった。部落問題の解決をめざすとりくみや同和教育の推進と、「天皇賛歌」とは相容れるはずがなかったのである。

今一つは、部落問題の解決はすぐれて民主主義の課題である。民主主義が踏みにじられ、教職員の教育の自由が侵されるなかで、同和教育を推進することはできない。

こうして、私たちは、県教委やそれに追随する「君が代」強制の攻撃に激しく抵抗した。

「青年海外協力隊員が国旗や国歌をないがしろにした」のは事実か一指導要領改定の中心人物が「うそ」を捏造？

その間、毎年さまざまなドラマがあった。書き出せばきりがない。ここでは、私の退職間際となった1995年3月の一つのエピソードを紹介しておくこととしたい。

大揺れにゆれた1994年3月の卒業式のあと4月に着任したI校長は、きまじめな人であった。もちろん、県教委の「指導」にもまじめに、従順に従った（県教委はそういう人物しか校長に登用しなくなっていた）。

その I 校長が、職員会議で「日の丸・君が代導入」の理由の一つとしてあげたのは、次のようなことだった。「青年海外協力隊員が派遣されたそれぞれの国で献身的に働いて、感謝され、高い評価を得ている。しかし、一つだけひんしゅくを買っていることがある。それは、その国の国旗や国歌に失礼な態度をとることだ。それは、日本の学校で国旗や国歌に対する適切な教育ができていないからだ」と。それを聞いた途端、私は「これはくさい」と思った。もし、そういう事実が本当にあれば、マスコミが放っておくはずがないからだ。

早速、青年海外協力隊員の派遣業務を担当している東京の国際協力事業団の本部に電話を入れ、担当者にそういう事実があるかどうかを確かめた。その結果は、案の定「そういうことは一切聞いていません。そういうことがないように、事前に十分研修を実施しています」という回答だった。滋賀県内で派遣業務を担当していたのは県教委の社会教育課だった。時の課長がたまたま滋同教時代からの知り合いだったので、経過を報告した。課長も大変立腹し、「学校教育課に抗議する」ということだった。

校長にそうした経緯を報告し、「先の発言は、いったい、いつ、どこで、誰から聞いたのか」を問いただした。校長は雑誌記事のコピーを校長会の会議かどこかでもらって、それをもとに発言したようだった。出典を確かめるのに大変苦労したようだが、驚いたことに「日の丸・君が代」強制の学習指導要領改定の中心人物、菱村幸彦文部省初等中等局長が、管理職対象の月刊誌『教職研修』平成2年3月号に、「国際協力事業団にたずさわっていた知人から聞いた話」として書いていたものだった。

そこで、私は、校長に対して、直接菱村氏に「その知人とは誰か」を問いただすよう求めた。菱村氏はすでに国立教育研究所所長に「栄進」しており、校長は何回も東京に電話を入れ、やっと直接連絡がとれて確認したところ、「誰から聞いたかということは、その知人に迷惑がかかるといけないので、明らかにできない」ということであった。
「青年海外協力隊員がその国の国旗や国歌に失礼な態度をとってひんしゅくを買っている」と菱村氏が雑誌に記述したことが本当に事実であれば、「日の丸・君が代」を推進しようとする彼らにとってはまたとない宣伝材料である。単に「伝聞した」というあいまいな言い方ではなく、いつ、どこで、どういう事実があったかを当事者からはっきり証言してもらったほうが信憑性（しんぴょうせい）があり、人々にも訴える力があることは間違いない。また、そのことを明らかにしたからといって、その「知人」に迷惑がかかるようなケースでは決してない。それなのに「知人が誰かは明らかにできない」というのは、雑誌の記述そのものが事実ではなく、菱村氏の捏造（ねつぞう）によるものと判断せざるを得ない。私がそう述べたことに対して、I校長は一切反論できなかった。

露呈された君が代押し付け問題の本質

私は、文部省初等中等局長として「日の丸・君が代」強制の学習指導要領改定をすすめ、今は国立教育研究所所長として文部行政の中枢にいる菱村幸彦なる人物に、そして総じて権力体制そのものに、本当に腹が立った。そして、この一つの事例のなかに、まさに「君が代」押しつけ問題の本質が内在していると思った。
第1に、うそを捏造しなければならない程、「君が代」の押しつけには道理がない、教師や生徒を、そして国民を説得できる合理的な根拠がないということである。押しつけようとしている人たち自身がそのことに気付いているからこそ、うそを捏造したに違いない。
第2に、純真な青年海外協力隊員の名誉をふみにじって、うそを捏造してまで「君が代」を押しつけようとするやり方の卑劣さである。
かつて、ヒットラーは「うそも何十回、何百回繰り返せば、人々は本当だと思うようになる」といったそうだが、まさにそれと同じではないか。

第３に、文部省や県教委、それに無批判に追随する校長たちが、「君が代」斉唱の理由としてさかんに宣伝してきたことの一つは、「国際化の時代に即応する」「国際貢献のできる日本人の育成のために必要だ」ということであった。

青年海外協力隊員の名誉をふみにじって、その活動に水をぶっかけるようなことをして、「国際化の時代に即応できる」のか。「国際貢献がすすむ」のか。「国際化の時代に即応する」というのが、まさに単なる口実に過ぎないことを、指導要領改定に携わった当事者自身が暴露したわけである。

20　二人の粘り強い努力とまわりの支えで、ゴールイン
－無数の努力の積み重ねが差別解消に結実－

「結婚に伴う差別は部落差別の最後の乗り越えがたい壁」

かつて、同和対策審議会答申は「結婚に伴う差別は部落差別の最後の乗り越えがたい壁である」と述べた。同和地区の住民と地区外の住民との結婚に際しての差別は大変深刻で、解決が困難であり、この問題が最後まで残るだろうという意味であった。同対審答申については批判的な議論があったが、答申が出された1965年の時点で、この記述に異論を唱える人はいなかったように思う。部落問題の解決にとりくもうとし、あるいはこれに関心をもつ人たちが暗黙のうちに認めていたことだったのだろう。

今日の状況はどうだろうか。すでに、「同和地区」という言葉その

ものが「死語」となっている。今では、旧同和地区の青年たちの大部分が特別に差別を受けることなく、普通に結婚しているといってもいいだろう。

こうした事態は、「部落差別の最後の乗り越えがたい壁が乗り越えられてきた」というよりは、「部落と部落外を隔ててきた目に見えない厚い壁がなくなってきた」と見るべきだと私は思っている。いずれにしても、それは、部落差別そのものが解消してきたことの証左に他ならない。

しかし、こうした状況は、自然にそうなったわけでは決してない。進学率が向上し、就職差別がなくなってくるなかで、同和地区の青年が地区外の青年と交わる機会が増えてきたこと、安定した仕事に就くなかで、結婚後の生活の見通しを持てるようになってきたこと、学校教育・社会教育を含めて同和教育が推進され、部落に対する偏見や差別的な見方がなくなってきたこと、などがその背景にあるだろう。

とはいえ、障害にぶつかった当事者である青年男女の努力や決断、彼らをとりまく多くの人たちの支えなくして、今日の事態は切り開かれてこなかったに違いない。

滋同教事務局にいながら、耳に入った以上は放置できない

滋同教事務局に勤務していた最後の年、1985年のことだった。県内のある学校で、3年間一緒に勤めるなかで愛情をはぐくんできたカップルがあった。職場の仲間たちが実行委員会をつくり、結婚式や祝賀会の日取りも決め、友だちにも案内状を出していたのに、女性の両親が相手の男性が同和地区出身だというので強硬に反対している。2人は、時間がかかっても両親を説得してから結婚しようというので、会場に予約していたさざなみ荘もキャンセルし、友だちにもことわりの連絡をした、という話を人伝えに聞いた。その後も、両親の説得は

まったく進展せず、暗礁に乗り上げているということだった。

生来の“お節介やき”、よく言えば「義を見てせざるは勇なきなり」をモットーとする性分。同和教育研究会の事務局にいるものとして、耳に入った以上は放ってはおけない。当の2人に光荘に来てもらって、直接事情をお伺いした。

男性のKさんは高校時代に部落研活動にも参加しており、私も多少の面識があった。彼は湖北の同和地区の出身、女性のTさんは福井県のM町の出身だった。Kさんが夏休みに彼女の実家に遊びに行ったとき、両親も初めは「いい人だね」と歓迎してくれていたという。ところが彼が同和地区出身だとわかった途端に、両親の態度ががらりと変わった。「結婚は絶対に駄目、悪い夢を見ていたと思ってあきらめて！」と言い張る。福井県は同和教育が遅れており、地域ではまだまだ差別が根強い。両親は「娘が部落の人と結婚したら、親戚から縁を切られる。近所の人から石を投げられる」と本気で思っていたようだったと、彼女は後に述懐している。

仲人を引き受けた職場の先輩や同僚たちが度々訪問しても、一切話を聞いてもらえない。そうこうするうちに、兄さんが下宿先にやってきて、「学校をやめて家に帰って来い」とTさんを力づくで連れて帰った。それに気づいた職場の仲間たちがM町まで車を走らせる。けれども玄関は閉め切りでTさんに会うこともできない。仲間たちは車のクラクションを鳴らして、Tさんに心配してやってきたことを知らせたこともあったという。Tさんは勇気づけられただろうが、両親はいっそう態度を硬化させる結果となったようだった。

「搦手（からめて）から攻める他ない」、地元の地教委に協力を求める

そういう状況のなかで、見ず知らずの私などが出かけていって、話を聞いてもらえるはずもない。「親戚や身近な人たちのなかで、両親

に話をしてくれる人はいないのか」と尋ねると、中学校時代の担任の先生にお願いしようと思ったが、両親のほうから先に「娘にあきらめるように言ってほしい」と頼まれ、その先生も板ばさみになって困っておられるようだとのことだった。

やむをえず窮余の一策、表現はよくないが「搦手から攻める他ない」と思い、M町の教育委員会に事情を話して協力を得ることにした。たまたま、時の県教委同和教育指導課のT指導補佐はKさんの中学校時代の担任だった。そこで補佐からM町の教育長に電話でコンタクトをとってもらった。その上で、補佐と解放県民センターの人権・結婚相談の担当だった西条誠司さんと私の3人で、M町まで車を走らせた。事情を話すと教育長はこころよく協力を約束してくれた。旬日をおかず、今度は私一人がM町に出かけ、町教委の同和教育担当指導主事に同行してもらって、彼女の中学校時代の担任だった先生、小学校の給食調理員をしておられた彼女の叔母さんにもお出会いして、事情を説明し、協力をお願いした。

両親が信頼していた中学校の先生が訪問して、「昔と今とでは同和地区も大きく変わってきていること、同和地区と一般地区の人との結婚もどんどん進んできていること」などを、事実をもとにじっくり話してくれるなかで、両親のかたくなな姿勢も変わっていった。事情を知った二人の勤務校のM校長が媒酌人を引き受けて、足を運んでくれた。両親からは「結婚後は同和地区には住まない」などの条件が出された。「それを受け入れることは差別を容認することになる」という見方もあっただろう。しかし2人は「いずれわかってもらえるときが来る」と、両親の言い分を聞き入れて、無事、結婚式を挙げることができた。

今では2人の子どもも大きくなり、彼女の両親も喜んで、地元の同和地区に帰っている2人の家をたびたび訪問してくれるという。

二人の粘り強い努力と、「結婚問題は差別事件としない」との運動方針が解決の決め手

「婚姻は、両性の合意のみに基いて成立」すると憲法第24条に明記されている。たとえ親がいかに強硬に反対しようとも、本人たちにその意志があれば結婚できる。にもかかわらず、時間がかかっても両親を説得し祝福してもらって結婚したいと思った彼女、その彼女の思いを尊重して、道理に合わない彼女の両親の反対にも腹を立てずに、「２年かかっても３年かかってもよい。一緒に両親を説得しよう」とした彼も立派だったと思う。

それと同時に、当事者の幸せを第一義に考え、「結婚に関わる問題は差別事件としない」という部落解放同盟滋賀県連の当時の方針も重要な意味をもっていたと私は思っている。もし、彼女の両親に対して、誰かが「差別はけしからん」などという姿勢で対処していたら、両親はいっそう心を閉ざし、事態はこのようには解決できなかったに違いない。

21　滋賀県同和問題研究所理事長に就任

月刊誌『滋賀の部落』を発行、古文書の解読にも取り組む

財団法人滋賀県同和問題研究所は、1976年２月に設立、月刊誌『滋賀の部落』を発行するとともに、同和地区の古文書の発掘・解読作業を中心に、部落問題と同和教育の研究・啓発にとりくみ、部落問題の解決に寄与してきた。滋同教とは、同じ光荘内の２階に隣合わせで事務局を構え、日常的にも往き来し、協力・協同の関係にあった。

私は、滋同教事務局在勤中は滋賀県同和問題研究所の監事を、現場に帰ってからは理事に名前を連ねた。とは言え、理事会に出席するだけの名前だけの理事だった。

研究所は、県教委の委託を受けて、2001（平成13）年度から同和地区の古文書の発掘・解読作業で得られた新たな知見をもとに、一般向けの啓発書『近江の差別された人びと－中・近世を中心に』の編集に取りかかった。その際、要請されて編集委員長を引き受けた。しかし、実際の執筆・編集作業の多くは理事長の谷口勝巳さんがやってくれていたので、大船に乗った気分で気楽に構えていた。

谷口理事長が急逝、やむを得ず理事長に就任

ところが、分担執筆がほぼ終り、最後の編集と校正の段階に入った2004（平成16）年12月、肝心の谷口さんが肺ガンで急逝するという思わぬ事態になった。財団法人が理事長欠員のまま済ますわけにはいかない。他に引き受けてくれる人はいないので、やむを得ず理事長に就任した。教育基本法改悪反対闘争の真っ最中だったが、滋賀民研の事務局長はすでに４月から山上修さんに交代してもらっており、立命館大学教職支援センターの勤務も2004年度末で終わることになっていた。それで、何とかなるだろうと安易に引き受けたが、結構大変な仕事だった。

『近江の差別された人びと』については、阿部義宣さんに校正を手伝ってもらい、翌2005年３月、何とか刊行にこぎつけた。冊子は４章13節、取りあげたのは71項目、菊判300頁の、そこそこまとまったものとなった。

滋賀県同和問題研究所は、2005（平成17）年度から3カ年計画で、従来から課題にあげていた近代の部落史について、県教委の委託研究を受けることになった。

新たな視点で県内の近代部落史研究をすすめる

大学で日本史を専攻したとはいえ、「自分は歴史の創造に従事する」などと言い訳して、学生運動に明け暮れしていた。卒業論文は中世の「守護大名」がテーマだった。ところが、今度は近代の部落史について研究を進め、その報告をまとめ、さらに出版までしなければならない。片手間でできる仕事ではない。「水平運動史」の研究など近代史研究の専門家である鈴木良さんが大学の同級生で、結構親しかった。早速、光荘に来てもらい、どう取り組むか相談し、必要な助言も得た。

僅か3年間だったが、久しぶりに学生時代に戻った気分で、県庁の文書庫に通い、史料とにらめっこする日々が続いた。滋賀県庁は幸い戦災に遭わなかったので、明治以降の各種の文書や史資料がきちんと残っていた。畏友の藤野宗典さんが定年退職後の数年間、県の嘱託として目録づくりに従事していた。しっかり整理されていたので、大変助かった。また、各地に残されていた『豊田輯睦会関係文書』（約1000点）をはじめ、『滋賀県東浅井郡特殊部落小桜要鑑』『小櫻部落改善の概要』『千草沿革史』『大正二年度細民部落改良費補助関係文書』（「南野大正会」と「大林同仁会」）などにも目を通した。

その結果、大正期を中心にすすめられた県内の部落改善事業について、その実態が少し解明できた。従来、それらはいわゆる「同情融和」の理念に基づくものであり、真の部落解放にはつながらなかったと見られてきた。しかし、行政施策とも関わりながら、部落住民自身が自立と差別の解消を求めてそれなりに努力してきたことがよくわかった。それらが戦後、部落問題の解決につながっていった側面を見落としてはいけないと思った。

旧穢多部落との合併を近隣の村々が必ずしも忌避せず

今一つ、新しく得られた知見は、『明治21年・新町村造成に際しての各町村・郡の旧穢多村への対応について』である。明治21年から22年にかけて、明治政府は新しく市制・町村制を実施した。それは従前の村落共同体的な旧村を合併し、地方自治を一定の範囲で認めつつ、全体としては中央集権的な国家体制の基礎組織として再編成するものであった。滋賀県の場合、1675あった旧町村が最終的に195に統合された。従来、近隣の村々が旧穢多部落を忌避し、合併に反対した側面が強調されてきた。今回、改めて原史料にあたってみると、「旧穢多部落との合併反対」が必ずしも共通して見られたわけではなかった。県は合併に先立って、「各郡村吏並各村重立チタル者」に、旧穢多部落との合併について意見を求めた。各戸長から郡への上申書（答申）で、旧穢多部落との合併を忌避する旨の記述があるのは、68部落のうち10部落だけだった。そのうちの8部落は、周辺の村落が忌避しているが、さりとて旧穢多部落だけで一村を形成することはできないので、合併はやむを得ないと結論づけていた。従って、最後まで合併に反対したのは、2部落の周辺村落だけだったということになる。

3カ年の研究成果については、7篇の小稿をまとめて、『滋賀県における近代部落史論集』（菊判、108頁）と題して、2008年3月にやっと刊行することができた。

近代部落史研究は、このように緒についたばかりであり、委託研究の継続を県教委に強く要請した。しかし、県の財政事情が逼迫しているとの理由で、残念ながら認められなかった。

滋賀県同和問題研究所、解散にふみきる

滋賀県同和問題研究所は、「部落問題の解決に寄与する」ことを目

的に設立されたものである。従って、部落問題がほぼ解決を見た今日、いつまでも存続していく性質のものではないと思っていた。「いずれ研究所を閉じることが、私の仕事になるだろう」との思いで、理事長を引き受けた。そうした経過もあり、滋賀県同和問題研究所は2008年6月で解散することになった。その日が思っていたよりも早く来たことになるかもしれない。

基本的には、設立の目的が達成できたことになるが、主体的な条件としては、雑誌『滋賀の部落』の購読者（賛助会員）が、最盛期の2800人から800人を切るくらいまで減少したことがある。もちろん、それは部落問題が解決してきたことの反映でもあっただろう。外的な事情としては、県教委の「委託研究」事業が2007年度末をもって打ち切られたことがある。

解散に際して、部落問題研究所の「研究所通信」に寄稿を求められた。事実経過を報告するとともに、次のように個人的な感慨を付け加えた。

> 私事にわたりますが、私は部落解放国策樹立国民大行進が九州から東京に向かった1958（昭和33）年に高校の教師になり、その後、教師生活の大半を同和教育の推進とかかわって過ごしてきました。そういう意味では、研究所と『滋賀の部落』の歩みは、私自身の歩みとも重なるところが多くあります。その間、課題の重要性やそうした活動に携わることにやりがいを感じつつも、その一方で、心のどこかに「こうした特別のとりくみをしなくてもいい時代が早く来てほしい」との思いがありました。今、そのときがきたといえるのかどうか、異論をお持ちの方もおられるかも知れません。しかし、当研究所がその「寄付行為」（会則）で、「部落問題の解決に寄与する」と規定した研究所発足の目的がほぼ達成されたことは間違いありません。今、「一つの時代が終った」との感慨があります。
>
> もとより、今日の日本が、かつて水平社の創立者たちが理想とし

た「すべての人間の魂が光り輝く」ような社会とはほど遠いことは明らかです。そうしたなかで、研究所は完全に役割を終えたと言い切る自信はありません。とはいえ、残された課題は、今後は地域社会のなかで、多くの人たちと力をあわせてとりくんでいくべきだと考えています。

最後に、当研究所を立ち上げ、支えてきた、今は亡き多くの先人たちの功績に敬意を表し、あわせてその冥福を祈って筆をおきます。

「谷口文庫」のことなど

この際、付記しておきたいことがある。前理事長の谷口勝巳さんは、自宅の裏庭に自分でブロックを積んで書庫を建て、部落問題と同和教育に関する厖大な図書・雑誌・資料を収集・保存されてきた。部落問題と同和教育にかかわって、滋賀県内でこれに匹敵する図書・資料はどこにもない、それは大変貴重なものだった。谷口さんの急逝のあと、残された者の仕事として、それらをどうするかが大きな課題になった。

いろいろ思案をして、県民センターに寄託し、整理・保存し、将来「谷口文庫」として広く県民に閲覧・利用してもらうことにした。遺族の了承も得ることができ、県民センターの方でも快く引き受けていただいた。紆余曲折はあったが、センターの原島雪子さんが中心になって、厖大な図書・資料の分類と目録づくりに取り組んでくれた。『谷口文庫』として、県民の利用に供することとなっている。

また、個人的な感慨として、事務局長の東川嘉一さんのことにも触れておきたい。東川さんは、1986年5月、豆田敏夫事務局長の急逝のあと、安定した民間企業の中間管理職の職をなげうって着任。解散までの22年間、『滋賀の部落』の編集・発行をはじめとする滋賀県同和問題研究所の運営に責任をもってあたってくれた。私が、他に仕事を抱えながら、なんとか理事長の責任が果たせたのは、東川さんのサポートがあったからに他ならない。長らく会計を担当してくれた藤居美代子さんのことともに、記して感謝の意を表しておきたい。

22　部落問題研究所と教育部会

研究所とは60数年のつきあい、大変お世話になった

1958（昭和33）年に教職につき、担当したクラブが部落問題を研究テーマとしていて、部落問題との出会いがあったことは、連載2回目で述べた。その際、七条河原町の古い部落問題研究所を訪ね、三木一平さんから助言していただいた。部落問題研究所とのかかわりの始まりだった。

そのあと、しばらくは教職員組合運動に専念した。1974年3月、京都教育文化センターで開催された部落解放同盟全国正常化連絡会議（後の全国部落解放運動連合会）の集会に、日本高等学校教職員組合（日高教）の役員として出席、祝辞を述べたこともあった。しかし、部落問題研究所との直接の接触はなく、文化厚生会館時代の研究所に伺ったことは一度もない。

八鹿高校事件が起きた1974（昭和49）年、八幡高校に転勤した。そこで、高校生部落研活動にかかわることになり、やがて同和主任になってから部落問題研究所との接触が増えた。「川端分館」時代の部落問題研究所には、何回も寄せてもらった。

その後、「高校同和教育3部作」の刊行などで、部落問題研究所に大変お世話になったことはすでに述べた。また、雑誌『部落』や改題された『人権と部落問題』、廃刊になった『同和教育運動』などにも、

度々拙稿を掲載して頂いた。主なものを次に挙げておく。

○『部落』

404号（1981年4月）『「解放教育」の破綻と自主的民主的同和教育の前進』

435号（1983年8月）『同和地区の高校進学率、大きく落ち込む』

451号（1984年11月）『“十五の春”を泣かせないために』

476号（1986年10月）『部落問題の変化と部落問題学習の課題』

516号（1989年11月）『「法」以後の同和教育を考える』

○『人権と部落問題』

759号（2007年5月）『「教育再生会議」第1次報告批判』

823号（2011年12月）『これはひどい！自由社版「新しい公民教科書」』

○『同和教育運動』

19号（1982年10月）『高校生の意識と部落問題の学習』

24号（1984年１月）『進学率低下の要因ととりくみの課題』

『部落問題解決過程の研究』第２巻―教育・思想文化篇（部落問題研究所、2011年12月）に、「滋賀県における同和教育の展開－民主教育への発展をめざして」との小稿を寄せた。

教育部会の皆さんに支えられて…

部落問題研究所の教育部会に何時から顔を出すようになったか、記憶は定かでない。高校生部落研活動でお世話になった畦地享平さんが世話役をされていて、誘われたのだと思う。

畦地さんが亡くなられた後、部会は梅田修さんがお世話されている。梅田さんは、東上高志さんの後任で滋賀大学に勤務され、滋賀県同和問題研究所の理事も勤めていただいた。それ以来、長らく懇意にさせていただいてきた。

最近のメンバーは、いろいろなところでかかわりを持たせてもらった旧知の人が多い。主な人を挙げておく。

川本治雄さん——一番長い付き合いになる。近江八幡市の小学校に勤務されていた時から滋同教の教育内容研究部で活躍された。『滋賀の部落』にも度々寄稿してもらった。

川辺　勉さん—私の３代後の滋同教事務局長。母校の粟津中学校の校長をされていた時、校区の会合で顔を合わすことが時たまあった。

八木英二さん—滋賀県立大学に勤務されていた時、滋賀民研の研究集会で講演をしていただいた。その後も、研究会などで同席する機会が多かった。

生田周二さん—「第17回登校拒否・不登校問題全国のつどいin奈良」の実行委員長をされた。それ以来、不登校問題関係の会合で度々顔をあわせた。

石田　暁さん—大先達・石田眞一さんの令息。高校生部落研集会でご一緒させていただいた。拙著『私の人権教育論』に書評を寄せてもらったこともあった。

２～３カ月くらいの頻度で開かれている研究会である。親しい皆さんの報告が楽しみで、続けて出席したいと思っていた。しかし、米寿を迎え、めっきり耳が遠くなって皆さんの議論についていけなくなった。やむなく研究会を退かせてもらうことにした。2022年5月、教育部会で最後に報告したことが、今回、連載を掲載していただくきっかけになった。

皆さんに懇意にしてもらい、本当に有難かったと思っている。

おわりに―「人はみな 人と接して 人となる」

「人となる」が八幡高校の校是

1995年3月、滋同教事務局勤務の7年間をふくめると、通算21年間在籍した八幡高校を定年退職した。八幡高校は、私にとって、文字通り第二の母校と言うべき学校であった。

その八幡高校の校門を入ると、すぐ正面に数十年前の卒業生が寄贈してくれた大理石像が建っている。2人の青年が肩を組んだ姿がやや抽象化して表現され、「人となる」と刻まれている。

「人となる」―それは、自主・自立・連帯の全人教育を標榜(ひょうぼう)した八幡高校のいわば校是というべきものであった。

「犬となる」とか「猫となる」という言葉はない。犬や猫は生まれながらに犬であり猫であるからだ。ところが、人間にだけ「人となる」という言葉がある。それは、「ヒト」＝動物的存在として生まれた人間が、人間の社会で育てられて、初めて「ひと」＝人間的存在に成長していくことを象徴的にあらわしているのであろう。昔の人は「人という字を解剖すれば、人と人とのもたれあい」と言った。「人の間」と書いて「人間」というのも意味深い。ラテン語の古いことわざに「ウヌス・ホモ、ヌルス・ホモ」というのがある。「一人の人は人ならず」というわけである。人と人との交わり、人と人との支え合いのなかで、人間は、人間的な存在、人間らしい人間に成長していく。

「人はみな　人と接して　人となる」

いつの頃からか、卒業していく生徒たちに求められると、私は色紙やサイン帳などに下手くそな字で、「人はみな 人と接して　人となる」と書くようになった。私の好きな言葉の一つである。そこに、人間の尊厳をうちたて、守りぬこうとする同和教育の根本理念があるのだと信じてきた。

たまたま、教職についた年に部落問題との出会いがあった。そして退職するまでの37年間、また退職してからも今日まで、何らかの形で部落問題・人権問題にかかわってきた。その間、子どもたちはいうに及ばず、地域の人たちや、校種の違う小学校・中学校や保育園・幼稚園の先生たちなど、本当に多くの人たちとの出会いがあった。そのことは、後に滋賀民研の事務局を担当する際に大変役立った。多くの人たちに教えられ、支えられて、ここまでやってこられた。まだまだ未熟で、弱点だらけの人間であるが、多くの人たちに育てられて、今日の山田稔があるのだと思っている。

長い教職生活と同和教育実践のなかでかかわりを持たせてもらった人たちは枚挙にいとまがない。差しつかえのない限り、その都度お名前も紹介するようにしてきた。しかし、それは、かかわりをもたせてもらった人たちのなかの何十分の一にも満たない。

生徒たちとともにとりくんだ同和教育実践のひとこまと、そこでかかわらせてもらった人たちのことを、ひとこと記して結びとしたい。

解放をめざして頑張ってきた先達の経験に学ぶ

八幡高校では、一年次に、障害児学校・共同作業所への訪問・交流を通して障害者問題を学ぶ実践をすすめた。1987年度、第二学年の担任団から、部落問題学習についても同様のとりくみができないかとの提起があった。「現地研修」と称して生徒たちに同和地区を訪問させる実践があることは承知していた。しかし、大勢の生徒たちを連れて、ぞろぞろと地区をまわるなどということはすべきではないと思っていた。そこで考えついたのが、クラスの代表生徒による同和地区訪問と聞き取りによる部落問題学習という試みであった。同和地区の実態を見聞することを主な内容とする、いわゆる"現地研修"ではなく、同和地区に生まれ育って、さまざまな苦労を重ねながら、解放をめざしてとりくんでこられた年輩の方に、直接体験を話していただき、また生徒たちの質問にも答えていただく、というとりくみである。

こうした趣旨を受けとめて協力していただけるということで、お願いしたのは次の方たちであった。

大津市坂本　　　　山田哲二郎さん
大津市下竜華　　　下尾はるさん
八日市市野口　　　田中冨士男さん
日野町豊田　　　　木元清太郎さん

いずれも、私自身が部落研活動や滋同教事務局在勤中にかかわりをもたせてもらい、多くのことを教えられ、また親しくさせてもらってきた方々であった。趣旨を伝えてお願いするといずれも快く引き受けいただいた。

生徒たちと下竜華を訪ね、おはるさんに体験を聞く

私は、生徒たちと一緒に大津市の下竜華を訪ね、下尾はるさんにお話をお聞きした。おはるさんといえば、かつては県内で部落問題にかかわりのある人で知らない人はいない、女性の部落解放運動の草分け的存在であった。

実は、私自身、おはるさんのファンでもあった。高校生の部落研集会でお話してもらったこともあれば、滋同教大会で特別報告をお願いしたこともあった。八幡高校に来てもらって、学年全体の生徒にもお話してもらった。大津市の「同和問題啓発講師団」で何年間かご一緒させてもらった。何故か気のあうところがあり、長いあいだ懇意にさせてもらった。

貧しい部落の家に10人姉弟の長女として生まれ、下の子の子守りや家の手伝いに明け暮れ、小学校６年生で弟や妹の着物まで縫ったというおはるさん。小学校しか行けずに、成人して村の中で結婚し、６人の子どもを生み育てた。子育てがやっと一段落して、村の婦人会長に選ばれてから解放運動にかかわった。婦人会で何回も憲法学習をして、自分たちが憲法で保障されている基本的人権を奪われてきたことに気づき、婦人たちが立ち上がって、県や市や国にまで要求や交渉に行った。

部落問題をどう学び、解放をめざしてどうたたかってきたのか、さらに、一人の女性として、妻として、母としてどう生きてきたのか、心をこめたお話に、生徒たちは大きな感動を受けた。訪問できなかったクラスの仲間から託された質問にも懇切丁寧に答えていただいた。最後にお礼の挨拶をすることになっていた女生徒が、感極まって、涙で声が出なかったことを、今もはっきり覚えている。

すでに結婚して母になっているだろう当時の女子高校生にとっても、一生忘れることのできない体験となったに違いない。

第２部

Ⅰ　生いたちの記

Ⅱ　憲法、47教育基本法に導かれて
―同和教育以外の実践を中心に―

Ⅰ　生いたちの記

（1）わが家のこと

1　貧しい農家に生まれて

1934（昭和9）年4月27日、私は滋賀県大津市国分で、貧しい農家の次男として生まれた。6人兄弟の4人目。上に2人の姉と兄、下に妹と弟がいた。兄弟姉妹が揃っていたことになる。その点では恵まれた家庭環境だったとも言えよう。

（国分には、かつて松尾芭蕉が滞在した幻住庵がある。石山高校校長を最後に退職された近所の真田昌雄さんが幻住庵保勝会の会長をしておられた。手伝うよう頼まれ、70歳を過ぎてから保勝会の理事に就任、週1回来庵者の案内役を務めた。折角理事になったのだからと、芭蕉についていろいろ調べ、年間3回ほど発行されていた『保勝会だより』に「松尾芭蕉と近江」と題して10年近く連載した。2018年、それらをまとめて「三学出版」から同名の小著を出版した。結構、好評だった。）

生家は1町5反ほどの農地を耕作していたが、10割の小作農だった。戦前の小作料は収穫の5割もした。父と母は「身を粉にして」朝は早くから夜遅くまで働き詰めだった。井戸水をポンプでくみ上げ、土間を横切って風呂桶に入れ、藁（わら）で沸かすのが私の日課だった。「稔、明日は稲刈りをするので、手伝うてくれ」と言われ、学校を休んだことも度々あった。月夜の夜には、親が夜なべで刈り取った稲束を稲架（はさ）に架けた。冬の農閑期には、国有林で刈りとった下柴を運び出すのも私の仕事だった。

友だちが遊んだり、勉強している間（あいだ）に「なんで自分だけが…」と思うこともあった。しかし、今になって「お陰で丈夫な身体に育ててもらった」と感謝している。

2　祖父・昌蔵のこと

祖父・昌蔵は、私の生まれる前に亡くなったので、顔も知らない。旧石山村（現在の晴嵐・石山・南郷学区）第一の大地主・藤堂太左衛門の次男だった。大阪・船場（せんば）の豪商・山田仁兵衛の養子に行った。ところが、大酒飲みで、「極道（ごくどう）」して離縁され、妻子を連れて戻ってきた。

藤堂家では、「分家」扱いをして、家屋敷と田地と山を与えた。その山も田地もみんな「飲んでしまった」（実際は「人を集めて飲ます」のが好きだったらしい）。両親はまさに「裸一貫」からの出発で、大変な苦労をした。

私が幼いころ、藤堂家から「苗字（みようじ）を藤堂に戻したらどうか」との話があったらしい。しかし、姉たちが「山田ということで、たくさんの友だちもできている。今更、苗字を変えるのは反対だ」ということで、立ち消えになった。もちろん、今も親戚付き合いはそれなりにしている。

3　父・昌治のこと

父・昌治は、木訥（ぼくとつ）な百姓だった。近所の大工仕事なども手伝う器用な人でもあった。毎日、身を粉にして働いていた。

私が農地を潰して、家を建てた時（今の土地に、これだけの家を建てるなど、一介の高校教師ではとてもできない。土地は只（ただ）、建築費は半分は親に出してもらう約束だったが、結局私が出したのは３分の１程度だった）、庭の植木を苗から育てるなど、こまめに面倒をみてくれた

（前庭には柿、びわ、ゆず、つづじ、椿、南天、ミョウガ、ふきなど。東側には、金木犀、沈丁花、木瓜、裏には梅、実山椒など、すべて苗から育ててくれた。やがて隣に浜本医院が建ち、駐車場のため東側の土地を少し譲ることになった。金木犀、沈丁花、木瓜、さらに裏の梅、実山椒まで駄目になったのは、ちょっと残念だった）。

しかし、無理がたたったのか、60歳過ぎで亡くなった。

4　母・まさのこと

母・まさは、まさに「女丈夫」の人だった。農家の生まれで上級学校には進学できず、見合い結婚で新浜（現草津市、矢橋の手前）から我が家に嫁いできた。私は幼いころ、結構厳しく育てられた。家の中で牛を飼っていた。何か悪いことをして、厩の閂に括りつけられたこともあった。

戦後、農地改革で小作地が家のものになり、生活もそこそこ安定した。地元の「生活改善運動」などを手はじめに、農業協同組合（農協）の婦人部で活躍した。大津市農協の婦人部長を経て、最後は県農協連合会婦人部の責任者を務めた（1959年から委員長６期）。

「おまささん」との愛称で周りのみんなから慕われていた。88歳の米寿を全うして亡くなった。自宅での告別式（門葬）には、二百数十人の人たちがかけつけてくれた。

結構元気で、畑仕事などをしていた。しかし、80歳を過ぎると足腰が弱り、一人で外に出られなくなった。私はいろいろな仕事を引き受け、忙しく走り廻っていたが、近くに住んでいたので、年に３・４回は時間をつくり、車で外に連れ出すようにしていた。

ある年、花見の季節になり、つれあいと３人で京都に繰り出した。ところが、平安神宮も円山公園も花見客で一杯。車も置けない。そこで、知恩院の手前、斜め向かいの青蓮院（しょうれんいん）へ向かった。青蓮院は庭園がきれいな門跡である（門跡―皇族や摂関家の出身者が住職に入った由緒ある寺院。大原の三千院などがこれにあたる）。参詣客もそう多くなく、車も駐車でき、久しぶりにゆっくりできた。たまたまカメラを持っていたので、お堂をバックに２人の記念写真をとることにした。カメラを構えて、建物が全部入るように、２・３歩下がった。「あ！地面がない！」 後ろの泉水に仰向けにはまってしまったのだ。そう深くなかったので、溺（おぼ）れはしなかった。しかし、上から下までずぶ濡れで、そのままでは車の運転もできない。幸い、車のトランクにジャージの上下が入れてあったことを思い出した。車の中で着替えて、ほうぼうの体（てい）で退散した。粗忽（そこつ）でお粗末な一幕だった。

5　幼稚園にやってもらえず、音楽が苦手に

10分もかからない近くに、「晴嵐（せいらん）幼稚園」があった。だが、当時は貧しい農家の子は行かせてもらえなかった。兄姉も多く、親のはからいもあって、「読み書き」はそれなりにできたので、小学校に入って困ることはなかった。しかし、音楽の時間だけは本当に困った。みんなと同じようには歌えない。口をパクパク開けて、歌う真似だけしていた。ずっと、それで通した。家には、ラジオも蓄音機もなかった。文化的には、大変恵まれない育ちだった。

そのせいで、今でも「音痴」で、人前で歌うことはできない。カラオケには行ったことがない。

（2）小学生時代

6　“国民学校１年生”

1941（昭和16）年4月、晴嵐国民学校に入学した。いわゆる「国民学校１年生」である。この年、小学校が国民学校と改称された。「国民学校令」(勅令＝天皇の命令）には、「皇国民ヲ錬成スル」（「錬」は「金偏」）とある。「天皇の赤子を叩き上げる」ためだった。

12月8日、真珠湾攻撃を皮切りに、太平洋戦争が始まった。

1945年8月15日、戦争に敗れた。「国が生まれ変わった」(とまでは言えないかも？）。

1946年（昭和21）年11月3日、「国民主権」「戦争放棄」「民主主義」を基調とする「日本国憲法」が制定された。

1947（昭和22）年3月31日、新しく教育基本法と学校教育法が制定・施行された。翌4月1日、「６・３・３制」の新学制が実施され、「国民学校」は「小学校」に戻った。従って、国民学校に入学し、国民学校を卒業したのは、私たちの学年だけになる。自慢するようなことではないが、「歴史の転換期を生きた世代」とは言えるだろう。

7　唯一の本は教科書―繰り返し読み、暗記した

家が貧しく、１冊の本も雑誌も買ってもらえなかった。手許にある唯一の活字は教科書だった。そこで繰り返し読んだ。国語の読本などはほとんど暗記した。１年生の最後の物語は確か「桃太郎の鬼退治」だった。結構長かった。学年末だったか、講堂での学芸会で、全校児童を前に暗唱させられたこともあった。

仲の良い友だちに、M君という東洋レーヨンの重役の子どもがいた。

誘われて、よく家に遊びに行った。子ども部屋の書棚には、『世界子ども文学全集』とか『日本子ども文学全集』などがずらっと並んでいて、うらやましかった。

8　牛車の「鼻引き」で、京都まで出かけた

父親は、田んぼの肥料にするため、牛車であちこちに「下肥」の「汲み取り」に行った。その時、「鼻引き」(牛の鼻木を持って、リードする）をするのが私の仕事だった。

旧家で、幻住庵を再建した奥村佐治郎さんが近所だった。奥さんには目をかけてもらった。小学校の高学年か中学生になってからだっただろうか、2・3年続けて暮れに餅つきを手伝いに行き、「お小遣い」をもらった。弟さんが京都に出て、アパートを経営されていた。父親がそこの「汲み取り」も頼まれ、年に3～4回、牛車で出かけた。それにもついて行った。大学生になって、北白川の京都大学農学部の近くだったことが分かった。国道1号線はまだ開通しておらず、旧東海道を通った。義仲寺の前は何回も通ったことがある。

明け方、5時ごろに家を出て、半日かかって京都に着く。弁当を食べ、「汲み取り」をして家に帰ると、日はとっぷり暮れていた。しかし、そう苦にはならなかった。友だちと顔を合わすこともあり、近所の東洋レーヨンの社宅の「汲み取り」の方が嫌だった。

9　「隠れ家」は国分大塚古墳

晴嵐小学校は、今の東レの研究所の西側にあった。通学路は自宅から北大路の方に真っ直ぐ下がり、直角に折れた道だった。しかし、たんぼ道を斜めに行き来したほうが早い。そこで、帰りは近道をすることが多かった。その途中に国分大塚古墳があった（前方後円墳は、普

通は後円部に石室があるが、ここは前方部にも石室がある珍しい古墳だった）。今ではすっかり住宅地になり、大津市が史跡として保存している。

当時は、周りは田んぼばかりで、こんもり森になっていた。石室は盗掘され、土砂で埋まっていたが、羨道（せんどう）は子どもがしゃがむと通れた。奥の玄室は天井も結構高く、十分坐れた。「やんちゃ坊主」の格好の「隠れ家」だった。５年生の時だったか、友だちが親の煙草（たばこ）をくすねてきた。面白半分にそれを吸ったことがあった。２～３日、頭がくらくらっとした。幸か不幸か、その後今日まで煙草はまったく吸うことができない。

10　６年間、男子クラスだった

晴嵐国民学校は学年３クラスで、６年間クラス替えがなかった。「智・仁・優」と言い、「智組」が男子クラス、「優組」が女子クラス、「仁組」は男女混合だった。私はずっと智組だった。高学年になると、仁組の子がうらやましかった。優組に「ちょっかい」を出しに行ったこともあった。結構「ませていた」のだろう。

身体は小さかったが、クラスでは「正義派」だったようだ。５年生の時だったか、「やんちゃ坊主」の代表格のＴ君と、教室で「組んず、ほぐれつ」の大げんかをした。何が原因だったか、どちらが勝ったかはまったく覚えていない。おそらく、先生か友だちかが「仲に入って」引き分けに終わったのだろう。

11　東洋レーヨンに模擬原爆「パンプキン」が投下された

戦争中に小学校時代を過ごしたが、直接の「戦争体験」は余りない。運動場や、東レの社宅が建っている「園山」を開墾して、さつま芋を植えたこと、「松根油」を取ってガソリンの代用にするというので、松の根っこを山から運び出す仕事をさせられたこともあった。

戦争が終わる年の夏休みに入った7月24日朝、3つ下の妹を連れて遊びに行った帰りだっただろうか。突然空襲警報が鳴った。B29が私たちをめざして急降下してきた（と思った）。私は咄嗟(とっさ)に妹を抱えて、隣の家の生け垣にもぐり込んだ。激しい轟音がした。急いで家に帰ったら、爆風で北側の窓ガラスが割れていた。1km程離れた東洋レーヨンに長崎型の模擬原爆パンプキンが落とされたのだった。後になって、死者16人、重軽傷者104人という大惨事だったことがわかった（パンプキンは30都市に50発落とされ、死者400人、負傷者1200人に及んだ。原爆投下の予行練習だったのだ）。

12 教科書に墨(すみ)を塗らされて

1945（昭和20）年8月15日、日本はポツダム宣言を受託して「連合国」に無条件降伏した。家にはラジオもなかったので、いわゆる「玉音放送」は、近所の藤堂家の分家・菊江さん（父・昌治の従姉妹）のところで聞いた。天皇の言葉はさっぱり聞き取れなかったが、周りの人の反応で日本が負けたことはすぐに分かった。「ああ、やっぱり」という気持ちだった。

痛烈に記憶に残っているのは、新学期が始まって間もなく、先生の指図で、教科書に墨を塗らされたことだった。家が貧しく1冊の本も雑誌も買ってもらえなかった私にとって、教科書は“宝もの”だった。その宝ものの教科書に墨を塗らされたことは、終生忘れることができない。「何が正しく、何が間違っているかは、自分の頭でしっかり考えなければならない」と思い知らされたことは、大変貴重だった。その後の私の生き方にも大きく影響したように思う。

（3）中学生時代

13 “新制中学１期生”

1947（昭和22）年4月、６・３・３制の新学制が始まった。私は、新制中学校の１期生になった。しかし、「新制中学校」とは名ばかりで、校舎も何もない中での出発だった。１年目は、小学校の講堂をベニヤ板で間仕切った教室で過ごした。２年生の１学期は東洋レーヨンの旧寄宿舎を改造した教室だった。２学期になって、ようやく１棟だけ完成した建設中の粟津中学校に移った。

恵まれない環境と言えばその通りだが、気持ちのうえでは何も苦にならなかった。むしろ幸いしたと言えるかもしれない。なぜなら、旧制中学校や高校は上下関係が厳しく、下級生は上級生の理不尽な「圧制」に従わなければならない。ところが、中学校では常に最上級生だった。進学した大津高校は大規模校で、東校舎（旧膳所中学校）は１年生と３年生が過ごした。２年生は西校舎（現・大津高）だった。２年間あくと、下級生は子ども扱いである。こうして、私は中学校・高校を通じて、上級生に「頭を押さえられる」ことなく、のびのびと過ごすことができた。

14 教師と生徒で、一から作った中学校

粟津中学校の校地は、瀬田川をコークス（石炭の燃えがら）で埋め立てた土地だった。教師と生徒でローラーを曳いて、運動場を整地した。私は背は低かったが、友だちに誘われてバスケット部に入り、「ガード」の役割で練習していた。体育館はまだ建っていなかったので、グランドにコートを作った。ボールが直（じき）にすり切れた。

2年生と3年生は、大学出たての若い杉本秀憲先生が担任だった。みんなで“あにき”とあだ名をつけ、慕っていた。家にある本を持ち寄って、学級文庫を作った。学級新聞も発行した。みんなで規約を考え、生徒会を立ち上げた。私が初代の会長に選ばれた。

人見秀司先生の指導で、あちこち廻って、郷土についていろいろ調べた。その結果を『郷土の近江』という冊子にまとめた。社会科の副読本として、他校でも使われたように思う。

教師たちも、新憲法のもとでの民主教育に意欲を燃やしていた。生徒も、思う存分活躍できたように思う。

3月の卒業式では「答辞」を読んだ。卒業後は同窓会を立ち上げ、初代の会長に選ばれた。青春を謳歌(おうか)した中学生時代だった。

（4）高校生時代

15　1年生で「物理」を選択ー大学入試で苦労した

1950（昭和25）年、私は大津高校に進学した（3年生の時に、大津東高校と大津西高校に分かれた。現在の膳所高校・大津高校）。学年は14クラスで、1・3年生が東校舎（旧膳所中学校）、2年生は西校舎（旧大津県立女学校）だった。私の学年はずっと東校舎で過ごした。

新制高校が発足してそんなに時間が経っていなかったので、結構自由な制度があった。社会科や理科は科目選択制だった。しかも、仮登録で一度授業を受け、本登録で変更が可能だった。私は、1年生の理科はおおかたの生徒と同じように「生物」の授業に出てみた。ところが最初の内容が「分類」で、全然面白くない。それで、本登録は「物理」にした。しかし、数学で「微積分」をまだ学習していないのに

「物理」がちゃんと学べるわけがない。1年で「物理」を選択したのは「変わり者」で、極く少数だった。担当の岡部政二先生は大変温厚な方で、毎日実験をやらせてくれた。結構楽しかった。

2年生では「化学」を選択、3年生では「理科」は選択せず、「社会」を4科目とも選択した（普通の生徒は、理科・社会ともに3科目を選択した）。ところが、大学入試を受ける時になって大変困った。京都大学は、理科・社会科はどちらも2科目受けなければならない。実験ばっかりやっていたので、物理の受験勉強にはすごく苦労した記憶がある。

16　弁論部で、もっぱら友だちの原稿を書く

クラブは弁論部に入った。文章を書いたり、人前でしゃべったりするのが好きだったからだろう。当時は奈良県の天理高校や愛知県の東邦高校など、各地で「弁論大会」があり、よく「遠征」した。しかし、あの「弁論」風の口調はあまり好きになれなかった。もっぱら他の部員たちがしゃべる原稿を書いていた。その場で課題を与えられる「即席弁論」はそれなりに得意だった。

その弁論部にTさんがいた。何故か気のあうところがあって、しょっちゅう「つらって」いた。Tさんのお父さんは歌留多（小倉百人一首）の名手だった。読み札を一切見ずに、百枚とも間違えずに読み上げたのには驚いた。私は正月に近所のおばちゃんたちに交じってよく「歌留多取り」をしていたので、得意のつもりだった（取り札を見て、即上の句が思い出せた。従って、上の句で取り札を並べることもできた）。しかし、Tさんのお父さんにはまったく歯が立たなかった。そういう事情もあって、大津市石場にあった彼女の家をよく訪ねた。

同じクラスになったことはなかったが、自転車を「二人乗り」して

（まだ、自由にできた）、あちらこちらに出かけた。彼女が家に遊びに来て、幻住庵を訪ねたこともあった。当時は、家庭の経済状況に結構差があり、修学旅行は学級単位ではなく、東京・九州・信州・南紀方面と、日程も費用も異なり、コースを生徒が自由に選べた。2人で相談して、信州に出かけた。3日間、いつも一緒で楽しい旅行だった。

「あの2人は、いずれ一緒になるだろう」と周りでは思っていたのではないか。しかし、進学した大学が異なったこともあり、その後は疎遠（そえん）になってしまった（彼女は立命館大学法学部に進学した。当時、立命館大学のキャンパスは鴨川の対岸、広小路―現在の京都府立医科大学附属病院のところにあった。立命館大学には良い先生が揃っていたので、入学当初は「もぐり」で講義を受けに行ったこともたびたびあった。しかし、後期の宇治分校自治会の委員長に選ばれて忙しくなり、彼女と出会う機会もほとんどなくなってしまった）。

ちょっと甘酸っぱい、「青春のひとこま」ではあった。

17　奨学金を受給、自分で本を買え、嬉しかった

高校生になって、うれしいことがあった。日本育英会の奨学生になったことである。自分で好きな本を自由に買えるようになったことが何よりもうれしかった。石山駅前に「おはよう堂」という本屋があった。学校の帰りによく立ち寄った。

そのうち、雑誌『世界』(岩波書店) を毎号買うようになった。それが私の「愛読書」になった。当時、連合国との講話条約の締結をめぐって、「全面講和」か「片面講話」かの論争が行われていた。『世界』に毎号のように掲載される清水幾太郎や上原専禄などの論稿をむさぼるように読んだ（一時、清水幾太郎に傾倒した。しかし、その後彼が「右転落」してしまったのにはがっかりした）。

先述のTさんの友人に京都大学生がいた。「天皇事件」（昭和天皇が京都大学を訪問し、学生が抗議に立ち上がって紛糾した）のことを間接的に聞いた。石母田正の『歴史と民族の発見』を貸してもらって読み、感銘を受けたのも、その頃のことだった。

学校は進学準備教育に傾斜していた。私は、生徒会の代議員会議長などを務めた。しかし、学校の空気は変えることまではできなかった。

18　森本先生の下宿で『空想から科学へ』を輪読

３年生になって、名古屋大学で坂田昌一教授の教え子だった森本博先生が赴任してきた。どういう事情だったか記憶は定かでないが、親友のＹ君と一緒に先生の下宿でエンゲルスの『空想から科学へ』の輪読会をもった。やがて、社会主義思想に目覚めていった。そのことが大学進学後に実を結んだと言えるかもしれない。

森本さんはその後、甲賀高校（現・水口高校）に転勤、地道に活動し、職場や地域の信頼も厚かった。第１部で述べたことだが、後年、私が教職に就き、病気で倒れた北川泰三さんの後任で、滋賀高教組の書記長になった。その時、実は本命と目されたのが、働き盛りの森本さんだった。旧知の間柄だったので、大津に来てもらい、立候補を要請した。森本さんは「両親が年老いたので、４月から郷里の栢植（つげ）の方に帰ることになっている。どうしてもやれというのであれば、栢植から通うことななるが…」というではないか。私はすでに大津市に転居しており、組合の事務所には30分余りで行ける。それなのに、高校時代にお世話になった人に、いくら何でも片道２時間近くもかけて、毎日「大津市に通ってくれ」と頼むわけにはいかない。30歳過ぎの若輩で、自信がないまま書記長を引き受けた経過があった。

古典担当の福島笑子先生は、なかなか厳しかった。授業中、指名されて、きちんと答えられないと「ちゃんと予習をしてきたの！」と、こてんぱんにやられた。みんな戦々恐々としていた。ところが、なぜか私はかわいがってもらった。京都大学の文学部に進学が決まり、挨拶に行った。すると、「山田君、ぜひ国文をやりたまえ」と言われた。私は「はい」と答えたものの、結局史学科に進んだ。先生の言いつけに従い国文を専攻していたら、地元に幻住庵があるので芭蕉についてでも研究し、今頃はそれで一家をなしていたかも知れない。もちろん、「道を間違った」と後悔しているわけではないが…。

（5）大学生時代

19　「国公立、下宿は駄目」、やっと京都大学に進学

1953（昭和28）年4月、京都大学文学部に進学した。「下宿は駄目、家から通える国公立」という条件だった。予備校などに通うことはできず、駄目なら働くつもりでいた。自信はなかったが、当時は「進学適正検査」（進適）というのがあり、それが結構得意だったので、合格できたのではないかと思っている。

当時の京都大学は教養部（1・2回生）が全部、吉田分校というわけではなく、1回生は宇治分校に通った。戦争中の弾薬庫で、兵舎のような教室で授業を受けた。隣には自衛隊が駐屯していた。

サークル活動が結構活発で、いろいろと先輩たちからの勧誘があった。毛沢東の『実践論・矛盾論』を読んで感銘していたので、現代中国研究会というサークルに入った。授業よりもサークルの方が面白か

1956年、メーデーの後国史クラスの学友たちと（前列左が鈴木良氏、前列中央が筆者）

った印象がある。いつの間にか、高校時代に仲のよかったＹ君と一緒に学生運動に参加するようになった。

20　宇治分校自治会委員長になる

そうこうするうちに、宇治分校で、田中雄三君の後を承けて、後期の自治会委員長に選ばれた。当時は、全日本学生自治会総連合（全学連）を中心とする学生運動が結構盛んだった。その年の秋、全学連が「学園復興会議」という大規模な集会を関西で開くことになった。会場に選ばれたのは、京都大学と同志社大学・立命館大学だった。同志社大学・立命館大学は、すんなり大学の了解が得られた。しかし、京都大学は「同学会」（全学学生自治会）の申し出を大学当局が拒否し、大変紛糾した。

折柄、「わだつみ会」（日本戦没学生記念会）が企画、本郷新が制作した「わだつみ像」の設置を東京大学当局が拒否、大きな問題になっていた。それを立命館大学の末川博総長が受け入れた。学園復興会議の最終日、11月11日、像が立命館大学に到着、歓迎集会が開かれた。京都大学では、大学当局の会場拒否に対する抗議集会を開いたあと、鴨川の対岸、立命館大学の広小路キャンパスまで、隊伍を組んで行進した。それを、京都市警（当時はまだ府警はなかった）の警官隊が「無届けデモ」だと荒神橋の上で阻止しようとした。もみ合いの結果、古くなった木製の欄干（らんかん）が壊れ、15人の学生が鴨川に転落、７人が重軽傷を負うという大事件、いわゆる「荒神橋事件」が起きた（後に犠牲者が市警を訴え、裁判の結果損害賠償が支払われた）。

血気さかんな私は、おそらくデモの先頭に立ち、警官隊ともみあって、鴨川に転落、負傷でもしていたのではなかろうか。ところが、たまたまその日は家の「稲刈り」を手伝わされて、幸か不幸かデモには行けなかった。

やがて、抗議の座り込みをした学生を大学当局が警官隊を導入、強制排除した。それに抗議して、同学会が無期限ストを決議した。ところが大学は、決議しただけでストはまだ実行していないのに、同学会の役員を処分した。実行はしていないのに処分するとはいくらなんでも筋が通らない。私は絶対に許せないと思った。宇治分校自治会が口火を切って立ち上がり、１週間に及ぶ全学ストライキに発展した。残念ながら処分の撤回はならなかったが、大学当局もさすがに非を認め、「今回のストについては処分をしない」との約束で収束した。全学ストの口火を切った宇治分校自治会委員長だった私は、普通だったら退学処分にでもなっていただろう。そうなっていたら、その後の私の人生はどうなっていただろうかと、今になって思ったりしている。

21　「自分は歴史の創造に参加する」と学生運動に没頭

京都大学文学部史学科に進学、日本史を専攻した(当時はまだ「国史教室」などと戦前を引き継いだ古臭い呼び名だった）。同級生には俊秀が揃っていた。故人の河音能平（大阪市立大学・中世史）、安丸良夫（一橋大学・近代思想史）、石躍胤央（徳島大学・近世史）さんや、今も健在な大山喬平（京都大学・中世史）、芝原拓自（大阪大学・近代史）、田中雄三（龍谷大学・環境論）さんなどである。とりわけ親しかったのが鈴木良さん（立命館大学・近代史、元部落問題研究所研究委員長）で、何回も滋賀県に講演に来てもらった。拙宅で飲み明かしたこともある。

しかし、私はといえば、「歴史の創造に参加するんだ」などと言い訳して、学生運動に没頭していた。自治会やサークルのニュースに原稿を書いたり、会議でしゃべったりして、授業はサボることも多く、専門分野の学習は不十分だった。しかし、書く力と話す力が身につき、教師としての資質を培ってくれたのではないかと今になって勝手に思っている。

22　必修単位を落とす

生家が貧しい農家で、大学も家から通える国公立という条件でやっと進学できた状況だったので、同級生の多くは大学院に進んだなかで、私は卒業後はすぐに働くつもりだった。地元の滋賀県で教員採用試験を受けた。1956(昭和31) 年だったから、第二次大戦中に生まれた子どもたちが高校に進学してくる時期である。今以上に少子化で、教員採用も大変厳しく、「冬の時代」だった。それでも、幸い一次試験には合格できた。今と違って二次試験は面接だけで、赴任校が決まることになる。2月中旬と結構遅かった。
その二次試験の直前になって想定外の事態が起きた。卒業要件である必修科目を落としてしまったのだ。専攻は日本史だったが、「外国書講読」（2単位）が必修だった。テキストは、トーニー『イギリスにおける資本主義の発達』。必死に“一夜漬け”の勉強をして、単位は取れるつもりでいた。しかし、演習だったので出席点をつけられて、欠点になった。主任の赤松俊秀教授が気の毒がり、担当の西洋史・越智武臣教授に「頼みに行ってやろう」と言ってくれたが、断った。自分で招いた結果であり、甘受する他ないと思った。
とはいえ、来年また滋賀県の採用試験を受けなければならない。そのままキャンセルするわけにはいかず、県教育委員会の担当課を訪ねた。「事情で卒業を延期することになったので、お断りに来ました。来年また受けますので、その節にはよろしく」と挨拶した。ついでに厚かましく「来年は毎日大学に出る必要もないので、非常勤講師くらいだったらできるかと思います。もしそういう機会がありましたら、よろしく」と付け加えて帰ってきた。

23　全力投球で非常勤講師に打ち込む

非常勤講師を当てにしていたわけではない。家庭教師の口数でも増やして親には迷惑をかけないようにしようと思っていた。その矢先、3月末、県立愛知（えち）高校の校長から毛筆でしたためた丁重な手紙が来た。「社会科の先生が結核で急に入院することになり、時間割が組めなくなった。困って教育委員会に相談に行ったら、あなたのことをお聞きした。交通不便なところで申し訳ないが、何とか助けていただけないか」というような文面だった。
愛知川はどんなところか、行ったこともなかった。大津の自宅から通うとなれば、国鉄（ＪＲ）で能登川まで行き、バスを乗り継いで、さらに20分か30分はかかる。不便なところには違いないが、その時の私には「渡りに船」。喜んでお受けした。１・２学期、週３日、３年生の日本史を担当した。大学は卒業していないので教員免許状はまだなかったが、教職課程はすべて履修していたので、県教育委員会ら臨時免許状が交付された。

皮肉なことに、翌年度大学の履修規定が変わり、日本史専攻者は外国書講読が必修でなくなった。そのまま授業料さえ納めれば１年後には無事卒業できる。大学にはそんなに顔を出す必要もなくなり、全力投球で講師の仕事に打ち込んだ。そうしたら、自分から言うのも何だが、生徒たちの評判もよく、校長や教頭もほれ込んでくれた。

当時は教員人事については「府県間交流」というのがあり、校種・教科に関係なく、Ａ県からＢ県への転入希望とその逆のケースがあれば、採用試験を受けずに異動できた。たまたま、同じ社会科のＫさんが兵庫県出身で、かねてから地元へ帰る希望を出しておられた。教頭から「Ｋさんの転出希望が実現したら、そのあとは山田君、君がぜひ来てくれ」と言われ、喜んでＯＫした。高校の人事については現場の校長の意向が結構ものを言った。その年は形だけ一次試験を受け、Ｋさんの結果を待った。発令が４月１日より少し遅れたが、1958年、愛知高校で正式採用になった。

先述のように、教員採用はかなり「狭き門」だった。まじめに勉強していて成績も私よりはるかによかった同級生の早崎満雄さん（桃山学院高校）、猿橋靖さん（平安女学院高校、後に同校長）が私学に就職していった。一年遅れではあったが公立高校に勤められたのは、「けがの功名」だったか。それとも、「受領は倒るる所に土をつかめ」（今昔物語集）との故事に倣（なら）った結果というべきか。

Ⅱ　憲法、47教育基本法に導かれて
―同和教育以外の実践を振り返る―

（1）愛知高時代

1　“あ！　教室に子どもがいない！”－ある日の出来事

新任1年目のことで、今でも忘れられない出来事がある。

ある日、3年生の日本史の授業だったろうか。教室に行ったら、生徒が一人もいない。時間割が変更になっていたのを確かめてやってきたのだから、こちらが間違っているはずがない。一瞬、「ボイコットしやがったな！」と思ったが、ボイコットされるほど嫌われていた覚えもない。やがて、生徒たちが学校から少し離れた愛知川の川原にいることがわかり、そちらへ駆けつけた。「君たちはなぜ授業をボイコットしたんだ。僕に言いたいことがあれば率直に言ってくれればいいじゃないか」とただすと、事情が判明した。

その日、ある教科の全県的な研究会があり、他校の教師たちがやってきて、某先生がその時間に公開授業をすることになった。本当はそのクラスの授業なのに、さわがしいクラスでやりにくいというので、おとなしい別のクラスで研究授業をすることになり、日本史に時間割が変更になった。事情を察知した生徒たちは、「自分たちのクラスが外された。納得いかない」というので、ボイコットしたという。「君たちの気持ちはよくわかった。だけど、僕の授業をボイコットしても、何にもならないだろう。その先生にちゃんと説明してもらわないと駄目だろう」と言うと、「言って分かってくれるような先生じゃない」と言われて、返答に窮（きゅう）したことだった。

真面目に勉強していないところがあっても、「自分たちがないがしろにされた、それは許せない」という生徒たちの気持ちはよく理解できた。教師たるもの、思春期の子どもたちの自尊心は、本当に大切にしていかなければいけないと痛感させられた出来事だった。

2　いずれ役に立つ自炊の経験

赴任した愛知高校は、戦前は女学校で、当時の木造校舎をそのまま使っていた。永源寺町など、遠方から通学する生徒のために、校地内に寄宿舎があった。戦後もしばらくは使われていたようだが、私が赴任した時にはもう生徒は入っておらず、遠方から来た独身の教師の寮のようになっていた。一年目は2人の先輩教員と私の3人が入居した。舎監用の部屋が2室あり、先輩2人がそちらを使っており、私は生徒用の大部屋を木製の大きな戸棚（ロッカー）で間仕切って使った。広いスペースがあり、結構快適だった。

食事は、3人で輪番に炊事当番をを決めて、共同自炊した。日曜日を除く6日間を2日づつ分担するわけである。私は生家が貧しい農家で、小さい時から親が野良仕事をしていて帰りが遅いときにはちょっとしたおかずを作ったりしていたので、自炊はそう苦にならなかった。種明かしをすると、独り者の年配のおばさん（用務員さん）が、同じ棟のなかで暮らしており、何かと面倒を見てくれたから続けられたのだった。

こうした自炊の経験は、その後生徒たちと一緒にキャンプに行ったりした時にも結構役に立った。結婚して所帯を構えた後でも、つれあいの帰宅が遅いときには、自分で晩ご飯をこしらえることもできた。

子どもたちが自立していくためには、基本的生活習慣を身につけることが大切になってくる。「指導要録」（学校が児童・生徒一人ひとりの学習と健康の状況を年次を追って記録した公簿。学籍の記録は20年間、指導に関する記録は5年間、保存が義務づけられている）の「行動の記録」欄の最初の評価項目にも「基本的な生活習慣」があげられている。生活の自己管理がきちんとできなければ「大人になった」とはいえない。子どもたちに自己管理能力を身につけさせようとすれば、教師自身がそれを身につけていなければならない。そういう意味で、教職についてすぐの3年余りの自炊生活は得がたい経験になったと思っている。

3　クラブ活動の顧問について考える

クラブの顧問は必ず複数で担当するので、文化部だけではなく運動部の方も担当しなければならない。学生時代にこれといったスポーツをやってこなかった私は、その時々の事情で、サブだったがいろんな種目の顧問をした。

愛知高校に新任で赴任した時、高校の時に弁論部でお世話になったM先生がおられた。大津市内から通勤しながら野球部の監督をされていたので、大変だったろうと思う。それで、「山田君、すまんが一緒に野球部の顧問をしてくれ」と頼まれた。「先生、それは無理です。野球なんてやったことがないですから」と断ったが、「できなくてもいいよ。私が用事でいない日に、グランドに出て、『コラッ！　しっかりやれ！』と大きな声を出してくれたらそれでいい」と言われた。生来、人にものを頼まれたら嫌といえない性分、「一年間だけなら」と引き受けてしまった。

ところが、運の悪いことに、そのM先生が一年経ったら大津市へ転勤された。「一度に2人とも顧問が代わるのはまずい」ということで、私は続けてやる羽目になった。新しく監督になったF先生はなかなか熱心で、「山田先生、せっかく顧問をしてくれるのだったら、若いのだから、生徒に交じってやってください」とユニフォームまでそろえてくれた。そこまでいわれて、何もしないわけにもいかない。生まれて初めて、野球のユニフォームを身につけ、グランドに出た。ちょっと気恥ずかしかったが、やむを得ない。1年生を相手にキャッチボールなどをしていた。ところが、F先生が出張でおられない日に、生徒が「先生、ノックをして下さい」と言ってきたのにはまいった。「内野ぐらいだっらできるだろう」と安易に思ったのが浅はかだった。2回のうち1回は空振り。だが、生徒たちは笑いもせず、辛抱して待ってくれていた。そのうちになんとかこなせるようになった。

その後も、主に社会問題研究部や部落問題研究部などの顧問を担当したが、かけもちで運動部の顧問もやらなければならない。主に指導する人がいて、サブの立場で入るので、その時々の事情で穴のあいたところに入ることになる。野球部だけでなく、バドミントン、軟式庭球、バスケットボールなど、いろんな種目の顧問をした。バスケットは中学生時代に少しやっていたこともあったので、たまに体育館に出て、女子に交じってパスやシュートの練習をしたりした。バドミントンはまったくやったことがなかったが、これも、1年生の女子を相手にしたりして、少しはバードも打てるようになった。

中学校や高校のクラブ（部活）は、もちろん技術面の指導が肝心だが、併せて生徒同士や生徒と教師との人間的なふれあいの場でもある。生徒たちの中に飛び込んで一緒にとりくむ教師の側の熱意さえあれば、たとえ技術的には未熟であっても、生徒たちは受けとめてくれる。若い時にはしり込みせずに、思い切って何にでも挑戦する意欲と熱意も持ちたいものだ。

4　ホームルーム担任として

新任の愛知高では、2年目から1年生の担任になり、3年間持ち上がって卒業生を送り出し、続けて1年生をもって、また卒業生を送り出すというかたちで、7年間続けて担任をした。3サイクル目の途中で高等学校教職員組合の執行委員に出たので、7年間という中途半端な数字になった。

教職2年目に初めて担任した14組（1年4組）では、学年末に、生徒たちがクラスの文集を作った。タイトルは『あすなろ』。その最後のページに「さよなら、わが愛する14組」と題して、私が小文を寄せた。どのような思いで初めてのホームルームを担任をしたのかわかるかと思うので、少し省略して紹介しておきたい。

ぼくの机の上に「ホームルーム指導記録」と表題をつけた一冊の大学ノートがある。14組を担任すると決まった時、「らくがきノート」とともにわざわざ求めてきたものだ。その第1ページには次のように書いてある。

入学式の日に

①ホームルーム―53人（註、生徒は52人）が一つの家族であること。愉快に、楽しく。

②勉強―自分ですること。習う（受け身）から、学ぶ（能動）へ。

③若さ―かけがえのない取り柄。無駄にするな。やりたいことを思う存分やれ。

最初のホームルームでしゃべったことのメモらしい。ノートの次のページからはまったくの空白。初めての学級担任だったので、ぼくなりに意気込み、期待もしていたのだろう。

しかし、今年のぼくは何かと多忙で、学校を空けた日も人一倍多かった（註、教職2年目、初めて担任をしながら、教職員組合の中央委員に選ばれ、毎月1回県の会議に出席していた）。そのために、またそのことにかこつけて、結構いい加減なことで済ませてきたのではなかったか。3ページ以下に何の書き込みもない「指導記録」を前に、ぼくは今、痛恨に胸をさいなまれている（とは、多少おおげさか？）。それにもかかわらず14組はよいクラスだ。３年生まで、このままこのクラスで上がりたいとみんなが言っている。みんなが学校へ来るのが楽しみになるような、そんなクラスにしたいというのが、はじめてホームルームをもったぼくのささやかな願いだった。その願いはどうやらかなえられたらしい。しかし、それは担任の「指導」の結果ではなく、52人みんなの（ぼくも入れてもらって53人）力だとぼくは思う。

（中略）

いつも言っているように、教師のしゃべるのを黙って聞いて覚えるだけが勉強であれば、学校はいらない。家でこたつに足でもつっこんで、参考書を読むなり、ラジオを聞くなり（註：テレビはまだあまり普及していなかった）していたらいい。生徒同士が、生徒と教師が、お互いにぶつかり合う中で、人間は大きくなっていくのだ。そのことを、この一年間にみんなが自分の体でつかんでくれたのだと思う。その経験を何よりも大切にしてほしい。これが53人が１年間かかって作り出した共通の「財産」なのだから。（以下略）

5　日曜日にはクラスの子とサイクリング

今から思うと、当時は、のんびりした、“古き、よき時代”だった。一番の違いは、今のように教師があくせく忙しくなかったことだろう。

記憶に残っていることは、クラスの生徒たちと一緒に、本当によく遊んだことである。「フルーツ・バスケット」「細胞分裂」「１・２・３・５・６・たこ・ねこ・ぼうず」—教室で、校庭で、生徒たちと一緒に、しょっちゅう、集団ゲームのようなことをやっていた。「フルーツ・バスケット」というのはわかるだろうけれど、「細胞分裂」「１・２・３・５・６・たこ・ねこ・ぼうず」なんていうのは、多分みんな知らないだろう。一度やってみたら、「面白さ」がわかる。でも文章で説明するのは難しい。

今の私からはちょっと想像できないかも知れないが、その当時、フォークダンスが結構さかんで、放課後よく生徒たちと一緒に踊ったものだった。「オクラホマ・ミクサー」「マイムマイム」「カナディアン…？」「コロブチカ」一今はもうすっかり忘れてしまったが、一応こなせるレパートリーが結構あった。

学校の敷地の中に旧寄宿舎があって、独身教師の寮になっており、何年間かは、そこに転がりこんでいた。結婚してからも学校の近くに住んでいたからだろうか。日曜日になると、生徒たちとあちこちにサイクリングに出かけた。永源寺や金剛輪寺・百済寺・西明寺などの湖東三山をまわる。稲枝の湖岸に出て、薩摩から八坂へと松並木の続く湖べりの道を彦根まで走って、彦根城で遊ぶ。近江八幡の長命寺まで行ったこともある。夏休みに、有志の生徒たちと、自転車の後ろにテントを積んで、キャンプをしながら、3泊で琵琶湖を一周したこともあった。自動車の通行量が今とはまったく違っていたから、できたことだが…。

やんちゃをする生徒がおり、勉強が苦手な生徒もいた。しかし、みんな喜々として学校へやってきていた。今日のように登校拒否とか不登校などということはまったくなかった時代である。

このように生徒たちと遊びながら、何を話していたのか、今はもう記憶にない。しかし、そこには、授業とか学習とかいう以前の、生徒と教師の人間的な交わり、人間的なつながりがあったように思う。そして、それこそが教育活動の基盤になるものではないか、と今も信じている。

6　ホームルームと生徒指導―担任の雑ぱくな記録から―

書斎を整理していたら、『ホームルームと生徒指導―担任の雑ぱくな記録から』と題したガリ版刷り（ろう原紙に鉄筆で字を刻んで下版をつくり、謄写版で印刷したもの）のレポートが出てきた。教師生活８年目、３回目の１年生を担任したときに、どこかの研究会で報告したものと思われる。どこで報告したかは思い出せないが、当時の様子や私自身が担任としてどうとりくんでいたかが読み取れると思われるので、少し抜粋してみる。

※　　　　　　　　※

４月８日、入学式。３回目の１年生の担任。マンネリにならないようにと自戒しつつ、はじめてのホームルームにのぞむ。

“ホームルームは一つの家庭だ。54人の君たち生徒は兄妹（きょうだい）、ぼくは父親にしてはまだちょっと若いから、兄貴ということにしておこう。こうして55人がこれから一緒に生活するＨＲが楽しくなれば、学校へ来るのが楽しくなる。ＨＲが面白くなければ、それだけ学校へ来るのも面白くなくなる。それでは勉強もはかどらない。結局、お互いの損だ。みんなで努力して楽しいホームルームをつくっていこう。”

※　　　　　　　　※

７月、期末考査の後を利用して、生徒会主催の球技大会。１年生の最初の大会では、選手を決めるのが一苦労。特に女子はお互いにしりごみして、なかなか決まらない。卓球など個人競技ではよけいそうだ。とうとう何人かの生徒に放課後一度やらせてみて、代表を決めることになった。おかげで、生徒と一緒にしばらくラケットをにぎる。期末考査のあとといえば、教師の方は採点や成績事務で忙しい。しかし、担任が顔を出して応援したり、下手でも競技に加わると、生徒たちはどんなに喜ぶことだろう。自分よりも若い同僚が、案外グランドに出てくれないのが残念だ。

※　　　　　　　　　　※

１学期の通知簿。一人ひとりに話しかけながら渡す。忙しさにかまけて、全部の生徒と時間をかけての個人面談ができていない。せめてその代わりにとの思いがあるが、どうしても成績中心の話になってしまって、あとで後悔する。

たいていの教師が、通知簿にクラス内の成績順位を記入している。しかし、私はどうも書く気になれない。一人ひとりの力が伸びることがもちろん大事だが、学級全体のレベルが向上すること、54人そろって前進しようと日ごろから言っている。それでよいのかどうかわからないが…。

秋の文化祭のコーラスコンクールはホームルーム対抗で、クラスの生徒全員が出場し、課題曲と自由曲の２曲を二部以上の合唱で歌うことになっている。だが、練習が大変だ。リーダーになった者は一所懸命だが、みんなが思うように動いてくれない。とうとうリーダーがやめると言い出す。クラスでもう一度話し合いをもつ。「自分たちが悪かった。これからもっと協力するから」というので、また気をとりなおして練習をやりだす。こうして、ホームルームのチームワークがだんだんかたまっていく。そのなかで、個々の生徒たちも成長していくに違いない。

※　　　　　　　　　　※

２学期の途中から一人の男子生徒が、長期欠席しだした。家庭が継母で、異母弟がいる。母親との折り合いがどうしてもうまくいかない。それに加えて、中間考査の成績も芳しくなかったことから、とうとうノイローゼになった。１カ月あまり入院し、３学期から登校できるようになり、明後日から学校が始まるという1月6日、「しっかりがんばります」と約束して帰ったのに、たった１日だけ登校して、また休み出した。「勉強についていけない。自分はもうダメだから、学校をやめる」という。１学期にも２学期にも同じようなことがあった。それを父親と一緒に言い聞かせて、ここまでもってきた。このままではだめだと思い、思い切ってホームルームに持ち出してみた。そうしたら、みんなで励ましの手紙を書いて、代表が家に持って行くことになった。

“Ｏさん、今日もあなたの席はポツンと空いています。みんなどれだけさみしい思いをしているか分かりません。54人そろって15組なのです。どうか、元気を出して出てきてください。”

“ぼくも何度も自信を失ってしまったことがある。しかしそれでは結局自分がみじめになるだけだ。自分の弱気に負けるなＯ君！”

昼休みの短い時間だったが、みんな真剣に書いてくれた。

翌日から、彼は出てきて、今ではすっかり元気にやっている。

※　　　　　　　　　　※

２学期の期末考査のあと、「一日ホームルーム」というので、まる一日、各クラスでそれぞれ自主的に計画をたて、ホームルーム活動を行う機会をもっている。いろいろ相談した結果、「クリスマス・パーティをやろう」ということになった。グループごとに分かれて話し合い、ゲームなどの催しの内容を考え、それを持ち寄って、数人の委員が選ばれ、準備にあたった。

委員は、教室の飾りつけから、買い物まで、実によく動いてくれた。当日は、こちらも生徒たちと一緒に思い切り遊んだ。「一人50円以内で、できるだけお金を使わず、頭を使って」ということで、パーティーの最後にはプレゼント交換もした。委員がやりくりしてくれた結果、一人100円の会費で、2000円以上もあまった。委員の発議でそれを「歳末助けあい」に出して、みんなの心が、またいちだんとあたたかく通じあえた気がした。

※　　　　　　　　　　※

冬休みに、「新しい年を迎えて」というテーマで作文を書いてもらった。学級委員を務め、明るく活動している生徒が、家庭の深刻な悩みを綴ってきた。日ごろ、何かにつけて、みんなからおくれがちで、おじおじしている女の子がいた。私もじれったい気持ちで見ていた。ところが、その子の作文が実に生き生きとさわやかな筆致で、個性的だったのには驚いた。多くの生徒が、「ホームルームがまとまってきて、楽しい」と書いているなかで、「私には誰も友だちがいない。一人ぼっちだ」と書く生徒もいる。

生徒一人ひとりをどれだけ理解しているか、個々の生徒の悩みにどれだけ応えているかと問われると、正直あまり自信がない。しかし、「一対一の教師対生徒」という関係よりも、「54人の生徒と一人の教師でつくりあげていく集団」をこそ、私は大切にしていきたいと思う。集団が高まり、成長していくなかで、個々人もまた成長していくに違いない。

いわゆる「学級王国」に閉じこもってはいけないだろう。しかし、できることなら、ホームルームを生徒たちにとっての「王国」にしていきたい。それが「砂漠」になってしまうよりは、どれほどかいいだろうから。

ＨＲ担任として、一番大事に考え、生徒たちにも呼びかけていたことは、50人を越える（当時は戦争直後の“ベビーブーム”の子どもたちが高校に進学するようになり、ひどいときには55人という“すし詰め”の時もあった）クラスの全員が進級し、卒業しよう、そのためにみんなで力を合わせ、助けあおうということだった。学校全体では、毎年、単位を落として進級できない生徒がいた。しかし、幸いなことに、私は７年間の担任生活のなかで、進級や卒業できない生徒は一人も出さずに済んだ。

たまたま数学がまったくできない生徒がいて、欠点になった。追認試験の直前、夜、家に何回か出かけて、家庭教師のまね事みたいなことをして、ようやく進級できた。十数年前になるだろうか、久しぶりの同窓会に、今は結婚して千葉県に住んでいる彼女が卒業以来初めて同窓会に参加してくれた。50年ぶりだっただろうか。感極まって、胸に飛び込んでくれた。その後、メールのやり取りをしたり、親しい彼女のグループとの交流が今も続いている。

担任として続けてやっていたことは2つあった。一つは“落書帳”と名づけて、1冊のノートを男女交互に、1ページずつ、何でも書きたいことを書いて、順番にまわしていく。学級日誌というと形式的になってしまうので、それに代わってやっていた。私が毎日、目を通してコメントを書き加えることまではできていなかった。2～3日に1回位になったかも知れない。しかし、そのノートが、生徒たちの隠れた一面を知る機会になり、また生徒同士の心の交流の場にもなったように思っている。

今ひとつは“3分間スピーチ”である。これも説明の必要はないだろう。朝のショート・ホームルーム（SHR）の時間、順番に毎日一人ずつ前に出て、自分で何かテーマを決めて、みんなに話す。落書帳の場合もそうだが、生徒たちは、最初はいやがる。しかし、担任の権限で「押しつけ」てやっていくと、やがてそれなりに意味があることが生徒たちにもわかってくる。書くことと話すこと、それは社会的な存在である人間が生きていくうえで欠かせないことである。他人との交わり、コミュニケーションの手段でもある。また、書き綴ったり、他人に話したりすることで、自分の考えを整理し、自分を見つめることができる。それは、教科の授業のなかでもっととりくまなければならない課題であるが、担任が意識的に努力すれば、ＨＲのなかで結構実践できることではないかと思っている。

ふと思いたって、書斎の戸棚の奥の方にしまってあった、63年前、担任1年目にクラスでまわした落書帳を出してみた。2冊目の巻頭に、私の下手な字の文章が見つかった。

少し長いが、次項で一部カットして引用してみる。

7　担任１年目の「落書き帳」へのメモから

いま、わたしの机の上に１冊のノートがある。手あかによごれ、よれよれになったこのノートは、今では私たち14組の貴重な財産である。それぞれの個性をもった53人の人間がそこに生きている。私の恋人（がもしいたら）は、さぞかし手紙を読むのに苦労するだろうという同情（？）がこのノートからわいたかも知れない。両親のいないMさんの悩みを知ったのも、またこのぼろぼろのノートを修理するという優しい男性を発見したのも、このノートによってである。…かくて、この１冊のノートに、わが14組の１学期の歴史がある。

私は、自分の高校時代を想い出す。結構楽しかったし、胸のうずく想い出がなかったわけではない。しかし、クラスの生活は何一つ記憶に残っていない。ＨＲと授業がまったく別の編成になっていたという事情もあった。しかし、そこには、50人が一つになって営む生活というものはなかったのだ。中学時代、担任の先生に「兄貴」というあだ名をつけて、実際兄貴のように親しくしていた私にとって、高校の先生はずいぶん疎遠だった。人間的な魅力を感じられない先生も多かった。やがて私は、教師というものをまったく尊敬できなくなっていた。

その私が、いつの間にか教師になってしまった。もちろん自分が尊敬できないそのものになろうとしたのではない。反対に、高校時代に自分がこうあってほしいと思った教師―常に生徒のなかに入っていき、生徒とともに歩み、生徒の相談相手になろうとする教師―そういう教師に私はなりたいと思った。

そして今、教師になって１年半に近い。私は自分に問うてみる。おまえはやっぱり、高校時代に自分が軽蔑していた教師になってきているのではないか。それで、生徒のなかに入り、生徒とともに歩み、生徒の相談相手になっていると思っているのか…と。

どこかの高校での生徒のアンケートの結果、何か困ったことが起きたとき、誰に相談するかという質問に「友だちに」と答えたもの31％、「家族に」41％、そして「先生に」と答えたものは僅かに１％。夏休み前、大阪の私立高校に勤めている私の友人のクラスの生徒が青森まででかけていって服毒自殺をした。動機は恋愛問題からで、私の友人は多少とも事情は知っていた。しかし、一人の若い命を救うことはできなかった。

今日の高校教育の一つの現実がそこにある。それは、私には極めて憂慮すべき現実であるように思われる。学校は決して、知識を伝達するだけの場ではない。もしそうであれば、何も高い授業料を払って学校へやってくる必要はない。家で参考書を読んでいればそれでよいのだ。生徒同士の、そして生徒と教師の人間的な交わり、それこそが人間の成長の糧となっていくのではないか。

私は「教師」という殻（から）のなかに閉じこもりたくはない。君たちは、私を殻のなかに閉じこもらせてはいけない。もっと、ぶつかってきてほしい。ひっぱり出してほしい。そして、お互いにぶつかりあってほしい。この「落書帳」はその一つの場を提供するだろう。

8　図書館に、突然、自衛隊が来て

教師の一番肝心な仕事は授業であるが、それ以外にクラブ（部活動）の顧問があり、さらに校務分掌がある。新任教師時代の授業について余り記憶にないのは問題だが、授業のことは、また後で述べることにして、今回は校務分掌にかかわる思い出を記しておく。

赴任と同時に３年間担当したのは図書館の係りだった。愛知高校の前身（戦前）は女学校で、私が赴任した頃はまだ戦前の校舎を使っていた。落ち着いた木造の学校だった。赴任したとき、ちょうど校舎の前庭に別棟の学校図書館が建った。視聴覚教室も兼ねた当時としてはモダンな建物だった。図書館長は、オールドリベラリストの英語のM先生、そのもとで私の一年先輩のNさんと私が係りだった。司書は私費職員（ＰＴＡの雇用）だった。せっかく新しい図書館ができたので、地域の人たちにも利用してもらおうと、レコードコンサートを開いたり、読書会をもったりした。ある時、コンサートの当日、解説をしてくれるはずの音楽に精通していたNさん（係りのNさんとは別人）が急に都合が悪くなり、音痴の私が代わって解説する羽目になった。たしか、ベートーベンの「田園」だったかと思う。冷や汗ものだった。

読書会は、やがて町の公民館を会場に、“あしなみ”という読書サークルとして継続していくことになった。卒業生や地域の青年たちが主なメンバーで、かつて愛知高に勤務していて、その当時は彦根市内の高校に転勤された町内在住のHさんと私がチューター役を務めた。月一回の読書会だけでなく、ハイキングに行ったり、キャンプをしたりもした。

その“あしなみ”のメンバーの一人がつれあいということになる。彼女は、私が非常勤講師で２学期間通ったときの３年生だった。そのクラスの授業は担当していなかったので、いわゆる俗に言う「教え子」ではない。しかし、隣りのクラスの授業は持っていたので、彼女はその当時から私のことは多少とも知っていただろう。

プライベートな意味では、サークル“あしなみ”が機縁になって、今日までの生活があるということになるだろうか。これも、新任時代の校務分掌がきっかけになったといえなくもない。実は、彼女の３年生の時の学級担任は図書館長のM先生で、後に媒酌人もお願いすることになった。

人間の一生は、けっこう偶然に左右され、どこでどう変わるかわからない。しかし「必然は偶然を通じて貫いていく」（ヘーゲル）とも言われているが…。

図書館については、ちょっとした苦い思い出がある。

ある日の午後、一台のジープが学校に乗りつけ、制服の自衛隊員が何人か降りてきた。何事かと思っていると、間もなく「放課後、図書館で自衛隊の説明の映画が上映されます。３年生の希望者は集まりなさい」と校内放送があり、びっくりした。館長には進路指導課長からあらかじめ図書館借用の依頼があったようだから、今更どうしようもない。しかし、黙って見過ごすわけにはいかない。とっさに思いたって、模造紙に日本国憲法第９条を大きく書き出し、映画が映写される脇の壁に掲示した。生徒たちにそれを読んだ上で、映画を見るように訴えようと思った。そうしたら、一部の生徒が、「先生、そんないやがらせ、せんとき！」と言って、ちょっとした言い合いになった。それを見た自衛隊の方は、予定を変更して一本だけ上映してそそくさと引き上げていった。

ところが、それから２カ月も経った12月、「中日新聞」と「京都新聞」のいわゆる「三面記事」に、昨日のできごとのように、「愛知高校で、自衛隊の映画の上映を妨害しようとした教師を、生徒が怒って窓から放り出した」というような内容の記事が掲載された。ちょうど12月県会の開会中でもあった。学校では緊急に職員会議を開き、「事実とまったく違う」として、新聞社に抗議と訂正記事の掲載を求めることになり、校長が足を運んだが、らちがあかなかった。

後になってわかったことだが、以前愛知高に勤務していて、すでに他校に転勤していた右翼系の教師が図書館の出来事を小耳にはさみ、新聞社に「たれ込んだ」ようだった。県議会の委員会でも取りあげられたりして、年度末の人事異動での不当配転を心配したが、幸い事なきを得た。

後日談になるが、先の新聞記事をもとに、だいぶん後になって、各地のスクープやゴシップ記事を紹介する『週刊新潮』の欄にも掲載された。「端午の節句に槍は高く掲げられるだろう！」と、右翼からの脅迫状が舞い込んだかと思うと、今度は「元自衛隊員より」という署名で「よくやってくれた」という激励の葉書が来たりした。

9 「初任研」はサークル活動

愛知高校には、滋賀県の民間教育研究運動の大先達で、後に一緒に滋賀県民主教育研究所を設立することになる小嶋昭道さんが勤務されていた。私の赴任する２年前にすでに他校に転勤されていたが、第１部で述べたように、新任で顧問をすることになった学芸班は先生が育てられたクラブだった。そうした経緯もあり、ある日訪問を受け、滋賀地歴教育研究会への参加を勧められた。県内の小学校・中学校・高校の社会科教師の有志でつくっている民間の自主的な研究会であった。社会科の授業のすすめ方については、先輩からもどんどん学び、自分も研究していく必要性を感じていたので、喜んで参加することにした。

やがて、大津市に“あしたの会”という現代史のサークルができ、これにも呼びかけられて、顔を出した。また、少し後に地元の愛知郡内の小学校・中学校の教師たちと一緒に教育サークルをつくった。前述したように、地域の青年や愛知高の卒業生たちと一緒に“あしなみ”という読書サークルも始めだした。京都の石田眞一さんと一緒に歴史教育者協議会（歴教協）の全国大会に参加したこともあった。

職場では、教職２年目から高等学校教職員組合の県協議員（中央委員）に選ばれたので、結構忙しい日々だった。今にして思えば、そうした学校内外の活動が、教師としての私の目に見えない「栄養素」になっていった。サークル活動が、いわば私の「初任研」だった。

教師が戦前のように国家の命ずるままではなく、目の前の子どもたちの人間的な成長を願って教育活動をすすめようとすれば、日々教材研究に努め、教育実践を自ら反省・総括するだけではなく、仲間同士で検証・批判しあう取り組みが不可欠である。戦後の日本教育史において、このように教師たちが手弁当で集まり取り組んだ各種の教育研究サークル、民間教育研究団体が果たしてきた役割は大きなものがあったと思っている。

そうした教師たちの自主的な教育研究・研修の重要性を、戦後の教育法制は次のように確認していた。

※教育公務員特例法（教特法）

第19条（研修）

①教育公務員は、その職責を遂行するために、絶えず研究と修養に努めなければならない。

第20条（研修の機会）

①教育公務員には、研修を受ける機会が与えられなければならない。

②教員は、授業に支障のない限り、本属長の承認を受けて、勤務場所を離れて研修を行うことができる。

私は高校の教師になった際、個人的な関心に基づく日本史についての学習・研究活動をできれば続けていきたいという希望をもっていた（実際には、いろんなところに首をつっこんで、そのような時間的な余裕はなくなったが）。そこで、在学中から時どき参加していた日本史研究会の中世史部会に続けて所属し、２カ月に一回程度ウィークデーの午後に京都でもたれていた部会の案内を送ってもらっていた。「教特法」の「自主研修」としての「職専免」で参加しようと思った。事情を話すと、当時の教頭さんは「山田君、若い時に勉強しておくことは大事だ」と、公費出張で部会への出席をとりはからってくれた。

今は「初任研」制度ができて、新任教員には指導教官が配置され、１年間相当綿密な研修を行うようになっている。それ自体は意味のある制度ではある。しかし、子どもたちの「学び」と同じで、教師の研修も、自ら意欲をもってとりくむのでなければ自分の血肉とはならない。そういう意味では県教委や地教委が行う「命令研修」ではなく、教育公務員特例法が規定する「自主研修」の機会がもっと保障されなければならないと思う。教師はまさに日々「研究と修養に努めなければならない」のだから。

10　自由で民主的な職場が教師を育てる

新任で赴任した学校が愛知高校であったことは、私にとっては大変幸いだった。なぜなら、愛知高は、その当時の滋賀県内の高校のなかでは、おそらく民主的な職場の一つだっただろう。 当時の高校のなかには、戦前の旧制中学の後身ともいうべき学校がたくさんあった。そういう学校では、教師のなかにも卒業生が多くいて、なかには師弟の間柄の教師たちもいた。その場合には、先輩―後輩の「上下関係」が画然としていて、新任の教師が職員会議で発言でもしようものなら、「若いくせに、何を生意気な」と周りからこっぴどくやっつけられることになる。教師集団のなかに「同窓会」という「派閥」ができていて、学校を牛耳っている場合も多かった。ところが、幸いなことに、愛知高校は元女学校ということもあり、そのような教師間の上下関係はまったくなかった。職場の雰囲気も非常に自由で民主的だった。

新任の私が職員会議や教職員組合の職場集会で発言しても、温かく受けとめてくれる雰囲気があった。私は教職２年目で組合の県協議員（学校を代表して決議機関に出席する。多くのところでは中央委員と呼んでいる）に選ばれた。家が大津市なので、会議のついでに帰れることを配慮してくれた面もあっただろう。しかし、基本的には、自由な職場の雰囲気が私に活躍の場を与えてくれたと思っている。

教師同士がお互いをどう呼び合うかが、学校職場の雰囲気の一つのメルクマールだと私は思っている。「上下関係」の厳しい学校では、当然、後輩のものは年上の教師を「○○先生」と呼ぶ。他方、先輩の教師は後輩を「△△君」と呼ぶ。そうかといって、新任の教師も含めて、お互いに「○○先生」「△△先生」と呼び合うのも、私は気色悪い気持ちがしている。「先生」というのは、明らかに敬語である。毎日顔を突き合わせて一緒に仕事をしているもの同士が敬語で呼び合う必要はまったくない。そういうのを「慇懃無礼」という。

愛知高でも、そのあと長く勤務した八幡高校でも、教師たちはお互いに「さん」付けで呼び合っていた。年配の教師でも、若い教師でも同じである。また「校長先生」「教頭先生」ではなく「校長さん」「教頭さん」と言っていた（「校長」は職名であるとともに「長」がついているので敬語でもある。それに「先生」という敬語をつけるのは、日本語の使い方としても本来的におかしい）。

「さん」付けだけではなく、実際はもっと気楽に「あだ名」で呼びあっている場合もあった。これは八幡高校の時だが、同じ社会科にたまたま「山田」が2人いた。先輩の山田進さんは「スーさん」で、私は「ミーさん」とみんなに呼ばれていた。いっぱい飲み屋のなじみ客の呼び方のようで、おもしろかった。教科は違ったが、西村昌雄さんと西村武一さんがいたので、これも「マーさん」「ブーさん」だった。月村さんは「おっ月さん」、今の私以上に髪の毛がない人だったので、ぴったりの愛称だった。

こうした、自由で和気あいあいの学校職場の雰囲気のなかでこそ、新任の教師は、失敗もしながら思い切って自分を発揮していくことができる。しかし、今日では、そうした自由で民主的な空気がだんだんなくなってきたようで、残念でならない。

11　授業カットにたちあがった職場のたたかい―安保闘争

私が教職に就いた1958（昭和33）年は、教職員に対する勤務評定の実施に対して、日本教職員組合（日教組）と日本高等学校教職員組合（日高教）を中心とする教職員組合が激しい反対闘争（いわゆる「勤評闘争」）を展開した年であった。当時の滋賀高教組は、発足時の校長組合・第二組合から脱皮しかけた時期でもあった。残念ながら「勤評絶対反対」でたたかうことはできず、「条件闘争—絶対反対ではなく、交渉をもって勤評の骨抜きをはかる。具体的には、相対評価をやめさせる。人事、給与に関与させない、などの実益をかちとる」との方針で、滋賀県教職員組合（県教組）との共闘もできなかった。私は教職に就くと同時に、高教組の組合員になっていたが、一年目のことでもあり、勤評闘争そのものについてはあまり記憶がない。

勤評闘争が最終段階に入った1958年10月に、政府は警察官職務執行法（警職法）案を突如国会に提出した。すでに、前月に藤山外相とダレス米国務長官との間で安保条約改定についての交渉が始まっていた。予想される反対運動を押さえ込むためであった。

これに対して「オイコラ警察の復活反対」「デートもできなくなる警職法」と、急速に反対運動が盛り上がった。高教組もいちはやく結成された「警職法反対県民会議」に参加、反対運動に立ち上がった。国会外の大衆闘争で事実上廃案に追いこんだこの警職法反対闘争の経験が、次の安保闘争に生かされていくこととなった。

安保条約の改定は、対米従属のもとで復活強化してきた日本の軍事力・経済力を、いっそう強くアメリカの戦争と侵略の政策に組み入れること—日米軍事同盟の再編、強化をねらうものだった。これに対して、労働者階級を中心とする広汎な民主勢力は、１年半以上に及ぶ持続的な共闘組織のもとに、共同闘争を繰り広げた。それは、戦後史のなかでも画期的な大闘争だった。

1959年3月28日、安保条約改定阻止国民会議が結成された。これには、社会党・共産党・総評・中立労連・全日農など、数百万の組織された民主勢力を代表する百数十団体が結集した。滋賀県でも、4月15日、安保条約改定阻止滋賀県民会議が結成され、高教組も結成大会の段階からこれに参加した。

私は自宅が大津市という条件もあっただろう、教職に就いて２年目から２年間、愛知支部から高教組の県協議員に出ていた（県協議員＝現在の中央委員。決議機関のメンバー。但し、当時の高教組では、支部の書記長はまだ設けられておらず、支部長は多くの支部では教頭がなっていて、県協議員が事実上組合活動の中心になっていた）。

５月末の定期大会では、「安保条約改定阻止のためにたたかう」という趣旨の運動方針が決定されていたが、具体的な方針はその後の県協議員会（県協）に委ねられた。9月10日に開かれた県協に執行部は「①日高教および安保改定阻止滋賀県民会議の決定に従って行動する。②条約批准段階の統一行動に対しては、最高度の行動をうち出す」という趣旨の提案を行った。これに対して「組合は政治問題に深入りすべきではない」（膳所支部）などの反対意見もあった。しかし、他支部から多くの反論があり、討論の結果、保留５を除く賛成で可決された。私も、戦前の教育の反省に立って「平和教育は教師の義務だ。戦争の危険に対して反対することが何よりの平和教育だ」などと、膳所支部などの意見に反論した。

1960年1月、日米安保条約改定交渉が妥結し、岸首相を首席代表とする全権団は、高まる反対運動のなかで羽田までの沿道を武装警官隊に守られ、夜逃げ同然の姿で渡米した。改定の細かな内容はベールに包まれたままだった。1月19日、ワシントンで新安保条約が調印された。

やがて条約の国会審議がすすむにつれ、「極東」の範囲や事前協議制などについての政府答弁は二転、三転し、安保条約の危険な本質が明るみに出た。こうしたなかで、反対闘争は批准反対の国会請願署名を軸に、決起集会、デモ行進、学習・宣伝活動など多彩な形でいっそう広がりと深まりをみせた。高教組の各職場も、結成されてきた地域共闘に加わり、これらのたたかいに参加していった。労働者のたたかいは、春闘やおりから全国の労働者の支援のもとで激しくたたかわれていた三井三池労組の大量首切り反対闘争などとも結合して、いっそう高揚していった。

政府・自民党は、高まる反対運動のなかで、アメリカのアイゼンハワー大統領が来日する予定の6月19日までに新安保条約を成立させようと必死になった。そして、6月19日から逆算して、条約の国会承認自然成立のタイムリミットである5月19日夜、数千人の警官隊を国会に導入、社会党・共産党の議員を排除し、衆議院本会議で新安保条約の単独採決を強行した。

岸内閣の議会制民主主義さえも破壊するクーデターのような暴挙で、民衆のたたかいはさらに燃えあがった。連日何万人という国会請願デモがうねりのように国会を包囲した。滋賀県からも請願団を乗せたバスが毎日のように東京に向かった。高教組からも数次にわたって延べ20人近くが上京した。

地域のたたかいも広がっていった。いまだかつてデモ行進など行ったことのない愛知郡でも、高教組、県教組などが主体になって郡民共闘会議を結成、自転車・バイクを連ねて田舎道をデモ行進した。

6月15日には安保反対の第2波統一ストライキがたたかわれ、580万人が参加した。この6・15全国統一行動に際して、高教組執行部は日高教の指示に従って、組織結成以来始めて「始業時を期しての1時間の職場集会」との実力行使を指示した。各職場で真剣な討議が展開された。しかし、全国民的なたたかいのもりあがりのなかとはいえ、また行動にたちあがらなければならない情勢は理解できても、まだ一度もふみこえたことのない「授業カット」の壁は厚く、「指示どおりやれる」という支部は数支部、「指示どおりやれなくても勤務時間カットはできる」という支部がさらにいくつかあった。しかし、それらの支部でも、「他の支部が指示に従わなければ困る」という条件がついていた。県協議員会を中断して緊急にひらかれた執行委員会は「始業開始時を中心に職場集会を開く。最低10分間は勤務時間に食い込む」と指示を変更、県協はこれを確認して直ちに散会した。職場では協議員の帰りを待ち受けていた。

愛知支部では、前日までの支部役員会で、「何らかの形で時間くいこみの職場集会を持つ」よう意志統一ができていた。協議員の私が学校に帰り、職場集会が持たれた。県協の模様は必ずしも職場のとりくみを激励するものではなかった。しかし、午後３時から８時まで、熱心に討議がもたれた。授業カットにふみきるべきかどうか。いうまでもなく論議の焦点はそこにあった。まじめで、どちらかといえば最近の組合活動のすすめ方に批判的だつたＴさんが発言した。

「教壇に立つことがわれわれの務めだ。授業は絶対におろそかにできない。」 ああ、彼はやっぱり反対かと思った。ところが、ちょっと間をおいて、彼は言葉を続けた。「しかし、その大切な職務を放棄しなければならないときがある。今がそのときだ。」

授業カットを行うというみんなの意志は固まった。ではどれだけカットするか。これは結局30分カットに落ちついた。次は対生徒の問題である。教師が生徒に黙って行動するわけにはいかない。趣旨は伝えなければならない。ではどういう方法で？　誰が？　伝達する内容は？　結局、当日の朝、私が次のように放送することでまとまった。

「生徒の皆さんに伝えます。本日は朝８時から、民主主義を守るために、今度の衆議院での安保条約採決無効と国会の解散を要求して職場集会を開いています。生徒諸君は教師が教室に行くまで、時間を有効に使ってください。」

あけて15日の朝、８時にぴしっと全組合員が顔をそろえた。集会が始まるや、昨日職場集会に出ていなかった支部長（教頭）が発言を求めた。

「近くの学校はどこも１時間カットはやらないようだ。少しでもやればそれでよいのだから、30分カットは再検討してほしい」。採決の結果、予定どおり行動することがほぼ満場一致で確認された。こうして、高教組のなかではおそらく平均的な農村部の一職場が始めて授業カットのたたかいをやりぬいたのだった。

6・15統一闘争は、２支部を除いて全支部が職場集会を実施、数支部が１時間カット、約３分の２支部が何らかの形で勤務時間カットの職場集会を実施した。

その夜、一部の学生が国会構内に突入した。武装警官隊は、国会周辺に集まっていた大学教授や看護師、新聞記者にいたるまで、見境もなく暴行の限りを尽くした。このとき、樺美智子という一人の女子学生が生命を奪われた。

6月19日、アイゼンハワー大統領はアメリカが軍事占領下においている沖縄に到着したが、県民の激しいデモに迎えられ、予定をくりあげてあわただしく帰国した。アメリカの大統領が外国への公式訪問を阻止されたのは初めてのことだった。同じ日、新安保条約が「自然成立」した。しかし、岸内閣は、6月23日早朝、外相公邸という異例の場所で批准書交換をおこなったあと、退陣を表明しなければならなかった。

安保闘争の23次にわたる統一行動の中心には、つねに労働組合に結集した労働者の姿があった。それと結びついて、労働組合の経済闘争が有利に進められたのも特徴的だった。公務員労働者は数年ぶりのベース・アップ勧告、しかも要求額にほぼ近い賃上げをかちとった。組合活動の権利もこのたたたかいのなかで拡大した。公務員労働者や教育労働者の時間内くいこみの職場集会に対しても、全人民的なたたかいの発展のなかで、ついに権力側はほとんど行政弾圧を加えることができなかった。

たたかいは労働者の共闘を広げ、強めた。大津市では、安保共闘を契機に地区労結成の機運がもりあがり、1960年8月に結成大会がもたれた。愛知郡でも、安保闘争のなかで始めて郡内の労働者の共闘が組織され、高教組愛知支部も推進力となつて、1960年10月、愛知地区労が結成された。県教組の辻善太郎さんが事務局長に就任、私が事務局次長を勤めた。高教組のいくつかの支部が地区労に参加して積極的な役割を果たすようになったのも安保闘争を経てからであった。

12　“なりたい人に”

私の愛知高時代の終わりごろに赴任されたＳ校長は、教科は社会科、温厚な学究肌の人柄で好感がもてた。ただし、大変お酒が好きで、ややアル中気味だったように思われた。

ある日の昼休み、所用があって校長室へ行くと、自分の机の下からやおら一升瓶を出してきて、「山田先生、まあ一杯どうぞ」と湯飲み茶碗をさし出された。「先生、ダメです。次の時間、授業がありますから」と私。「いや、いっぱいぐらい大丈夫でしょう」―古き良き時代だった。

そのＳ校長、倫理・社会担当の教師に依頼して、生徒たちに「あなたは、今のところ、どんな人間になりたいと思っていますか」とのテーマで自由に文章を書いてもらったようである。そして、今度は「理想の自分に向かって、どう努力しているか」との題で文章を書くよう、教師たちにも宿題が出された。その後、校長自らが編集して『なりたい人に』との表題で冊子を作成、全校の生徒と教職員に配布された。前編は生徒たちの短いレポート、後編は教師たちのレポートが収録された。今どき、そんなことまでする校長がどこの世界にいるだろうか。

さて次は、「８年間の教師生活を振り返って」との題で、私が書いた文章である。もう少し気のきいた文章が書けなかったのかと気恥ずかしいが、当時の私の思いが読みとれるかと思い、再録する。

大学を出て、希望通り教職につくことが出来た。そして、8年たった。新入生を担任して3年たって送り出す。これを2回繰り返して、今3度目の一年生を受け持っている。学校内の事情も一応のみ込み、教育技術も多少は身についてきたと言えるだろう。しかし、それがどうだというのか。

ぼくは、今、8年間をふり返ってみて、自分の身についたものより、失ったものの方が大きいように思われてならない。慣れるということは、おそろしいことだ。“初心忘るるなかれということばがある。いつまでも入学したときの気持ちを失わないように”—生徒諸君にこう言い聞かせている当の本人は、もうとうに初心を忘れ去って、堕性に流れて毎日を送っているのではないか。

こんなことを書いていると、“理想的人間像に向かって、どのように努力しているか”という与えられたテーマとは、まるっきり逆のことになってしまうかも知れない。しかしぼくはやはり自分の8年間の教師生活をふり返って見ようと思う。そこに、理想的人間像から遠ざかりつつある姿しかなかったとしても、今は、その現実から出発するほかはないからだ。そこを離れて何かを書いたとしても、それは、ただの作文にしか過ぎないだろう。

もうすこし、具体的に書いてみよう。

第一、知識を授けることだけが教育ではない。教師と生徒、そして、生徒同士の人間と人間とのぶつかり合いのなかで、人間が成長していくのだ。一段高いところから生徒を見下しているのではなく、常に生徒の中にとび込んでいこう。これがぼくの初心の一つだった。結果はどうか。もちろん、一段高いところから見下しているつもりはない。しかし、生徒諸君のなかにどれだけとびこんできただろうか。結局は、教師というわくのなかに安住しているのではないか。

第二に、学ぶとは、単にものを覚えることではないはずだ。真理を探究する、真実を見究めること、そのことこそ、学ぶということなのではないか。生徒諸君がみずからの目で見、みずからの頭で考えていく。教師の役目は，それを助けることだ。そのためには、教師自身がつねに学ぶ努力をしていなければならない。自分自身が真実を見究めようとしているもののみが、真実を人に教えることができるのではないか（これは、ぼく自身が高校生の時に感じていたことだった。どの先生が勉強しているかは、生徒からはよく分った。考え方には共鳴できなくても、そういう先生には好感がもてた）。

しかし、今、自分をかえり見てどうだろうか。多忙だ、雑用が多すぎるといえばいえる。しかし、そんなことは理由にならないだろう。本や雑誌を購入しては、机上に積んだままになっていることが多いのは事実なのだ。このままいけば、やがて本も雑誌も買うことすらなくなってしまう時がいつか来るだろう。

第三に、かつてぼくは、「教育に自分をかけよう」とノートに書いたことがある。もちろん、それは、「教育以外のことには一切目をくれず、一心不乱に教育に専念します」などという、教育長から表彰でもされそうな考えではさらさらない。教育という仕事を離れても、人間として充実した生活をもっている。―それではじめてほんとうの教育ができるように思われるからだ。一社会人として、社会の進歩のために働くことも、それはそれで大切なことだと思う。しかし、教師として生徒諸君に対する以上、やはり全力投球をもってことにあたることが必要であろう。

教師のもつ個性というか、人間性というか、それがよきにつけ、あしきにつけ、生徒諸君に何らかの影響を与える。考えて見れば恐しいことだ。しかし、だからといって、教師が非のうちどころのない、完全な人間であることなど、あり得るはずがない。欠点もあれば弱点もある、生身の人間として、ぼくはぼくなりに、誠心誠意、生徒諸君に対していきたいと思う。「教育に自分をかけている。」そうはっきり言いきれる日を、一日も早く迎えたいと思う。

（2）滋賀高教組書記長時代

1　ピンチヒッターで、滋賀高教組の書記長に

1966（昭和41）年度、私は滋賀県公立高等学校教職員組合（滋賀高教組）の執行委員になった。

当時の高教組は委員長・藤森寛さん、書記長・北川泰三さんが専従で、他は非専従だった。といっても、実質は「半専従」。時間的な余裕のある教科のなかから、あるいは可能な場合には他教科からの応援も頼んで、その人の授業を他の者がカバー、週に2～3日、組合業務に従事することになっていた（「労働慣行」と言い、県教委も黙認していた）。各職場から3～4年に一回程度は執行委員を出すことになっていた。しかし、役員を出す職場の負担は大きく、ブロックである程度順番を決めていたが、機械的に順番通りにいくわけでもなかった。

私は、1961（昭和36）年8月に結婚し、たまたま愛知川町内にあった校長公舎が空いていたので、そこに入っていた。しかし、いつまでも居座るわけにもいかず、大津市で、家の田んぼをつぶして、自宅を建てる計画をすすめていた。また社会科にやや余裕があったこともあり、求められて執行委員に出ることになった。前年度、3回目の一年生を担任していたので、生徒たちと離れるのはつらい気持ちがしたが、やむを得なかった。

担当は情宣部長。旬刊で発行していた情報『滋高教』の編集が主な仕事だった。当時はガリ版印刷（鉄筆で蝋（ろう）原紙を切り、それを印刷した）で、引き受けてくれていたのは近江八幡の「佐野印刷」。主人の佐野三造さんとは2009（平成21）年に亡くなられるまで、40年を超える長い付き合いになった。

1966年は、公務員共闘が人事院勧告の完全実施を求めて山場のた

たかいを秋に設定、一方、アメリカによるベトナム侵略に抗議して、日本労働組合総評議会（総評）が10月21日を「ベトナム侵略反対国際統一行動デー」に設定した。公務員共闘もこれに応えて、山場の実力行使日を10月21日に決めた。高教組も前年の「全県全員集会」の成功を受け継ぎ、初めての実力行使にとりくんだ。従って、毎号の『滋高教』の編集だけではなく、学習・宣伝資料の作成や職場オルグなど、結構忙しい一年だった。

執行委員は１年目は見習いみたいなもので、実際は２年目から本格的に組合業務に携わることになる。従って、任期は１年だが、２年間は続けるといういわゆる「２年体制」が確認されていた。職場に迷惑をかけることを心苦しく思いつつも、続けてもう１年出る覚悟はしていた。ところが、年度末を迎え、「役員選挙」の公示直後、想定外の事態が起きた。本人も周りも続けてやると思っていた書記長の北川泰三さんが、体調が思わしくなく病院に行ったら「肺結核で、即入院せよ」と宣告された。

当時の高教組は、校長組合・第二組合から、階級的民主的な組合へ脱皮してきたところで、必ずしも安定した執行部体制ではなかった。1961年度には対立選挙も経験していた。そこで、速やかに後任の書記長候補を探す必要があった。そして、代わりの人を探す時間的な余裕がないなかで、現執行部にいる山田がやらざるを得ないということになり、33歳という若輩で、自信はないまま書記長を引き受けた。その詳しい経過は第1部で述べた。

2　秋季統一闘争のとりくみ

高教組の書記長を務めたのは、1967（昭和42）年度から1970（昭和45）年度までの４年間になる。非専従執行委員だった1966年度を含めて、この時期の最大のとりくみは、何といっても日本公務員労働組合共闘会議（公務員共闘）に参加しての秋季統一闘争だった。

初年度（1966年度）の10・21闘争は、「人事院勧告の完全実施」を中心要求に、総評が提起した「ベトナム戦争反対国際統一行動」に連帯したたたかいとなった。それは高教組にとっては初めての本格的な実力行使（勤務時間内の統一行動）でもあった。

私は1966年度は情宣部長として、その後は書記長として、組合員が統一闘争に参加する自覚を高めるための学習資料・討議資料の作成に全力を注いだ。

いま、手許に残っているこの時期のパンフレットの題名を拾っておく。そのいずれも草稿は私が書き上げたものだった。

①『教員の勤務条件は、生徒にとっては教育条件である』
　―賃金闘争に対する13の質問にこたえて【休暇闘争体制確立のための討議資料２】（1966・9）―

②『10・21闘争をかえりみて』（総括運動をすすめるための討議資料）（1966・11）

③『第７次賃金闘争の総括と第８次賃闘の基調』（1967・4）

④『秋季闘争の成功のために』（1967・9）

⑤『公務員も労働者であって、労働基本権が原則的に保障されるべきである。（全逓中郵事件最高裁判決）、秋季闘争推進のための職場討議資料』（1967・9）

⑥『第８次賃金闘争の総括と第９次賃金闘争の基調』（1968・3）

⑦『教育労働者の争議権』（秋闘討議資料）（1968・9）

⑧『いかなる弾圧も、歴史の進歩をおしとどめることはできない』（反弾圧闘争の勝利をめざして）（1968・11）

⑨『70年代の公務員賃闘の前進のために』(職場討議資料)（1970・6）

⑩『7・10闘争の成功のために』（1970年賃闘職場討議資料）

1966年度の「10・21闘争」は、まさに滋高教結成以来の初めての実力行使だった。支部（高教組の場合、学校毎に支部があった。他府県の「分会」にあたる）の役員会や支部集会に、本部執行委員が手分けして出席し、闘争方針を説明、組合員の様々な質問に答えた。論議が深夜に及ぶこともあった。さらに、闘争方針決定のための臨時大会の開催直前になって、県教委が「労働慣行破棄」の攻撃を加えてきた。「慣行」にもとづく「勤務時間内の組合活動」を一切認めないという攻撃である。それをはね返す職場のたたかいは熾烈（しれつ）を極めた。それは直接的には、県教委の言いなりに組合活動を押さえこもうとする職制とのたたかいでもあった。そして、滋高教は初めて「午後３時行動開始」の統一行動を成功させたのだった。

私は、各職場からの報告と執行部での討論をもとに、『10・21闘争をかえりみて』（総括運動をすすめるための討議資料）を書き上げ、12月に開催した「高教組300人教研」で報告した。項目は次の通り。

①教師としての脱皮をなし得たことに誇りさえ感じている。
②職場の団結がかつてなく強まり、職制は権威を失墜した。
③職場を基礎に自発的なたたかいが組まれた。
④たたかいの中で多くの職場要求がかちとられた。
⑤ブロック共闘が強化され、支部間の連帯が強まった。
⑥職場新聞がたたかいをおしすすめる武器となった。
⑦青年部が結成され、意欲的に活動している。
⑧たたかいの中で、第二組合の本質が暴露された。
⑨たたかいの中で、「労働慣行」破棄の攻撃をはねかえした。
⑩「みんながやるのだったらやる」という考え方について。
⑪たたかう決意をするなかで、学習が深められた。
⑫ベトナム反戦のとりくみは充分でなかった。
⑬リボン闘争は一定の成果をあげたが、生徒・父母への働きかけは不十分であった。
⑭共闘は充分とはいえなかったが、一定の前進があった。

⑮たたかいの中では、指導部の姿勢が重要な意味をもった。
以下、最初の「教師としての脱皮をなし得たことに誇りさえ感じている」を紹介しておく。

教師としての脱皮をなし得たことに誇りさえ感じている

３時行動開始。各支部から会場に集って来た組合員の姿は、はればれと明るかった。たたかう者同志が感じ合うあつい連帯のきずながそこにはあった。滋高教にとってはまさに始めての実力行使、それは役員まかせでできるたたかいではなかった。組合員一人ひとりが、単なる抵抗ではなく、権力とはっきり対決し、職制の「命令」をはねのけ、「処分」のおどしをのりこえなければならなかった。そして、こうした権力の攻撃をはねかえしていくためには、われわれ自身の内部にあるもろもろの古い意識―「生徒を犠牲にすべきではない」「争議行為は法で禁止されている」「悪法もまた法だ」―を克服していかねばならなかった。

ある仲間は感想の中で、「わたしは10・21闘争をとりくむなかで、教師としての脱皮をなし得たことに誇りさえ感じている」と述べている。たたかいの成果は、一人ひとりの内部でのたたかいを経て、はじめてかちとられたのだ。「教師としての脱皮」―それは「労働者としての自覚」につながるものである。たたかいの成果は、なによりもたたかった一人ひとりの内部にこそ残っている。

こうした統一闘争を闘っていくためには、執行部の努力も必要だが、闘う基盤は何よりも職場にある。手許に『職場闘争の前進のために―職場闘争の手引き』と題した謄写版印刷の小冊子が残っている。私が下手な字でガリを切って印刷した。滋高教のたたかいの基本となった資料だと思うので、最初の部分だけ引用しておく。

職場はわれわれの労働の場、生活の場であり、また教育実践の場でもある。そこはまた、権力の支配と攻撃が直接行われているところでもある。そして、そこにはさまざまな矛盾と要求が鬱積（うつせき）している。職場が自らの要求で立ち上がるとき、職場に真の労働組合がつくられる。

管理体制が強められ、国内法改悪と条例制定で、権利を奪い、労働組合を骨抜きにし、闘わない組織にする攻撃が行われている。これをはね返すのも、職場の闘う力だ。

職場闘争で、職場にとりでを築こう。教職員の生活と権利を守り、民主教育を推し進めるとりでを！

「滋賀高教組　職場闘争の10原則」（案）

①まず集まる。集まれば、みんなが発言する。
②みんなが要求を出し合う。
③討論を徹底的にたたかわす。
④役員だけで請け負わない。
⑤みんなで行動し、みんなで総括する。
⑥職場新聞で、職場の動きと声を交流する。
⑦学習活動を重視する。
⑧未組織や下積みの人の意見を大切にする。
⑨生徒の声に耳を傾け、自主活動を保障する。
⑩父母に働きかけ、地域に出る。

滋賀高教組の各年度の秋季統一闘争の戦術は、次の通りだった。

1966年度　10・21　午後３時行動開始の地域集会
1967年度　10・26　勤務時間29分カットの早朝地域集会
1968年度　10・８　早朝29～60分カットの実力行使
1969年度　11・13　早朝１時間の時限スト

なお、1969年度の１時間カットの時限ストに対しては、県教委は翌1970年2月20日、藤森委員長と書記長の私に停職１カ月、ストを行った支部の支部長に減給１カ月を初めとする懲戒処分を強行した。高教組は、闘争直後から、校長に「報告書を出させないとりくみ」など反弾圧闘争を果敢にたたかった。また、懲戒処分に対しても、処分の取り消しを求めて県人事委員会に提訴、粘り強くたたかった。そうしたなかで、1974（昭和49）年の武村革新県政樹立という政治的背景もあり、1976（昭和51）年３月31日、「勝利的和解」(県教委は処分を取り消し、組合側は提訴を取り下げる）をかちとった。

なお1977度末の「長浜北高民主化闘争」は、私が経験した初めての大闘争だった。これについては、第1部で詳しく述べた。

3　高校生の自主活動と“高校生のつどい”

1959（昭和34）年に高知で開かれた全同教大会に参加した折、全県的な生徒会連合を組織して活発に活動している高知の高校生と交流し、大変感動したことは第１部に記した。滋賀県でも、愛知高も所属した湖東地区では公認された湖東地区生徒会連絡協議会（湖東連協）が組織されており、生徒会役員間の交流やサマーキャンプも開催されていた。また、愛知高の学芸班の夏季合宿に野洲高校と朱雀高校定時制のクラブを招待する形で、３つの高校の交歓学習会を何年かもってきた。そうした経験から、「高校生は他校交流の中で育つ」ものであると確信していた。運動クラブの場合には様々な機会に他校との交流が自由にできるのに、文化クラブや生徒会活動について交流の機会がまったくないのはおかしい、何とかできないかとの思いがあった。

全国民的な大規模なたたかいになった安保闘争には、各地で高校生もデモに参加し、集会ももっていた。ところが文部省は、早速1960年６月、「高校の生徒に対する指導体制の確立について」の通達で高校生の政治活動を禁止した。さらに、12月の通達で「高校生徒会の全国的または地域的連合組織を禁止」した。

1961（昭和36）年、文部省は中学校２年生・３年生を対象に、悉皆による「全国一斉学力テスト」を実施した。これに対して、「教育の国家統制につながる」として、全国的に激しい反対運動が起こった。高校・小学校は抽出調査だったが、指定された学校では教師だけではなく、高校生のボイコット運動も起こった。やがて、滋賀の高校生たちは、1962年「若鮎」（20校、200人）、1968年「ぶどう」（15校、150人）などの自主的サークルをつくり、活発に交流を重ねた。京都の平和憲法記念「京都高校生の集い」春季討論集会にも県内から多くの高校生が参加していった。

高教組の書記長になって、「組合が中心になって高校生の自主的な交流の場をつくりたい」というのが私の願望になった。しかし、当時の組合員の意識では、組合が直接生徒を集めるということには、強いアレルギーのようなものがあった。

1966年度から、県教組との合同教研とは別に「高教組教研」を独自にもつようになった。1967年度には「高教組教研」に父母・生徒の参加を呼びかけた。父母・生徒と一緒に「教育問題を話しあいましょう」という分科会を設定したわけである。また、1966年に高教組青年部が結成され、翌1967年には青年教師と高校生の交流をねらいとした「教育キャンプ学習会」ももたれた。

このようなとりくみを基盤に、1969年度の運動方針（案）で提起したのが「高校生分科会」構想だった。２年間続けた「高教組教研」の「生徒と教師の分科会」をいっそう発展させて、「高校生中心の分科会を、日程もずらせて持つ」というわけである。実質は「高校生の自主的な集会」であるが、そういう名称で組合が集会を開くことには残念ながら組織内にもまだ抵抗があった。そこで、教研集会の一環として、生徒と教師が話し合う生徒主体の分科会「高校生分科会」を持つことにしたわけである。「それだったら良いだろう」ということで、定期大会でも承認された。

定期大会後、各職場から生徒と教師の準備委員を出してもらい、前後８回の準備運営委員会を重ねて、1969年12月21日、大津市の琵琶湖旅行会館を会場に第１回「高校生分科会」を開催した。高校生380人、教師120人、合計500人の参加で、大成功だった。集会では、８分科会・９分散会にわかれて話しあいをもった。分科会はＨＲ・クラブ・生徒会、学習、進路、校則、他校交流、高校生と差別、学校・家庭・職場、生徒と教師の８つだった。

集会の成功は滋賀の高校教育にとって新しい１ページを開いた。生徒たちの整然たる集会運営に、参加したほとんどの教師が自分たちの学校の生徒を見直す思いだった。「高校生分科会」は、県下の高校生の交流の場となるとともに、高校生と教師の民主的なつながりをつくっていく契機ともなった。

この集会に対して、県教委は教育長名で組合に中止要請を行い、校長や一部ＰＴＡ役員が圧力を加えるなどの妨害があった。県教委・校長会は高校生と教師の集会に高校を使うことさえ認めなかった。

集会の記録は『滋賀の高校生』という冊子にまとめられ、教研集会などを通じて全国に紹介されていった。また、この集会が契機になって各高校の自主活動が活発になっていった意義も大きなものがあった。

第12回高校生のつどい（1979年11月）

その後も集会は毎年度開かれ、「高校生のつどい（高校生分科会）」という表記から、やがて「高校生のつどい」という名称だけで、「高校生分科会」の名は消えていった。ブロック集会やサマーセミナー、新入生歓迎のつどいなども持たれるようになった。

1974（昭和49）年に武村革新県政が誕生し、高校生のつどいに県立高校が開放され、「つどい」には知事からメッセージが寄せられた。生徒会を中心にとりくんで、貸し切りバスで参加する学校も増えた。1978年855人、1979年963人と最大のもりあがりを示した。

しかし、1980年代に入って、高校生の肩に大学受験が重くのしかかるようになり、また自己中心的なムードが広がり、集会への参加が分散的になっていった。教師は多忙化と管理強化で生徒とかかわる時間も少なくなり、自主活動を支援できなくなっていった。その結果、「高校生のつどい」に参加する生徒がだんだん減少して、残念ながら1989年度、20年間でその幕を閉じることになった。

資料として、第１回高校生分科会で、生徒たちが採択したアピールを紹介しておく。

アピール　　　　　　高校生分科会

きょう、私たちは生まれて初めての経験をしました。県下の高校生が集まって話し合いができるなんて考えてもいませんでした。わたしたち高校生は、毎日の生活がただ学校へ来て、授業を受け、友だちとだべるだけが生きがいだとしか思えないようにならされてきました。そういったなかからも「友だちがほしい」「クラブをもっとやりたい」「もっと有意義な高校生活を送りたい」という悩みや要求がわいてきました。でも私たちはその解決方法を知りませんでした。でも、この悩みや要求をそのままにしておいて、いいはずがありません。

「政治活動をしてはならない」という名目で、この会が圧迫されています。予定されていた瀬田工は教育委員会等の不当な圧力により貸していただけませんでした。また、学校長やＰＴＡなどが理由にならない理由をつけて圧力をかけています。そして私たちの純粋な芽をつみとろうとしています。これは、私たちの目を現実の社会からそらそうとするものです。私たちは、この不当な圧力をはねのけて、今日、こんなに多く集まりました。今日の話し合いで、私たちの悩みは一人だけの悩みではなく、高校生みんなの問題だということに気がつきました。そして、その悩みをみんなで解決する自信がつきました。

今日の話し合いを、生徒会・ＨＲに持ちかえり、もっと積極的にとりくみましょう。学校のなかに、地域のなかに、こういう機会をもっとつくり、広げていきましょう。そして、校内集会、地域集会を基礎に県下の集会をより大きく発展させましょう。

4　「わたしたちは歴史の偽造に加担することはできない」
―「明治百年祭」反対のとりくみ―

私の高教組書記長２年目の1968（昭和43）年、「明治百年」キャンペーンが大々的に展開された。民主勢力や歴史学者の反対を押し切ってすすめられた「明治百年祭」には、なんの歴史的根拠もなかった。それはまさに、戦前の「紀元二千六百年記念祝典」をモデルに、国民を軍国主義・天皇主義・大国主義に思想動員しようとするものであった。県教委は文部次官通達を受けて、各学校に対して、式典が行われる10月23日には、①国旗を掲揚する、②児童生徒にその趣旨を徹底する、③半日休業にしてもよい、旨の指示を出した。

滋賀高教組は、この問題を重視して、年度初めの定期大会で「明治百年」カンパニアに反対する方針を決定。討議資料『わたしたちは歴史の偽造に加担することはできない』を作成、全組合員に配布して、職場での学習・討議をすすめた。これにもとづいて、各学校では校長交渉を行い、ほとんどの職場で県教委の３項目の指示内容を実施しないことを約束させた。

私は構想を練り資料を集めて、２～３日間、半分徹夜して、Ｂ５判12頁・400字詰め原稿用紙40枚程度の「討議資料」の原稿を書いた。大学生時代にもどって、レポートを書く気分だった。

懐かしい思いもあり、「討議資料」から２つの項目をあげておく。

たくみにつくり出された「明治百年」ブーム

今年の元旦から始まった「明治百年」ブームは、政府が「戦後最大の国家行事」として記念式典をおこなう10月23日に最高頂に達しようとしています。ＮＨＫテレビの「龍馬が行く」「くらしの中の百年」「ふるさと百年」などテレビ番組も「明治百年」番組がめじろおしにならんでいます。新聞でも百貨店でも「明治百年」にちなんださまざまな催しがおこなわれています。このような「明治百年」ブームは、もちろん自然の流行ではなく、佐藤内閣がすでに２年前から準備してきたものです。政府自身が菊の花を模した「明治百年シンボルマーク」をつくったり、「豊かなる明治の心をことほぎて…」という「明治百年記念頌歌」を制定したり、青年の若々しい未来への希望をたくみに利用した「青年の船」の巡航、郷土愛にうったえたさまざまな顕彰事業、「明治百年記念切手」の発行など、利用できるあらゆるもの、動員できるあらゆるものを動員して「明治百年」ブームをあおりたてようとしています。では、政府はいったいなんのために、「明治百年」に力こぶをいれているのでしょうか。

果して繁栄と栄光の百年か。歴史の偽造を許してはならない！

「10月23日が明治改元から100年になることはたしかだ。それを契機に歴史をふりかえることは必要なことではないか。なぜそんなに目くじらをたてて反対するのか」という意見があるかも知れません。政府・自民党がすすめているのは、国民が日本の近代100年の歴史をふりかえって、そこから学ぼうということではありません。政府・独占資本の立場からこの100年を一方的にとらえ、それを国民に押しつけようとしているのです。準備会議が「明治百年祭」の基本的意義をまとめた「明治百年を祝う」という文章が、このような日本近代史の見方をよく示しています。

それは第1に、「明治は、世界史にも類例をみぬ飛躍と高揚の時代である」と、近代日本の歴史を「飛躍」「高揚」「壮挙」「奇跡的な復興」「繁栄」といった文字どおりバラ色でかざりたてています。

第2に、天皇制政府と独占資本が、アジア諸民族の抑圧と略奪をめざしておこなった数多くの侵略戦争については、口をつぐんでおおいかくしています。

第3に、「いまや、発展途上にある隣邦友邦諸国から指導と援助を求められる立場にもなってきている」と大国主義を宣伝するため、一貫してアジアの先進国という立場を強調しています。

第4に、このような、明治時代を「光輝ある時代」として評価する明治賛美論は、明治天皇は世界の君主のなかでとくにすぐれた英邁な君主であったとする明治天皇への絶対的な讃美につがっていきます。そのことは、「明治百年」記念事業の一環として「明治天皇の偉業を顕彰」するため、宮内庁で保管している「明治天皇御紀」の出版が計画されていることにも端的にあらわれています。

しかし、いったいこのような見方を、はたしてまともな歴史観として肯定することができるでしょうか。わたくしたちは、否といわざるをえません。

第1に、かれらが「繁栄」と「進歩」を讃えている反面には、勤労人民のはなはだしい貧困と無権利状態があったことがまったく無視されています。農民の大部分は、寄生地主制の支配のもとに、米を作りながら米の飯を食うこともできず、ひどい凶作でもあれば、娘を身売りしなければならないような生活をしいられ、労働者は植民地以下の低賃金、長時間労働という劣悪な労働条件で働かされました。そういう生活からぬけ出すために自分たちで組合をつくって活動する権利も奪われてきました。こうした国民の大多数の犠牲のうえに、ひとにぎりの資本家と大地主の「繁栄」と「進歩」が築かれてきたことはいうまでもありません。

第２に、朝鮮を植民地として、朝鮮の人民から土地も言葉も奪い、あまつさえ、日本の侵略戦争にかりたて、多くの命まで奪いました。中国では、侵略に抵抗した幾百万という人びとを殺しました。日本がアジアの近隣諸民族に野蛮な侵略戦争をしかけ、大きな被害を与えたことは、おおいかくすことのできない歴史の事実です。このことへの痛切な反省の上に、戦後の歴史が出発したはずです。

第３に、日本の近代百年の歩みのなかには、歴代の支配者たちの専制と侵略に反対して、平和と民主主義、生活の向上と国際的友好、連帯をもとめてたたかってきたわたくしたちの祖先のすぐれた伝統があります。かれらに、天皇制権力がいかに苛烈な弾圧をおこなったことか。しかし、また、どんな弾圧にもめげず、すすめられてきた先輩たちのたたかいが、今日の日本を築く土台になっているはずです。

第４に、かれらのいう「光輝ある時代」の歴史は、1945年、とりかえすことのできない大きな犠牲をはらって、アジア諸民族の民族解放のたたかいと全世界の反ファッショ勢力によってうちたおされ、これらの力と結びついた日本人民のたたかいによって、戦後の日本は新しく生まれかわったはずです。「明治百年」という言い方で、この歴史的な変革をぬりつぶすことは許されません。

第５に、沖縄問題に端的にあらわれているように、政府・自民党は、第二次大戦後、アメリカ帝国主義に従属して、民族の利益を売り渡しながら、その醜い姿をひたかくしにするために、「奇跡的な復興と繁栄」とか「アジアの指導者」とか吹聴して、国民の真の独立へのとりくみをねむりこませようとしているのです。

5　民主教育破壊の攻撃に粘り強く反撃

1966〜1970年度にわたる私の高教組役員時代は、教育分野においても多くのたたかいやとりくみがあり、結構忙しかった記憶がある。次に、その主なものを列挙しておく。

①「高教組300人教研」を始める（1966年度から）

②県教委、「文部教研」（教育課程研究会）を、各教科研究会との共催で開催。これに反対して、共催拒否と教科研の民主化にとりくむ（1966年度）

③教育条件改善を課題に「高校教育を守る会」を結成（1966年度）

④紀元節復活反対運動（1967年2月を中心に）

⑤地域で父母・住民に呼びかけて「教育懇談会」を開催（1967年度以降）

⑥高校多様化推進政策に反対（1968年度）

⑦県教委、二人教頭制導入を表明、警備員の首切り反対闘争と結合してたたかい、撤回させる（1968年度）

⑧「能研テスト」（一斉学力テスト中止のあと、1963年に始まった「能力開発研究所」による高校２年生・３年生の希望者対象のテスト）を廃止に追いこむ（1969年度）

⑨高教組教研の特別分科会として、「高校生分科会」を開催

⑩改悪学習指導要領批判討論集会（1970年度）

戦後の民主的な高校教育の基本である「高校３原則」（小学区制、男女共学制、総合制）が崩され、とりわけ高校間の格差が広がるなかで、「小学区制の復元」が大きな教育課題となってきた。そうしたなかで、高教組民研（民主教育研究委員会）の「高校生白書委員会」の手で発行された『滋賀の高校教育と生徒たち―小学区制復元をめざして』（1970年12月）と題する冊子がある。当時の高教組副委員長・教文部長の館博通さんが中心になり、私もメンバーに名前を連ねてとりくんだ。高校生や父母、中学校教員などの声も集め、県下の高校多様化の実態、学区制・入学者選抜制度の変遷や全国的な状況、小学区制復元

の意義と展望などを解明した。Ａ５判75頁の充実したものとなり、1970年代に精力的に展開される「高校三原則を滋賀県民の手にとりもどす」有権者過半数署名運動推進の大きな力となった。

ここでは、私の専従役員の最後の年にとりくんだ学習指導要領改悪に反対するたたかいに触れておく。手許に、1970年7月8日付、執行委員長名、県教育委員長宛の『高等学校学習指導要領案に関する質問書』なるＢ５判15頁にのぼる文書がある。この年の5月、文部省は「高等学校学習指導要領改訂」（案）を発表した。そこで、改訂されようとしている学習指導要領（案）について分析を加え、問題点を明らかにして、県教育委員会へ質問書を提出したものである。詳しく報告できないが、10項目の質問とともに、各項目ごとに戦争直後の学習指導要領（試案）や、その当時の文部省の諸資料を根拠に、私たちの見解を付け加えた。

それは、県教委に対する質問・要請であるとともに、全組合員に配布し、職場での学習・討議資料として活用したいとの思いもあり、結構大部なものとなった。

自民党・公明党政権が、1947教育基本法の改悪を強行し、2009年、国民の審判を受けて退場した。しかし、民主党政権は長くは続かず、安倍政権から菅政権・岸田政権へと、紆余曲折はあったが、平和憲法改悪の危険が強まっている。こうした政治情勢のもとで、私たちは日本国憲法を守り抜くとともに、新しい教育基本法の制定をめざさなければならない。今、読み返してみて、このときの『質問書』はそうした論議の一つの基礎資料にもなるのではないかと考えている。

以下、そうした思いもあって、質問書のリードの部分と、第１項目を収録しておく。

滋賀県教育委員会　教育委員長　浜田　博　殿

高等学校学習指導要領案に関する質問書

さる5月6日に文部省が発表した高等学校学習指導要領案は「国民の教育機関」として出発してきた戦後の高校教育を根底から改編しようとする重大なものである。われわれは、今、改訂案を全面的に分析検討しつつあるが、これまでの概括的な検討によっても、改訂案が、今日の高校教育現場のかかえている矛盾を何ら解決しないばかりか、むしろ、これをより強め、子どもたち一人ひとりの可能性を最大限にのばす努力を放擲(ほうてき)し、高校教育を党派的な国家目的と、資本のための人づくり政策の道具にしようとするものであり、憲法、教育基本法と学校教育法にも悖(もと)るものと憂慮せざるを得ない。

文部省は、各都道府県教育委員会に改訂案についての意見の提出を求めている由であるが、県教育委員会としては、これに軽々に応ずることなく、京都府教育委員会がとっているように、現場教師の批判、研究を十分ふまえ、憲法・教育基本法に立脚した見解を提出されるよう期待し、かつ要請するものである。ここに改訂案全体にかかわる全般的な問題について、われわれの見解を明らかにするとともに、あわせて、これについての県教育委員会の見解を示されるよう要求する。

回答は7月15日までに文書で寄せられたい。

なお、各教科および教科以外の教育活動については、おって質問書を提出したい。

質問１　学習指導要領の性格について

戦後、日本国憲法、教育基本法が制定され、６・３・３制の新しい学校制度が発足した当初（昭和22年ならびに26年度改訂の学習指導要領）においては、学習指導要領は、あくまで「手びき」ないしは「参考資料」であって、実際の教育は、現場教師が生徒や地域の実態をふまえて、つねに創意工夫をこらしてすすめなければならないとされていた。それは、教育が上から画一的におこなわれ、侵略戦争に国民をかりたてる手段となったことへの痛苦な反省にもとづくものであり、学習指導要領のこうした性格づけは，今日においても正しいとわれわれは考える。

ところが，前回（昭和33〜35年）の改訂以来、学習指導要領の拘束性、基準性が強化され、さらに教科書検定の実態にも見られるように、これをてこにして教育内容にたいする国家統制が強められてきている。

こうした点について、県教育委員会の見解をあきらかにされたい。

【参考資料】

「これまでの教育では、その内容を中央で決めると…どうしても画一的になって、教育の実際の場での創意や工夫がなされる余地がなかった。このようなことは、教育の実際にいろいろな不合理をもたらし、教育の生気をそぐことになった。この書は…新しく児童の要求と社会の要求とに応じて生れた教科課程をどんなふうに生かしていくかを、教師自身が自分で研究していく手びきとして書かれたものである。」（昭22年度版学習指導要領・試案　一般篇）

「学習指導要領は、どこまでも教師に対してよい示唆を与えようとするものであって、決してこれによって教育を画一的なものにしようとするものではない。教師は学習指導要領を手びきとしながら、地域社会のいろいろな事情、その地域の児童や生徒の生活あるいは学校の設備の事情などにてらして、それらに応じてどうしたら最も適切な教育を進めていくことができるかについて、創意を生かし、くふうを重ねることが大切である。」（昭和26年改訂版学習指導要領・試案　一般篇）

6　『滋高教20年のあゆみ』を編む

私が専従書記長を務めた最後の年、1970（昭和45）年は、滋賀高教組が発足して満20年の節目の年だった。その年の５月の定期大会議案書の冒頭で、次のように述べた。

「滋高教の今日までの20年、これは文字通りの『校長組合』・『御用組合』として出発した組織が、たたかう労働組合に脱皮し、成長してきた歴史であったといえます。…いま、歴史的な1970代にさしかかって、滋高教がさらに新たな発展をかちとるためには、20年の歩みを総括し、前進面や弱点をも含めて、わたしたちのたたかいが到達した地点を確認し、1970年代へむかっての課題と展望をあきらかにすることが、きわめて大切となっています。」

こうして、大会では、『滋高教20年のあゆみ』を編集・発行することが決められた。

1970年7月、『滋高教20年史』編集委員会（委員長・北川泰三）を発足させ、資料の収集、整理、討論を重ねた。同年10月に「滋高教20年のあらまし」をまとめあげ、全組合員に配布した。その後各人各様の多忙さ、滋高教の諸闘争の激化もあり、大幅に日程が遅れた。ようやく出版の運びにこぎつけたのは1972年4月末だった。Ａ５判310頁に及ぶまとまった冊子ができあがった。

私自身にとっても、中心になって一冊の本を編むのは初めてで大変苦労した。しかし、この時の経験が、その後『滋賀の同和教育―滋同教40年の歩み』や『戦後滋賀の教育のあゆみ―民間の実践を中心に』をつくる際に役立った。

『滋高教20年のあゆみ』の最後に「まとめにかえて」と題して、『滋高教20年のあゆみをふりかえって―第25回定期大会議案書から』との文書を収録している。苦労して書き上げた懐かしい文章なので、項目を紹介しておく。

①生活と権利を守る要求を基本に、要求で団結し、要求でたたかう原則をつらぬいてきました。

②教育の反動化、軍国主義化に反対してたたかい、民主教育をすす

める基本、学校現場の民主主義の確立をめざして活動してきました。

③生徒たちの自主活動を充実させ、民主教育を創造するとりくみを強めることが必要です。

④国民的課題をつねに積極的に受けとめ、諸闘争の結合を重視してたたかってきました。

⑤職場を基礎にたたかい、職場にたたかう労働組合を確立してきました。

⑥組合活動の権利を拡充し、組合員みんなが行動する—大衆的にたたかう原則をつらぬいてきました。

⑦地域にたたかいを広げ、全労働者、民主勢力との共闘を強めることが要請されています。

⑧民主的・階級的労働組合にむかっていっそう前進することが課題になっています。

最後の第8項で、私は次のように述べた。

滋高教が「御用組合」・「第二組合」から、たたかう組合に脱皮し、成長してきたというとき、それはどういう意味と内容をもっているのでしょうか。すでにその内容については、いろいろな角度から分析してきました。

ここでは全体のまとめをかねて、その意味について考えてみることにしましょう。

「御用組合」・「校長組合」というのは、教委や校長会にコントロールされる組合、「ひもつき」の組合ということです。たたかう組合に脱皮してきたというのは、この権力の「ひも」をたちきってきたことにほかなりません。そして権力の「ひも」をたちきったときにはじめて、組合員の要求をもとにたたかい、組合員の民主的な討議をもとに組織を運営する組合民主主義を確立することができます。「たたかう組合に成長してきた」とは、ここでは民主的労働組合に成長してきたということです。

第二に、「御用組合」・「第二組合」というのは、労働者階級全体の利益を裏切って、資本や権力となれあう組合のことです。地公労共闘の足をひっぱり、ひとり「いい子」になって権力に「お情け」をかけてもらおうとした十数年前の滋高教の姿がまさにそれでした。この「第二組合」から脱皮するということは、権力となれあい無原則的に妥協することを排して、労働者階級の一員としてみずからと組織を位置づけ、全労働者の連帯と団結のもとで、みずからの要求の前進をはかる立場にたってきたことを意味しています。ここでは「たたかう労働組合」とは「階級的労働組合」といいかえることができるでしょう。

滋高教がたたかう組合に脱皮するに従って、反動勢力はアカ攻撃、反共分裂攻撃をかけてきましたが、わたしたちはこれを敢然とはねのけ、組合員の政党支持、政治活動の自由を保障しながら、組合の要求を支持してたたかう革新政党と支持協力の関係を確立してきました。この政党支持・政治活動の自由は、組合民主主義、労働組合の統一と団結強化の基本的な条件です。

高教組が民主的、階級的労働組合に成長しつつあることはたしかです。しかし、まだまだ不十分な点も残されています。問題は「民主的階級的労働組合」への成長が、組合員一人ひとりの自覚に十分支えられていない点にあります。職場を基礎にした学習・教宣活動を強化するとともに、組合員一人ひとりが自主的・自発的に、要求し、たたかい、まとめる職場活動・組合活動のにない手になること、そのことを基礎に、組合のいっそうの階級的民主的強化をはかり、労働戦線の階級的統一と、民主勢力の統一をかちとること、1970年代の労働運動に要請されているのはまさにそのことであり、滋高教20年の歩みを受けつぎ、さらに発展させる道もまたそこにあります。

7　日高教中央執行委員に出る

高教組書記長を辞任して愛知高校に復帰して２年経った1973年度、今度は上部団体の日本高等学校教職員組合（日高教）の中央執行委員に出ることになった。当時の日高教の本部役員は５人で、各ブロックから出ていた。関西ブロック（富山・滋賀・和歌山）からは和歌山の川端磊三さんが長く出ていたが、1972年度末で辞任した。その後任を滋賀から出すことになった。私は、子どもがまだ小さく（上２人が小学生、末娘が幼児）、家庭的には困難があったが、頼まれれば断われない性分、単身赴任の形で上京した。

<註・日教組（日本教職員組合）は、活動が小学校・中学校の教員中心だった。不満を持った各道県の高教組が文部省の働きかけもあり、約半数が日教組を脱退、「全日本高等学校教職員組合」（全高教）を結成した（1950年）。さらに1956年、中立系の４組合を加えて、日本高等学校教職員組合（日高教）に発展した。その後、運動の進め方をめぐって左右の対立が強まり、1962年、「一橋派」（左派）と「麹町派」（右派）に分裂した。滋賀高教組は、北海道・秋田・群馬・長野・富山・和歌山・岡山・山口・佐賀・長崎の各高教組とともに「一橋派」に属した。

その後、2014年、日高教（一橋派）は解散し、全日本教職員組合（全教）に加盟した。それに伴い、滋賀高教組も「全教滋賀」に参加している。ただし、「滋賀高教組」は組織としては残っている。>

その年度の日高教本部は、委員長小森秀三さん（北海道）、書記長五味省七さん（長野）だった。副委員長金子毅さん（群馬）、書記次長藤野省二さん（岡山）と中央執行委員の私の３人が新任だった。私の担当は情宣部長。旬刊の『日高教情報』（タブロイド判４頁が通常号のページ建て）の編集が主な仕事だった。

４月１日付けの『日高教情報』の４面に新役員の抱負を掲載した。

私は次のように述べた。

中教審路線にもとづく教育破壊の攻撃に、教育課程の自主編成や高校三原則確立のたたかいの推進によってたちむかっていく実践が始まっています。いわゆる「守る」たたかいから、「攻める」たたかいへ—1960年代のたたかいをふまえ受けつぎながら、1960年代とは違う1970年代のたたかいの質がそこにあるように思います。「攻めて出る」ためには、職場を基礎に地域に根をはった活動が重要なことはいうまでもありません。それとあわせて、指導部の政策的指導性の強化がいっそう求められているように思われます。そうした時に、はじめて中央役員に出て、重大な責任を果しうる自信はとうていありません。みなさんのご鞭撻、ご支援を得て精一杯がんばる他ないと思っています。

この年、最大の全国民的なたたかいとなったのは、田中角栄内閣が強引に押し通そうとした小選挙区制に反対するたたかいだった。ことは、3月29日、田中首相が小選挙区制導入に向けて、公職選挙法改正案の国会提出準備を自民党選挙調査委員会に指示したことから始まった。自民党が4割の得票で8割の議席をかすめ取るこの案は“ゲリマンダー”ならぬ“角マンダー”として、マスコミも反対の論陣をはった。『日高教情報』では、早速5月1日付けで、4頁のうち3頁を割いて「小選挙区制特集」を組んだ。

5月15日には、社会党・共産党・公明党など18団体による実行委員会の主催で、小選挙区制粉砕全国統一行動が実施され、17日には社会党・共産党・公明党3党など233団体が小選挙区制粉砕中央連絡会議を結成、18日には8万人が結集して、小選挙区制粉砕・田中内閣打倒緊急中央集会が開催されるなど、反対運動は急速に発展した。私も諸行動・諸集会に必ず参加した。こうした反対運動の高まりのなかで、とうとう5月22日、田中首相は小選挙区制導入の断念を表明したのだった。

国民的なたたかいで小選挙区制を粉砕できたことは、権力側がたとえ国会で多数を握っていても、彼らがどんなことでもできるという訳ではないこと、民主主義を守るという大義が我々の側にある以上、国民的なたたかいはいつか必ず勝利するのだという確信を私に与えてくれた。

僅か5人の本部役員では、一つの分野を担当していたらそれで済むというわけにいかない。とりわけ、中央組織としては、さまざまな関連する諸団体にも、求められれば役員を派遣しなければならない。執行部で一番若く、また単身赴任で身軽だった私は、結構たくさんの役職を兼任した。安保破棄諸要求貫徹中央実行委員会、部落解放同盟正常化全国連絡会議、労働者教育協会など。そうしたなかで、私個人の関心もあって力を入れたのが家永三郎さんの「教科書検定訴訟を支援する全国連絡会」だった。全国連絡会の事務局長で、後に中央の民主教育研究所の事務局長に就任した小林和さんとは、すっかり懇意になった。教科書裁判の第一次訴訟が1973年秋に結審し、翌春に判決が出ることになっていた。『日高教情報』は10月21日付で特集を組み、新井章弁護士にやや長時間のインタビューを行った。裁判の現状や見通し、勝利をめざしての運動の課題だけではなく、裁判の過程で明らかにされた「教育の自由」や「国民の教育権」について、現場の教育活動のなかでどう生かしていくかについても、率直に語ってもらった。それらは、今日のとりくみにも生かしていけるものだと思っている。

1974年1月1日付では、主な単組の代表に集まってもらい、“73年をふりかえって一教訓と反省を74年度へ”と銘打った座談会を特集した。司会の私は次のように問題提起を行った。

さきほど滋賀から4・27のあとの生徒のアンケートの紹介がありました。日高教全体としても、生徒の理解をはかるとりくみがかつてなく前進したわけです。…「憲法にもとづいて断固行動するのだ」と生徒に訴えた言葉は、それまでの自分の教育実践が憲法に照らしてどうであったかを問われることにならなかったのか。半日ストにふみきった教師が生徒に訴えたことが、その後の教育実践にどうはねかえってきているのか。その辺りはどうでしょうか。

また、この号では、「職場からの年賀状」と題して、各単組の分会・支部からの年賀状を集めて特集を組んだことも、新しい企画であったかと思う。

単身赴任の形で中央役員を続けることには無理があり、結局1年間で辞任することになった。事情を汲んで館博通さんが交替して日高教に出てくれることになり、ほっとした。館さんは、副委員長からやがて日高教の委員長として教職員組合運動の前進のため、長く活躍されたので、結果的にはかえって良かったのではないかと思っている。僅か1年間ではあったが、中央役員としての経験は、その後の私自身の仕事の上でもいろいろな面でプラスになったように思っている。

8　大津労働学校と「資本論講座」
― 県労働者学習協議会の事務局長になって―

教職員組合の専従役員を退いてしばらく経った後、1979年（昭和54）年から4年間、滋賀県労働者学習協議会（県学習協）の事務局長をつとめた。滋賀県同和教育研究会（滋同教）の専従事務局員として大津市の光荘に出向した時からである。多少とも時間的な余裕があるかと思って引き受けた。昼間は滋同教、夜と休日は学習協の仕事という忙しい毎日だったが、高教組の専従役員時代の経験も生かしながら、それなりにがんばった。

当時の学習協は会長・滋賀大学経済学部教授の有田正三、副会長は喜里山博之（四天王寺大学）、岩井司郎（滋賀銀行従組）、林孝（県教組）の各氏だった。事務局は、次長が坂下久喜（大津営林署）、事務局員は木村八郎（県国保連合会）、井上静雄・小野博司（水資源開発公団）・後藤実（ＮＥＣ）などの諸君だった。教員以外の他の職場の若い労働者の皆さんと一緒に仕事ができたことは、新鮮で楽しかった印象がある。

学習協の活動は、毎月発行される『学習の友』の配布・集金、勤労者通信大学の生徒募集とスクーリングや学習会、労働学校の開催など、結構多岐にわたった。

早速、しばらく中断していた大津労働学校を再開した。前後13回のカリキュラムを組み、講師を依頼するのは事務局長の私の仕事で、そう手間はかからなかった。講師は、滋賀大学経済学部の美崎浩さんや滋賀大学教育学部の高橋昌明さんなどに引き受けていただいた。大変だったのは受講生の募集だった。チラシをつくっていろんな機会に宣伝するとともに、手分けして職場オルグをした。また、延べ９回の実行委員会をもってとりくみをすすめ、60数名の参加で開校式にこぎつけた。４班に班編成し、ニュース係・レク係・うたごえ係・キャンプ係・卒業文集係なども決めて、自治会活動の充実を重視した。こうしたとりくみのなかから労働組合運動の若い担い手が育っていった。

会長の有田さんが1980年３月で大学を定年退職された。そこで、有田さんを専任講師に、毎月１回の「資本論講座」を１年間にわたって開催した。滋賀県内では初めての「資本論講座」だった。

1981年1月から12月まで、毎月第３日曜日、光荘を会場に、午前１コマ、午後２コマの講義と質疑というびっしりつまった日程だった。受講料は１万円、当時としては結構な金額だった。この時も募集活動に力を入れ、最終的に52人の受講生を組織することができた。私は、毎回の講義内容の概要や受講生の感想・疑問なども折り込んだ『講座通信』を作成、受講生に送付した。受講生のなかにはすでに亡くなられた方もおられるが、岡本藤一（高教組・当時、以下同じ）、本田清春（坂本小学校）、坂井清泰（八日市養護学校）、藤崎ヨシヲ（風の子保育園）、田村隆二（豊郷小学校）、川嶋重信（大津市役所）、中井康子（皇子が丘保育園）、林孝（県教組）、松本利寛（八日市県事務所）の各氏などだった。その後、いろいろな場でもかかわりを持たせてもらった。

1979年10月

「資本論講座」は一期で終ったが、大津労働学校はその後も毎年度開催した。しかし、1983年度から谷口良太郎さんの後を受けて滋同教の事務局長に就任することになった。滋同教と学習協と、まったく性格の違う２つの組織の事務局長を一人の人間が担当することには物理的にも精神的にも困難があり、残念ながら1982年度末で学習協から手を引くことになった。４年間という短い期間ではあったが、それなりにやりがいのある仕事が果せたように思っている。

（3）滋賀県民主教育研究所（滋賀民研）のとりくみを中心に

1　教育相談活動と登校拒否問題

滋賀県民主教育研究所（滋賀民研）の設立の経過と教育調査を中心とした研究活動、「子どもの権利条約」批准促進の取り組みについては、第1部で述べた。

研究活動とならんで、滋賀民研の中心的な活動と位置づけてきたのが教育相談活動である。滋賀民研の発足に先だって、できる仕事からはじめようということで手をつけたのが『教育110番』と名づけての電話による教育相談活動だった。

1980年代の半ば以降、学校に行けない子どもたちがどんどん増えてきた。「新幹線教育」と言われた競争と選別の教育が推進されてきたことが大きな要因だった。しかし、文部省も各地の教育委員会もまだ何の対策も行っていなかった。

2006年3月

開設に先だって、教育記者クラブで記者発表を行ったこともあり、その日の夕方、NHKとBBC（びわ湖放送）が放映、「中日新聞」「朝日新聞」「毎日新聞」「産経新聞」「赤旗」各紙も報道してくれた。その結果、9月12日の開始とともに、待ちかねたように県内外から電話のベルが鳴った。

相談内容では、登校拒否・不登校問

題が一番多い状況を受けとめて、相談員との一対一の対応だけではなく、同じ悩みや問題を抱えた父母と教師がともに集まって学び交流しようと、1989年6月に「不登校・登校拒否を考える会」を開いた。「考える会」は、以後学期毎に開催した。1996（平成8）年に「登校拒否・不登校問題滋賀県連絡会」（初代代表は坂田ナルミさん、現代表は宮本陽子さん）が発足してからは、民研と連絡会の共催で開催。現在は県連絡会が企画・運営にあたっている。「考える会」は、コロナ・ウイルスの蔓延（まんえん）のもとで中断を余儀なくされたが、2022年9には88回目を開催した。父母を中心に100人前後がつどい、全体会で講演や体験報告を聞いたあと、小学生・中学生・高校生・青年期に分かれて交流会をもっている。

相談活動のとりくみの経験のなかから、父母や教師のとりくみの手引きとして、1990（平成2）年8月に、『子どもの心の痛みを受けとめて―登校拒否にどうとりくむか（滋賀民研の教育相談活動から）』と題するパンフレットを発行した。B５判52頁の小冊子だが、思いきって１万部を印刷した。全教滋賀教組と滋賀高教組が全教職員に配布、活用をはかってくれた。文字どおり北は北海道から南は鹿児島までの全国各地から注文が相次ぎ、大変好評だった。また、県連絡会では、『みどりのひろば』と名付けた「通信」を定期的に発行してきた。さらに、2006年3月と2016年11月の２回にわたって、『「不登校を考える会」50回と県連絡会10年の歩み』『20年の歩み』の記念誌を発行した。私は、それぞれにとりくみをまとめたレポートを寄せた。

1989年1月、日教組が「連合」への参加を決定し、教育労働戦線の分裂が決定的となった。同年11月、全日本教職員組合協議会（全教）が発足した（1991年3月、「全日本教職員組合」に発展）。1990年3月、京都市で1989年度教育研究全国集会が開かれた。特設分科会「登校拒否・不登校、高校中退の克服」に、玉置秀貞さんとの連名で「滋賀民研の教育相談活動」と題したレポートを携えて参加した。その場で中居純子さんなど大阪の父母との出会いがあり、近畿ブロックで交流しようと約束した。やがて、大阪の教育文化センターで何回か交流会を持ち、1995年1月、阪神・淡路大震災の直後の全国教研の際に「登校拒否・不登校問題全国連絡会」が発足した。全国連絡会の主催で1996年8月「学びあおう！　語りあおう！　子どもたちを真ん中に」をスローガンに「登校拒否・不登校問題全国のつどい」が大阪で開かれた。一泊して、全体会・記念講演と分科会・交流会を持った。その後、毎夏、会場持ち回りで開催されてきた。第１回の「全国のつどい」以来、私は「学校とのかかわり、学校づくり」の分科会の世話人を務めてきた。「登校拒否・不登校問題滋賀県連絡会」の結成も、全国連絡会に刺激を受けてのことだった。

全国連絡会は2020年で結成25周年を迎えた。それへ向けて、2017年から、近畿ブロック会議や全国世話人会などで「記念誌の編集・刊行」を提起してきた。様々な論議があって、紆余曲折したが、2018年11月、10数人で編集委員会が発足、30数回の会合を重ねて、2020年11月、『登校拒否・不登校一親たちのあゆみ』と題して、菊判200頁を超える充実したものを京都の「かもがわ出版」から刊行してもらった。早速、重版を重ねるなど好評をもって迎えられた。

県連絡会が中心になってとりくんだ最も大きな行事は、2000（平成12）年の第５回と2014（平成20）年の第19回、大津市雄琴のびわこグランドホテルを会場に開催した「登校拒否・不登校問題全国のつどい」である。２回とも「言いだしっぺ」は私で、第５回は事務局長、第19回は副実行委員長としてかかわった。ここではとりわけ印象に残っている「第５回のつどい」について詳しく述べることにしたい。

早めに会場を予約し、前年の12月に実行委員会を立ち上げ、年が明けてから、毎月１回の実行委員会と事務局会議を開催した。大阪を中心に近畿の各府県から毎回出席してくれた。会合を重ねるに従って共通理解も深まり、不安だった滋賀の親たちもだんだん見通しがもてて、自信をもつようになった。

本番の「全国のつどい」には、県内500人、県外から650人、併せて約1150人が参加。宿泊430人、夜の大交流会の参加者460人という大規模な集会となった。参加者の多くが感動にあふれたメッセージを綴ってくれて、大成功だった。全国各地、とりわけ地元の滋賀県内から、わが子の不登校で悩み、苦しんでいる多くの親たちが参加し、交流と学習・討論のなかで「自分一人じゃない、多くの仲間がいる」と気づき、心癒(いや)され、子どもとゆったりと向き合おうという気持ちで帰ってくれたことが大きかった。

分科会・講座などの世話人に県内から約70人、事務局のメンバーと各分野の担当者約20人、併せて90人近くが準備や当日の運営に携わった。滋賀の父母は「つどい」に初めて参加する人が多く、慣れないなかで分科会の世話人、連絡責任者を引き受け、まごつきながらもよくがんばってくれた。そうした「つどい」の準備過程そのものが参加者みんなにとって学習と交流の場であり、お互いに自信をつけ、成長を確かめあうことができた。とりわけ、分科会の連絡責任者として、分科会の準備・運営を担当した親たちは、「やれば、自分たちでもできる」と、とりくみを通して大きな自信を身につけ、また、お互いのつながり・絆(きずな)も強まって、その後、県連絡会の世話人して、会の活動の推進力となってくれた。

また、大阪・京都・兵庫・奈良・和歌山から、さらに遠路、東京・新潟からも、毎月の実行委員会や事務局会議に多数の父母が出席し、過去の経験を踏まえて討論をリードしてくれた。実行委員会の事務局をおかせてもらった滋賀民研、さらに滋賀高教組や全教滋賀教組にも大変お世話になった。「つどい」の成功のうえで、こうした諸組織の全面的なバックアップも大きかった。

中島修委員長、実務をほとんどやってくれた事務局のSさん、分科会の企画・運営を担当してくれた鎌田ユリさんや、多くの人たちの協力のおかげで成功した「全国のつどい」だった。私も、毎回の実行委員会や事務局会議の企画・運営、格安の料金で会場と宿泊を引き受けてくれたびわこグランドホテルとの折衝、結構難航した県教委の後援取り付け、2回にわたって県内の全小学校・中学校・高校・障害児学校長あてに協力依頼文書を送るなど、全力で頑張った。多くの学びと出会いがあった滋賀での「全国のつどい」だった。

2　「日の丸・君が代」法制化反対のとりくみ

滋賀民研の基本的性格と活動のあり方をめぐっては、設立以来、いろいろな論議があった。所長の小嶋さんと事務局長の私との間でも意見の相違があった。小嶋さんは「教育研究所である以上、所員（専任の研究員）をおいて、研究活動にもっとウエイトをおくべきだ」という思いだったようである。私は「研究活動が中心であることは間違いないが、設立の経過からして、教育センター的な役割も担っており、民主教育を守る実践活動にも力を入れる必要がある」という思いが強くあった。

「民主教育を守る実践活動」については、民研独自の活動というよりは、そのほとんどが全教滋賀教組や滋賀高教組、その他の民主団体や父母・県民とともにとりくんだ活動である。多くの場合、滋賀民研は「問題提起者」としての役割を果してきたように思う。1990年からの「子どもの権利条約」の批准と実行を求めるとりくみ、1999年に急浮上した「日の丸・君が代」法制化反対のとりくみ、2001年以降の『新しい歴史教科書』採択反対のとりくみ、大津市の学校選択制導入反対のとりくみなどがあげられる。この間の最大のとりくみは、教育基本法改悪反対運動だった。これについては後で項を改めて述べることとして、ここでは「日の丸・君が代」法制化反対のとりくみを振り返ってみることにしたい。

1999年（平成11）年6月、小渕内閣は突然「日の丸・君が代」を法制化する「国旗・国歌法」を国会に提出した。法案が提出された11日、急きょ、滋賀民研と全教・高教組・母親連絡会・新婦人の会などの関係者が集まり、緊急に法制化反対のとりくみを起こすことを確認した。具体的には、県内の学者・文化人・各界の人たち連名の法制化反対の緊急アピールを出し、賛同者を募った上で記者発表し、世論に訴えることになった。私は急いで緊急アピールの案文を書き上げ、手分けして各界の代表12人と連絡をとり、「呼びかけ」の趣旨を説明、アピールの案文も見てもらった上で、呼びかけ人になることの承諾を得た。

6月14日、県下の各界約240人の人たちに「呼びかけ」文を発送、葉書を同封して、賛同の諾否について返事をもらうことにした。葉書には各自の思いを綴ってもらうスペースを広くとった。

6月21日までの一週間に、賛同する旨の葉書が続々と返送されてきた。みなさんがアピールを待望しておられたように思われた。また、この問題や最近の政治情勢などについての各自の思い、危機感が率直に綴られていた。感動を受けた私は、「君が代」法制化に反対する「ひとことメッセージ」と題して、パソコンにうちこみ、賛同者に返すことにした。カンパも次々振り込まれてきた。最終的には、賛同者196人、カンパは17万5000円にのぼった。

6月23日には、呼びかけ人会議を開催。呼びかけ人会議終了後、アピールと賛同者名、コメントのプリントを添えて、県政記者クラブで記者発表した。予想以上にカンパが寄せられたので、小渕首相と各政党党首あての要請葉書を作成（7種類、各300枚）。アピールの賛同者に、ひとことメッセージのプリントを添えて、法制化反対のとりくみと7月1日の集会参加について要請した。

7月1日、大津市民会館で、「国民的討論ぬきの日の丸・君が代法制化反対集会」を開催した。講師は親友の鈴木良さん（立命館大学産業社会学部）に無理をお願いした。70人あまりの参加で、講演のあと活発な討論もあり、有意義な集会となった。

その後、7月17日、「国民的討論ぬきの『日の丸・君が代』法制化反対各界連絡会」の結成総会を開いた。終了後、参加者を中心に西武百貨店前で街頭宣伝行動を実施。衆議院内閣委員会の全委員に、法案の委員会採決に反対の旨の要請文を送付。以後、衆議院から参議院の審議・採決に際しても委員への要請、駅頭での宣伝・署名活動などに継続的にとりくんだ。

残念ながら、「国旗・国歌法」は、国民世論の動向を無視し、自民党・自由党・公明党の「数の暴力」で強行成立された。しかし、法案の国会提出と同時に機敏に法制化反対のアピールを出し、県民世論を一定喚起することができた。ガイドライン法や盗聴法、憲法問題調査会設置など、矢継ぎ早の諸悪法強行のもとで、「何とかしなくては…」との危機感を抱いていた多くの県民諸階層の思いを汲み上げ、結集して、法制化反対の意思表示をすることができた。

緊急アピール

私たちは「日の丸・君が代」の法制化に強く反対します

この11日、政府は、「日の丸・君が代」を国旗・国歌として法制化する国旗・国歌法案を国会に提出しました。そして、会期末がせまってきている今国会で、十分審議も尽くさずに強引に成立をはかろうとしています。

「日の丸・君が代」と国旗・国歌問題をめぐっては、国民の間にいろいろな意見があります。かつて「日の丸」が軍国主義と侵略戦争の旗印であり、「君が代」が国民を「臣民」として支配した天皇の「統治」を讃える歌であった歴史的事実は誰も書きかえることはできません。

国民主権と恒久平和をうたった日本国憲法のもとでの国旗・国歌にはどういうものがふさわしいのか、「日の丸・君が代」がそうしたものでありうるのかどうか、また、どのような国旗・国歌であっても学校教育の場で強制されてよいのかどうか、日本の歴史始まって以来といってよい国民的な討論が、この春以来ようやく始まったばかりです。ことがらの重要性からも、民主主義の観点からも、たとえ時間がかかっても、国民の間で十分論議をかわし、国民的な合意をはかって解決していくことこそが必要だと思います。

そうした時に、会期末になって十分な審議時間もないなかで、「日の丸・君が代」を国旗・国歌として法制化する国旗・国歌法案を国会に上程し、会期内に成立させるなどというのは暴挙というほかありません。

それは始まったばかりの国民的な討論を封殺するとともに、これまで政府・自民党が、何の法的根拠もないなかで学校現場へ強制してきたことを合理化し、国民的な合意がないなかで法律を根拠に「日の丸・君が代」をいっそう国民に強制するものとなることは目に見えています。

わたしたちは、国旗・国歌問題について、国民の間での自由な討論が引き続き展開されるよう呼びかけるとともに、政府・与党が国旗・国歌法案を撤回するよう強く求めるものです。

1999年6月14日

3　衛生看護科の子どもたちと

八幡高校には長らく衛生看護科という学科が1クラスあった（准看護師資格が厳しくなり、高校3年間では無理だというので、2004年度で廃科になった）。女子ばかりで、3年間クラス替えなし、子どもたちの目的意識がはっきりしており、病院実習で社会の現実にふれる機会が持てることなどもあって、普通科とはひと味もふた味も違うクラスになっていった。教師生活最後の年に、衛生看護科の第１学年（１の10）で、わずか週２時間だったが、１年間日本史を教える機会があった。大変にぎやかなクラスで、生徒たちとすっかり仲良しになり、本当に楽しい日々を送ることができた。３月の学年末、最後の授業を終えたとき、私が定年退職すると知っていた生徒たちは、一人ひとりが心のこもった手紙に一輪ずつのカーネーションの花を添えて別れを惜しんでくれた。手紙は今も私の宝物の一つである。いささか面はゆい感じがするが、生徒たちの手紙を一・二紹介しておく。

○Dear　みのるくん、もうすぐお別れですね。先生と出会って一年。すごく早かったです。日本史の授業を通して先生とたくさん話ができて楽しかったよ。いつも明るくて元気なみのるくんを見て、私の心も明るくなる毎日でした。たった一年でお別れなのは、すごく残念です。先生の話をもっと聞きたかったです。先生をやめても、また八幡高校に来てな。「ひとみちゃん」を連れて（註：「ひとみ」＝ちょうどその年に生まれた私の一粒だねの孫、生徒たちにしょっちゅう、かわいい孫の話をしていたらしい）。…本当に看護婦さんになれるのか、今から心配やけど、がんばっていい看護婦さんになるから、みのるくんが病気になったら言ってきてな。心をこめて看病させてもらうからな!!。
　でもみのるくんには、いつまでも元気でいてほしいです。いつまでも元気で明るい私たちの先生でいて下さいね。一年間、本当にありがとうございました。P・S　大好きだよ。
○学校に入学して最初の日本史の授業のこと。けっこう歳をとった先生が教室に入ってきた。そして自己紹介を終え、授業を始めた。先生の印象は、なんて早口なの！ 高校の先生がみんな先生と同じだったらどうしようかと不安でした。ついでに、なんて読みにくい字なのだろうかとも思いました（ごめんなさい…）。それに入学してすぐにもらった学校のことについて書いてある本（註：生徒会作成の学校生活案内の冊子）に、「好きな先生ベスト３」に先生が入っていることが不思議でした。でも、今となれば先生の字にも慣れて、本当によい先生であることが分かったので、ベスト３に先生が入ったのが今ようやく納得できました。

先生は本当にやさしくて、親切で良い先生だと思います。今年で先生が先生として働くのが最後なのです。それが残念でなりません。先生、高校の先生として楽しかったですか？ 自分が思うように授業ができましたか？ きっとうまくできて、楽しかったでしょう。私は先生の楽しい授業が受けられて本当にうれしかったです。長いようで短かったこの一年間、楽しかったです。もう先生の楽しくて、ためになるお話を聞くことができないのが残念だけど、先生との一年間の思い出を大切にして、忘れないようにします。

これからは、お孫さんと仲良く、楽しい老後をおすごし下さい。そして、私たち１の10のことをずっと忘れないようにしてください。私たち１の10のみんなは、稔先生のことが大好きです。いつまでも元気でいて下さいね。…私はこんなことしか書けないけれど、先生のことが大好きです。本当です。ありがとうございました。

4　近江兄弟社高校で非常勤講師に

定年退職の後は、毎日滋賀民研の事務局の仕事をするつもりだった。しかし、民研は無報酬で、交通費もガソリン代も出ない。自分の小遣いくらいは自分で稼がなければまずいなぁと思っていた。そうしたら、中島修さん（民研副理事長、その後理事長／近江兄弟社高校長）が「近江兄弟社高校に非常勤講師で来ないか」と声をかけてくれた。こうして、1995（平成7）年度から５年間、近江兄弟社高校で週３日間、10時間前後、社会科の授業を担当した。

長く八幡高校に勤務していたし、長女が中学校・高校と近江兄弟社に通学していたので、近江兄弟社高校には知りあいの先生も多く、楽しく勤めることができた。担当した科目は、日本史A・Bを中心に、日本文化史、現代史、政治経済、世界史B、「アジアの中の日本」など多岐にわたった。公立高校と違って、カリキュラムが独創的で、社会科のなかに色々な科目が設けられ、生徒が自由に選択できるようになっていた。しかし、２単位の科目が多く、細切れの感がしないでもなかった。

教師としての歩みを綴りながら、授業実践についてほとんど言及してこなかった。「お前は社会科の教師として、何をやってきたのか」と叱られそうなので、「アジアの中の日本」という科目の実践について、少し振り返っておくこととしたい。近江兄弟社高校は研修旅行（修学旅行）でアジアの各国に出かけるので、その事前学習という意味あいもあって設けられたようである。選択科目だから、履修生は私が担当した1996年度はたった11人だった。教科書も参考書もない。何をどう教えるのか、一から自分で考えなければならなかった。

「アジアの中の日本」の授業実践

まず、研修旅行に出かける韓国・中国・台湾・マレーシア・シンガポールについて、それぞれ手分けして、つぎのことを調べ、発表しあうことにした。

①歴史、②文化、③政治、④経済、⑤人々の暮らし、⑥日本との関係（戦前）、⑦日本との関係（現在）、⑧その他（何でも興味をもったこと）

次に『アジアに生きる子どもたち』『もっと知ろう、アジア』をテキストに、分担して、事前に目を通し、調べてきて発表しあうようにした。

レポーターの仕事として、次の各項目について、Ｂ４判１枚程度にまとめて、事前に提出するよう指示した。

①分担箇所の内容の要約

②わかりにくい語句や内容についての補足説明

③みんなに考えてほしいこと（問題提起）

④感想

その後は、「アジアに日本が残した戦争の傷跡」の学習にとりくんだ。学習にとりくむ視点として、私は次の諸点をあげておいた。

①まず「事実を知る」こと、「事実を直視する」ことの大切さに気づかせたい。

②大戦中の日本軍の「蛮行」を、戦前の日本の社会や軍隊のあり方（絶対主義的な天皇制の支配下での国民の無権利状態、軍隊内でのいっそうの人間性否定など）とかかわってとらえることを大事にしたい（日本人一般の特性のようにとらえてしまわないように）。

③明治以降の日本の歴史のなかでの「脱亜入欧」思想、アジア蔑視の思想が根底にあった。それは、今は払拭されたといえるだろうか（戦後の今日まで続いている問題点）。

④戦後の日本が、かつての侵略戦争に対するどれだけ深い反省の上に、今日まで歩んできたのか。どれだけ、アジアの人たちに対する償いをしてきたのか（日本の「戦後処理」の問題点―例えば、ドイツと対比して）。

⑤若い世代がアジアの人たちとの新しいつながりをどう築いていくのか、それを考える場合、やはり「日本が残した戦争の傷跡」への反省を抜きにはできないということ。

「従軍慰安婦」を生みだした日本的土壌をどうとらえるか

そのような視点にたって、【「従軍慰安婦」を生みだした日本的土壌をどうとらえるか】というテーマで、私が作成した学習資料をあげておく。

戦争中とはいえ、なぜ、朝鮮や中国など各国の女性が、「従軍慰安婦」などという、いわば「性的奴隷」として酷使され、残酷に人間性を踏みにじられたのでしょうか。その根っこには、戦前の日本社会のあり方、その歪みが横たわっているように思います。

第一に、明治以来培われてきた朝鮮やアジアの人たちに対する蔑視や差別が問題の根底にあることです。とりわけ、「日韓併合」以後、朝鮮を完全に植民地として支配するなかで、日本人の間に、朝鮮人を自分たちの従属物とみるような考え方が生まれていきました。いくら「戦争遂行のため」という名目をつけても、日本の国内で、奴隷狩りのように女性を狩り集めて戦地に強制的に送り込むようなことはできなかったはずです。それが、なぜ朝鮮の人たちに対してはできたのかを考えなければなりません。

第二に、戦前の日本には「公娼制度」があったことです。政府が「売春」を公認し、それを「営業」として認めていました。明治以降の日本社会では、「男尊女卑」が民法や刑法によって制度化され、女性を男性の従属物と見る思想が根強くありました。貧しい農村の娘たちが「身売り」され、政府が公認した遊郭で「売春」が公然と行なわれていました。男性が金で女性の自由を奪ったり(「買春」)、「妾を囲うのは男の甲斐性」といわれる一方、結婚している女性が夫以外の男性と交われば、「姦通罪」として国家が処罰するという、およそ近代国家では考えられない戦前の日本社会のあり方と一つにつながった問題だといえるでしょう。

三つ目に考えたいのは、「皇軍」といわれた「天皇陛下に忠誠を尽くす」軍隊の「聖戦遂行の戦士」の「戦力保持」のために、軍部の手によって、このように非人間的な、「皇軍兵士のための慰安所」が戦地に設けられていたという問題です。戦前の軍隊では「上官の命令」は「天皇の命令」であり、「上意下達」、絶対服従が強制されていました。上官の指示や命令には批判することはもちろん、疑問をもつことさえ許されなかったのです。「従軍慰安婦」を「狩り集めた」人たち、輸送や管理にあたった人たち、そして女性を自分の欲望の処理の道具に使った多くの兵士たち、その誰もが「従軍慰安婦」の立場や気持ち、一個の人間としての存在であることに思いをいたさなかった、そのことに大変大きな問題が含まれていると思うのです。そこには、「上意下達」、絶対服従体制のもとで、自らの人権を奪われ、人間性を否定されながら、それに気付かず、あるいはそれに忍従している人間が、いかに他人の人権に無理解であり、いかに平然と他人の人間性を踏みにじることができるか、ということが示されていると思うからです。

次は、生徒諸君の授業の感想の一部である。

「アジアの中の日本」を学んで

○ベトちゃん・ドクちゃんと、アメリカ、日本を学んで

ベトちゃん・ドクちゃんのことが初めてニュースで流れたのは、私が小学校低学年の頃でした。二人分の体に足が二本の赤ちゃんと知りました。その頃の私にとって、仕方ないのか、そうでないのか、なぜこの赤ちゃん二人がこんな体になってしまったのかまったく考えもしませんでした。

この「アジアの中の日本」で学んだ「ベトちゃんとドクちゃん」は、あの頃から10年ぐらい経った今の私にとって大きな感動を与えました。ビデオを見て、初めて目(ま)のあたりにしたアメリカの枯れ葉剤によって形を変えて生まれて来たベトナム人の大勢の子どもたち。もう大人の年齢なのに成長が止まってしまい、赤ちゃんのような人、頭が二倍の大きさに変形してしまった人、下半身が異常に小さい人…。心が痛むというより、私はその時、この人たちのことをもっとよく知りたいと思いました。気味が悪いなんてまったく思いませんでした。その時わかったことは、私が幼い頃知ったベトちゃん、ドクちゃんの存在は、この人たちの一部として日本に伝わって来たことでした。

何時間かのベトちゃん・ドクちゃんと日本での二人を支える会についての授業で、私は二人のためにこんなにも精力をつくしている日本人の団体があったことを知り、なぜか少し救われた気持ちになりました。

しかし、なぜあの枯れ葉剤をまいたアメリカ自身がこの大勢の人たちのために動こうとしないのか、今の重油事件で日本を援助してくれているアメリカという大国は、この時何を思っていたのかと思います。

私はこの勉強で、同時にベトちゃん、ドクちゃん、世にこんなにも重い運命を背負って来た二人の優しい人間性に心をうたれました。こういうさだめの人間というものは、生まれながら優しく出来ているものか、私は二人が天使のようにさえ思えました。過ぎ去った出来事は振り返ってこそ本当の悲しさ、人間のおろかさ、そして優しさがわかるものだとあらためて感じた時間でした。

○戦争とは過去のことだと、闇にほうむりさるのではなく、戦時中の日本が起こした過ちを認めつつ、二度とこのようなことを繰り返すことのないように、アジアの中の一つとして、他のアジア諸国と互いに持ちつ持たれつの関係をつくっていかなければいけない。私はそれが平和への道であると思う。

日本に多数の外国人が働きにきている。その中で一番多いのがアジアの人々である。彼らは、日本でたびたび不当な扱いを受けている。給料が安い、すぐ首にさせられることなどである。その逆で、日本人が外国に行くとそうでもない。最近は、沢山の企業が中国をはじめとするアジア諸国に進出し、現地の人々を安く雇って、できた商品を逆輸入してコストを低くしている。これは、日本人の外国人（特にアジア人）に対する差別である。こんなことをしているうちは、アジア諸国との溝は消えないだろう。

5　大学で教職課程の講義を担当

立命館大学びわこ・くさつキャンパス（BKC）の教職センターに勤めるようになった経緯については、第１部で述べた。

ＢＫＣの教職センターには、北村晋さんと松下里美さんがおられ、温かく迎えてくれた。北村さんの後任には橋本豊さん、そのまた後任に小野英喜さんが見えた。小野さんは八幡高校の学校教研の講師に来てもらったこともあり、懐かしい思いがした。また、到達度評価研究会や京都教育センターの活動にもかかわっておられ、滋賀民研の活動にも協力してもらった。衣笠キャンパスのセンターには、中村誠輝さんの他に谷川邦宏さん、氷上巖さんがおられ、そのあと和田昌昭さん、長野光孝さんなどが見えて、いずれも親しくしていただいた。教職センター長が不登校問題で親しかった高垣忠一郎さんだったことも、心強かった。

教職センターの仕事は、主に教員採用試験に向けての相談活動、対策講座の講師、採用試験で必ず実施される「論作文」（小論文に作文を加味したもの）の添削、模擬面接の実施などである。教育関係の情報を蒐集しておくことも必須である。その点では、滋賀民研の事務局の仕事が大いに役立った。私自身、平生から文章はしょっちゅう書いていたので、論作文の添削は「お手の物」だった。定期的に発行していた『教職センター通信』に「論作文をどう書くか」を連載し、その後パンフレットにまとめて、学生諸君に活用してもらった。

「ぜひ来てほしい」との中村さんからの要請の背景には、ちょうど2000年度から教職課程の入口の必修科目として「教職入門」が設けられ、教職センターの指導主事が担当することになったという事情があった。中村さんとしては、同一科目でしかも新しくできた未知数のもの、できたら気心のわかった者同士で担当したいという思いもあったようだった。

教職センター内での相談業務だけではなく、直接学生に接して講義ができるのは、大変有難いことだった。「教職入門」という教師になろうとする意識づけの科目というだけで、何をどう教えるかは、一から担当者が組み立てていかなければならない。やりがいのある仕事でもあった。中村さんとも連絡をとりあいながら、構想を練った。10数年にわたった民研の事務局での経験が大いに役立った。

教職センターには2000（平成12）年度から2004（平成16）年度まで5年間勤務し、2005（平成17）年度も非常勤講師を勤めた。同和問題研究所の理事会で一緒だった滋賀大学の梅田修さんの推薦で、2006（平成18）年度から滋賀県立大学で、2007（平成19）年度は滋賀女子短期大学（現・滋賀短期大学）で非常勤講師をすることになった。その後、滋賀県立大学では吉田一郎さんの後を承けて、「差別と人権」という自由選択科目を「オムニバス方式」で3人で担当し、2020（平成21）年度（86歳）まで勤めた。この間、担当した科目は、「教職入門」をはじめとして、「教師・教育論」「現代の子どもと教師」「人権教育論」「総合演習」「差別を考える」「差別と人権」など多岐にわたった。

詳細な資料を用意、「まとめ」を書かせ、『講座通信』を発行

講義を始めるにあたって考えたことがいくつかあった。

一つは、できるだけ詳しい講義のレジュメ・資料を用意する。その時のテーマに即して自分で資料を編集し、新しく書きおろしたり、過去の論考を使ったりした。専門書や雑誌論文、実践記録なども借用して、B４判、裏表３枚程度の資料を作成した。学生の保存の便宜も考え、すべてパソコンで打ち直して体裁をそろえることにした。教職に就いてからも活用してほしいとの思いもあった。労力はかかっても、一度作っておけば、次からはそう手間がかからない。学生諸君には、ファイルして保存するように言っておいた。

二つ目は、講義の最後の20分程度の時間を割いて、その回の感想と教職に就いた場合、学んだことをどう生かしていくかなどを中心に、「まとめ」を書いてもらうことにした。フィードバックの意味あいもあり、また「書く力」を養ってほしいという思いもあった。

三つ目は、学生諸君の「まとめ」のなかから、一週間の間に、これと思うものを拾って、B４判裏表の「講座通信」を作成、次週に配布するようにした。200人近い学生の「まとめ」に眼を通して、これと思うものを選んで、パソコンで打ち込んだ。同じ時期に２種類の科目を担当したときには本当に大変な作業だったが、「初めは嫌だったけれど、だんだん文章を書く力が身についてきた」「友だちの考えがわかって、参考になった」などという学生諸君の感想に励まされて、続けることができた。

また、教壇の上からではなく、同じフロアから学生諸君に話しかけるようにした。折に触れ、教師時代のエピソード（その多くは失敗談）などを紹介したことで、親しみをもってもらえた。議論の分かれる問題については、反対論も紹介したうえで、「山田はこう思う」ということも率直に語った。

立命館大学での最後の講義となった2005年度の「教職入門」の学生諸君の感想文を２・３あげておく。講義の様子も分かってもらえるだろう。

○「生徒とともに歩む教師でありたい」を読んで、すごく印象に残ったのは「教えるとは、ともに希望を語ること」（ルイ・アラゴン）という言葉です。なんて素敵な言葉なのだろうと思いました。現代の先生たちみんなに思い出してほしい、そして胸に刻んでほしい言葉だと思いました。

私は、この授業を今終えて、とても猛烈に小学校の先生になりたいと思っています。採用枠が広いからそう言うのでは決してありません

（笑）。中学校でも高校でももちろんいいのですが、小学校って一番人間として、性格も人間関係もすべて左右される６年間だと思うんです。その時を一緒に過ごし一緒に考え、何かを伝えたいと思いました。

この授業を受ける前までは、教員免許取れたらいいなー、小学校の先生になりたいなー、くらいだったんです。でも、いろんな現代の教育問題や、教師としてどうあるべきかを学びつつ、最後にこのレポートを書くことによって、私のなかで教師という職業への意識が変わりました。大人のために犠牲になっている子どもたちを助けてあげたいと思いました。とても抽象的だけど、私はいつも、そのために何ができるか、何をしてあげられるか考えていきたい。教師になって生かしていくことで、今強く思うことは、子どもたちから逃げないこと。問題から目をそらさないこと。いつも子どもたちの味方でいること。すべてのことにおいて、先生が逃げてしまったら、子どもたちはどうすればいいのだろう？　私は逃げない。子どもたちにたくさんの愛情を注ぎたい。子どもたちに罪はないから。

先生、本当にありがとうございました。この授業は、私にとても影響を与え、考えさせる時間でした。プリント、大事にしますね。

○私は、山田稔さんのような教師に出会ったことがありません。いたかもしれませんが、覚えていません。教師とは、自分たちとは違う、どこか敵対する存在のように感じていました。今の教育現場はどこもゆとりがありません。私の兄も中学校の教師をしていますが、サッカー部の顧問をしており、よく日曜日の前日の夜遅くに、部活で使うからと車を取りに家に来て、ご飯を食べている途中で寝てしまっている様子を目にしては、教師の仕事のハードさを感じていました。山田さんのような生徒との関わりをするには、教師自身に心のゆとりがなければ出来ません。しかし、今は教師にかかる負担が重すぎます。いくら採用の時点で教師の人柄を見極めても、その人柄を活かせる場が用意されていなければ意味がありません。

今一度、学校とは何か、教師とは何か、教えるとは何かという根本的なことを、国は見直さなければならないと思います。

この講義を通して、一番感じたことは、教師が子どもと人間的に接する大切さです。学校とは勉強する場ですが、それだけなら塾などでも、いくらでもできます。教師という仕事は、生徒の人生を変えてしまう程、影響力のある、意味のある仕事だと思います。

正直、今、教師の道を目指そうかどうか迷っているのですが、この講義を通して、教師という仕事の魅力をとても感じました。

○中学校では身近に感じていた「先生」という存在が、高校の場合になると遠いもののようになってしまって、尊敬の対象に値しませんでした。その頃から、私の中で、「先生」と「講師」という二つの異質な「教員」という概念が生まれました。講師というものは、ただ教科を教えるだけの存在。生徒たちのことに余り関心がない。事務的なものという見方でしか思えないようになったのです。反対に、「先生」というものは、まさに私の理想とも言える教師であり、これこそが教育者の目指すべき姿であると思うのです。私のこの観点から見て、大学教師は「講師」という存在が多くを占めているなか、山田先生は「先生」だったと思いました。身近な存在であり、心優しい先生の授業を受けられて、中学の頃の授業を思い出すことができ、とても嬉しかったです。あと、私が教師を目指す上で、この「先生」と「講師」の捉え方は間違っているのでしょうか？

もっと話す機会というものが欲しかったです。

最後に、この授業で学んだことは、間違いなく自分の財産になったと思います。これ程までに教育の現場の実態について深く考えたことがなかったこともあり、様々な情報を通して学べたこの授業はとてもためになるものでした。今まで「教師になれたらいいな」と思っていた気持ちが、この授業を受け終えた今、「絶対教師になりたい！」という決意に変わりました。半年間、どうもありがとうございました！

6　教育基本法改悪反対のとりくみ

2003（平成15）年3月、中央教育審議会（中教審）が教育基本法「改正」の答申を出し、「教育基本法」改悪の動きが急速に具体化してきた。滋賀民研は全教滋賀教組・滋賀高教組と協議し、幅広い県民的な組織をつくって、「教育基本法」改悪に反対するとりくみをすすめることになった。こうして、同年10月24日、各界の有志24人の呼びかけで、「教育基本法を守り、生かす県民の会」が発足した。発足集会の記念講演は民研所長（当時）の吉田一郎さん。呼びかけに賛同した7団体と約90人の個人で会を構成した。会の事務局は全教・高教組・民研・母親大会連絡会などで構成することになり、「言い出しっぺ」としての責任で、私が事務局長の仕事をすることになった。

「県民の会」では、中教審答申や与党の「改正案」・政府の「改正法案」などについて、その都度分析・批判活動を行うとともに、職場・地域で学習会をもつよう提起した。また、与党や政府の動き、国会審議の状況や問題点を伝え、行動提起や会員の教育基本法に寄せる思いなどを収録して、「会」のニュースを第1号（2003年11月5日付）から第17号（2007年4月15日付）にわたって発行した。

この間、会のニュースや滋賀民研の通信『手をつなぐ』などに掲載した、私が手がけたその時々の論考は次のとおり。

○教育基本法が「改正」されるって？　いったいなぜなの？　どこが問題なの？

○国家が子どもたちをとりこもうとする教育基本法改悪にみんなで反対の声を！

○国会審議通じ、改悪法案の論拠はすでに破綻。全国に広がる反対運動。ぜひ廃案に追いこもう！

○通常国会での審議通して、法案の不当性、いっそう明らかに。

○自民・公明両党、衆議院で単独採決強行。改悪法案を廃案に追いこむため全力をあげよう！
○憲法違反の悪法、民主主義を蹂躙して「成立」、教育基本法の改悪に断固抗議する。

「県民の会」として、全教滋賀教組・滋賀高教組や諸団体と連携して、ＪＲ駅頭などで実施したリレートーク・宣伝署名活動は、2007年春までの４年間に、延べ百数十回にわたった。私個人としても、街頭でこれだけ集中的にマイクで訴えたのはひさしぶりだった。当初は市民の反応は今ひとつ冷（さ）めた感じだったが、2006年秋以降、国会審議が進み、「改正」のねらいや問題点が明らかになるにつれて、ビラを受け取ってくれる人、署名に応じてくれる人も増えていった。

自民・公明両党間で検討をすすめてきた教育基本法改悪案をもとに、2006（平成18）年4月、政府案が作成され、同月28日、通常国会に提出されたが、継続審議となった。9月には小泉内閣の後を受けて、安倍内閣が発足した。安倍首相は「戦後レジュームからの脱却」「憲法改正」を公然と掲げ、内閣はいわゆる「靖国派」で固められた。秋の臨時国会で「教育基本法」改悪が強行される危険性が高まってきた。

こうしたなかで、「県民の会」では、幅広い諸団体や県民に呼びかけ、2006年10月7日、大津市湖岸の「なぎさ公園」で「教育基本法を変えるな！　10・７県民1000人集会」を開催した。記念講演は「全国のつどい」の分科会で一緒だった名古屋大学の植田健男さんにお願いし、大変好評だった。折悪（あ）しく風雨の強い悪天候にもかかわらず、約800人の人たちが集い、大きな成功をおさめた。

また、全教・高教組が中心になって、地教委・校長などへの申し入れ、対話活動を実施した。教育基本法「改正」反対を明確に表明するところまではいかなかったが、積極的に「改正」に賛同する地教委関係者や校長はほとんどみられなかった。「改正」の問題点についての理解が広まってきていたといえるだろう。

臨時国会の審議の重要段階では、伊吹文科相や衆参両院の教育基本法特別委員会・文教科学委員会の各委員に対して、葉書やＦＡＸでの要請行動を実施した。国会議員に対して、かつてない多数の葉書やＦＡＸが連日送付された。私自身も、参議院での法案審議の真っ最中、やむにやまれぬ思いで特別委員会の委員宛に次のように手紙を送った。

教育基本法改定法案はぜひ廃案にしてください

参議院特別委の委員の皆さんにお願いします。

教育基本法特別委員会での連日の審議、ご苦労様です。

突然で失礼ですが、教育基本法について、教師としての長年の経験をもとに、つのる思いを記してみました。ぜひお読みいただき、審議の参考にしていただければ幸いです。

私は、日本国憲法と教育基本法が制定・施行された1947年の春、新しく発足したばかりの新制中学校に入学、『新しい憲法のはなし』や『民主主義』（文部省著作教科書）をもとに学びました。戦前・戦中の日本の教育の誤りや平和と民主主義・基本的人権の理念が、乾いた土が水を吸い込むように、私の頭のなかに入っていきました。

大学で日本史を学び、高校の社会科の教師となりました。新任で赴任した学校の校長は、「皆さんは自分の思う存分、自由に仕事をしてほしい。責任はすべて私がとります」と言いました。そのような職場の雰囲気のなかで、私は生徒たちに日本国憲法と教育基本法の理念を熱く語る一方、生徒たちと一緒に、放課後の校庭でフォーク・ダンスを踊ったり、日曜日になると、あちこちにサイクリングに出かけたりしていました。やんちゃをする子がいたり、勉強が苦手な子どももいましたが、みんな嬉々として学校に通ってきていました。今のように、いじめを苦に自殺しなければならないような子どももいなければ、不登校・登校拒否もありませんでした。教育基本法の理念が全国の学校にひろくいきわたっていた時代だったと、今になって思っています。

教師生活の後半、1980年代に入ってからでしょうか。職場がだんだん窮屈になってきました。学習指導要領が変えられ、憲法や教育基本法の理念から遠ざかっていくように思われました。「戦後民主教育の中核を担った」高校の社会科も「解体」されました。官制研修が強化され、上からの管理・統制が強まっていきました。会議や雑務に追われ、放課後の校庭で、子どもたちと一緒に遊ぶ教師の姿などは滅多に見られなくなりました。そのころからではなかったでしょうか、いじめが広がり、学校に行こうとして行けない登校拒否・不登校の子どもたちがどんどん増えていったのは。

私が学校現場を去って久しくなりますが、今日、大変残念なことに、日本の学校は、さまざまな矛盾や問題事象をかかえています。皆さんも日々心を痛めておられることと思います。そこで、皆さんにお伺いしたいのです。そうした矛盾や問題事象は、現行の教育基本法の所為（せい）だとお考えなのでしょうか。教育基本法を改めさえすれば、そうした矛盾や問題事象が解決するとお考えなのでしょうか。

中・高・大学で日本国憲法と教育基本法を学び、それを生かして40年余り、高校で生徒たちと一緒に社会科を学んできた教師としてのささやかな経験をもとに、私は、今、痛切に思っています。教育基本法が制定されてやがて60年、この間、政府や文部省（文科省）、各地方の教育委員会は、本当に誠実に教育基本法を守ってきたのでしょうか。もし教育基本法が誠実に守られていたなら、今日見られるような学校現場のさまざまな矛盾や問題事象はここまで深刻になってこなかったのではないでしょうか。そして、今審議されている教育基本法「改正」案が、もし強引に押し通されるようなことがあれば、学校現場の矛盾や問題事象は、さらに深刻になるのではないでしょうか。

「教育は国家百年の計」と言われます。見識ある議員の皆さんが、どうすれば子どもたちが豊かに伸び伸びと育っていくことができるのかを真剣に考え、教育基本法「改正」問題に対処していただくよう、衷心よりお願い申し上げます。どうか、かりにも党利党略をもとに、衆議院と同じように拙速に与党単独で強行されるようなことだけは、絶対に避けていただきたいと思います。

日本の未来と子どもたちの幸せな明日のために。

参議院教育基本法特別委員会委員　　　○○○○様

伊吹文相の憲法違反の答弁に憤慨

安倍内閣と自民・公明両党は、12月15日、参議院本会議で教育基本法「改定」法案の採決を強行した。その前日、14日、私は参議院教基法特別委員会を傍聴する機会を得た。その際、私が大変驚きかつ憤慨したのは、当時の伊吹文部科学大臣が「改定」法案作成に際し、自民党の「新憲法草案」との整合性についてチェックしたこと、それは立法作業にあたるものとして当然の行為だと強弁したことである。

「改正」法第２条「教育の目標」第３項「…公共の精神に基づき、主体的に社会の形成に参画し、その発展に寄与する態度を養うこと」という項目は、自民党「新憲法草案」前文の同趣旨の文章を承(う)けたものだとさえ説明した。自民党は、自分たちが理念も内容も日本国憲法と異にするからこそ「新憲法草案」を作成したはずである。改定法案が日本国憲法に基づきながら、同時に自民党「新憲法草案」にも合致するなどということはあり得ない。

国務大臣が日本国憲法を「尊重し擁護する」義務を負っていることは、憲法第99条が明記している。私は傍聴席から「今の伊吹文科相の答弁は重大な憲法違反だ！」と大声で抗議しそうになった。そうしたら、衛視につまみ出されるに違いない。傍聴券は高教組を通じて手に入れたものであり、迷惑をかけてはいけないとかろうじて思いとどまった。この文相発言については、マスコミはほとんどが無視した。15日付「しんぶん赤旗」は、第２面の半分以上を割いて「徹底審議の声を黙殺」「やりかた、内容、言語同断」「教育の原理に反する」

などと、委員会の採決そのものは厳しく批判した。しかし、残念ながら伊吹文相の答弁が憲法違反だとする指摘はなかった。私は、あのとき、たとえつまみ出されたとしても、やっぱり大声で抗議すべきだったと、今になって大いに後悔している。

1947教育基本法は、安倍内閣と自民・公明両党の、教育の条理や民主主義、国民世論を無視した「数の暴力」によって、残念ながら改悪された。しかし、日本国憲法と一体のものとしての47教育基本法の理念は、この間のとりくみによって多くの国民に捉えなおされ、改悪の危険なねらいもまたいっそう明らかになった。2007（平成19）年5月末、「県民の会」では、「安倍内閣の暴走は、今や広汎な国民の不信を招いている。国民世論と民主主義を踏みにじるものに明日はない」と断じたが、事実経過はその通りとなった。

教育の課題で教職員組合とともに諸団体・個人が一つに結集して、３年半の長期にわたって、共同のとりくみを行ったことは貴重な経験だった。

2007（平成19）年7月、「教育基本法を守り、生かす県民の会」の活動を受け継ぎ、いっそう発展させるために、新たに「子どもと教育を守る滋賀県民の会」が発足した。私が引き続き事務局長を担当した。日本国憲法と47教育基本法の理念を生かした民主教育発展のために、諸団体・個人と協力して、微力を尽くした。しかし諸般の事情から、残念ながら2012（平成24）年12月をもって解散することになった。

7　『新しい歴史教科書』を採択させないとりくみ

2001（平成13）年、時代錯誤の皇国史観と「大東亜戦争」肯定論に基づく憲法違反の扶桑社版『新しい歴史教科書』が、文部科学省の検定を通るという異常な事態が起きた。「新しい歴史教科書をつくる会」は、自民党などの地方議員を動員して、各地の教育委員会に同書を採択するように強力に働きかけた。目標を10％（約13万冊）においていた。

しかし、このような憲法違反の特異な教科書を採択するところはほとんどなかった。結局この年、全国の公立学校では、石原東京都知事と加戸愛媛県知事（元文部省大臣官房長、リクルート事件に連座して辞職）が教育委員会に介入して、都立および県立の養護学校の一部に採択させるにとどまった（ごく一部の私立学校を加えて、521冊、採択率0・01％）。

2002（平成14）年度に入って、標的としたのが、滋賀県内では2003年4月に開校する河瀬・守山・水口東の３県立中学校だった。「つくる会」では、全国的な動員をかけ、連日ＪＲの各駅頭などで宣伝・署名活動を展開した。どこから来たのか分からない、相当年輩の人たちが各駅頭でビラを配り、署名を集めるという異常な状況が続いた。署名活動をしている人たちに「その教科書のどこが良いの？」と質問しても、ほとんどまともに答えられなかった。

しかし、結果的には県内で4万2000余りの署名が集められ、採択を求めて県教委に提出された。自民党の県会議員や地方議員も県教委に採択を求めて働きかけを強めた。

歴史教科書についての学校現場からの調査報告では、河瀬・水口東中学校が大阪書籍、守山中学校が東京書籍を採択候補としてあげていた。普通なら、２～３の質問が出て、結論的には現場があげてきた教科書を採択することになり、そんなに審議が難航することはない。ところが、今回は、定例教育委員会１回、臨時教育委員会２回、あわせて３回の委員会が開かれ、延べ19時間にわたって審議が行われた。他の案件も少しは入っていたが、大半は教科書採択問題についての審議だった。後に公表された議事録（概要）を見ると、５人の教育委員のうち１・２の委員が、扶桑社版を支持する発言を執拗（しつよう）に繰り返していた。しかし、他の委員からは「つくる会」の教科書の問題点を指摘し、採択に異議を唱える真摯（しんし）な意見が出されていた。県教育委員会では慎重審議の結果、「つくる会」の歴史教科書は不採択とした。

全教滋賀教組や滋賀高教組では早くから県教委事務局に「つくる会」の教科書を採択しないよう申し入れを行っていた。ところが、情勢が厳しいことがわかり、全教滋賀教組・滋賀高教組と滋賀民研・科学者会議・母親大会連絡会・新日本婦人の会などの諸団体が急きょ集まり、「子どもと教科書を考える滋賀の会」を結成した。そして、扶桑社版教科書を採択しないよう県教育委員会に強く申し入れた。十数人が参加して、県教委事務局と一時間半に及ぶ話し合いを持ったのは、最終段階の臨時教育委員会の直前だった。もし、緊急にこうした行動をとっていなければ、結果はどうなっていたか分からない、きわどい状況だった。

私は、扶桑社版と大阪書籍版の教科書の同一項目の比較対照表（B５版16頁）を作成した。その結果に基づいて、次のような要請文を書き上げ、県教育委員会に提出、必ず目を通してもらうよう要請した。

少し長いが、「比較対照表」は割愛して、要請文を掲載しておく。

「つくる会」の歴史教科書は戦前の国定教科書の復活版

―歴史を営々と築いてきた人民のたたかいを冒涜（ぼうとく）、誇りを傷つけている―

「新しい歴史教科書をつくる会」編集・扶桑社発行の中学校用の歴史教科書については、アジア諸国から厳しい批判や抗議が寄せられ、深刻な外交問題にまで発展しています。また、国内においても、歴史学者や歴史教育関係者はいうに及ばず、各方面の広範な人たちから厳しい批判が寄せられています。抗議や批判の主な点は、近現代史におけるアジア近隣諸国への侵略行為の隠蔽（いんぺい）であり、太平洋戦争肯定であり、神話の復活であり、明治憲法礼賛、日本国憲法は「押しつけられた憲法」として否定的に描いていること等々です。これらの諸点がすべて、当然かつ重要な指摘であることはいうまでもありません。

ところが、今回、扶桑社版の歴史教科書を通読し、他社の教科書と対比してみて、さらに重要な問題点があることに気がつきました。それは、民衆の生活やそのたたかいを一貫して無視ないし軽視していること、歴史のそれぞれの発展段階における階級対立、階級間のたたかいの記述を回避していること、歴史をおしすすめてきたのは民衆ではなく、天皇であり、時の為政者であり、支配階級であったという立場を一貫して貫いていることです。

これらは、戦後半世紀以上に及ぶ歴史学研究の成果を無視し、国民こそが国の主権者であり、歴史の主人公であるという日本国憲法の精神（例えば「この憲法が日本国民に保障する基本的人権は、人類の多年にわたる自由獲得の努力の成果であって…」憲法第97条）を完全に否定するものです。まさに憲法違反の教科書といわざるを得ません。

こうした問題点は、現行の中学校用歴史教科書と比較・検討すれば、一目瞭然です。そうした観点から、現行の中学社会（歴史的分野）教科書（大阪書籍版）と「つくる会」の「新しい歴史教科書」（扶桑社版）の関連項目の記述を比較・対比してみました。もっと細部にわたって比較・検討する必要がありますが、ここではとりあえず先に指摘した傍線の部分のような問題意識から重要と思われる項目・事柄をとりあげて、記述を対比したものでです。

「つくる会」歴史教科書批判の資料として、広く活用していただければ幸いです（比較対照表は省略）。

以下、比較・検討資料を作成して、改めて気づいた主な点を列挙しておきます。

①歴史発展のそれぞれの段階における民衆の生活の様子、そのおかれた状態、暮しぶりなどについて、きわめて冷淡であること。

・仁徳天皇陵の大きさは誇示するが、現行教科書が記述している当時の民衆の暮らしは無視。

・律令制下の農民の暮らしや、大抵の教科書がとりあげている有名な「貧窮問答歌」にも触れず。

②暮らしを守り、生活を高めるための民衆のたたかいを軽視ないし無視していること。日本の歴史を推し進めてきた民衆の役割について、意図的に軽視ないし無視していること。

・鎌倉時代の農民のくらし、現行教科書でとりあげている「紀伊国阿弖河（あてがわ）庄農民の訴状」にも触れず。

・土一揆・下剋上を項目としてとりあげていない。

・現行教科書が、必ず掲載している江戸時代の百姓一揆の件数の推移（グラフ）を掲載せず。百姓一揆・うちこわしを項目としてとりあげていない。

・幕末（慶応）の世直し一揆・打ちこわしについてもまったく記述せず、民衆のたたかいが幕府滅亡の根本的な要因であったことを無視している。

・自由民権運動の記述はきわめて表面的でお粗末である。一万人の民衆が蜂起し、軍隊を出動させてようやく鎮圧した日本近代史上最大の民衆蜂起である秩父事件をはじめ、「民権左派の決起」と呼ばれている一連の事件を完全に無視している。

③それぞれの時代における社会の諸階層間の対立関係、階級対立を意図的に隠蔽し、恣意的に、各社会階層が相互依存関係、持ちつ持たれつの関係にあったとしていること。

・邪馬台国について、現行教科書では「王から奴隷までの身分のしくみができた」と記述している（「魏志倭人伝」では「尊卑各々差序あり」として、「大人（たいじん）」と「下戸（げこ）」「生口（せいこう）」の三つの身分を記載している）。ところが、こうした内容がすべて省かれている。

・江戸時代の武士と農民との関係を「相互に依存する関係」と断定している。

④神武天皇以来の「万世一系の天皇」がこの日本を一貫して統治してきたとの印象を、読者（子どもたち）に与えようとする意図が見え見えであること。

・平安時代に、武士が地方の農村から発生した歴史的事実を無視し、桓武平氏や清和源氏など、国司（皇族や貴族の子孫）の土着化が武士団の起こりであったと、歴史を歪めて記述している。

・「近代国家の始まり」の項をわざわざ、「王政復古の大号令は、神武天皇の建国の精神に立ち戻ることをうたった」との記述で始めて、「神武天皇の建国」からわが国の歴史が始まったかのようにみせかけている。

⑤大日本帝国憲法を「アジアで最初の近代憲法」と礼賛し、日本国憲法は「占領軍に押しつけられた憲法」として否定的に記述していること。

・「五箇条の御誓文」では「議会を設置し、公議世論に基づいて政治を行うこと、言論活動を活発にすることなどがうたわれていた」と記述している。さらに、「アジアで最初の成文憲法」の項を「五箇条の御誓文は、その第一条で立憲政治の確立を国の根本方針として宣言した。政府は、その実現のための努力を重ねてきた」との記述で始めている。これらはいずれも、歴史の真実を欺くものである。

・「条約改正と近代国家建設のために、憲法と国会が必要であると考える点では、明治政府も自由民権派も違いはなかったが、自由民権派は急速にことをすすめようとし、政府は着実にすすめようとしていた」との記述がある。これは、「天皇主権」と「人民主権」との根本的な対立関係を隠蔽するだけではなく、「急速にすすめようとした」民権派よりも、「着実にすすめようとした」明治政府の方が正しかったと、帝国憲法制定を合理化しようとする論理である。

・帝国憲法の項で「国家の統治権は天皇にあるとし…また天皇に政治的責任をおわせないこともうたわれた」との記述は、帝国憲法にそうした規定があったとするもので、明白な歴史の偽造である。

・日本国憲法の制定過程について、現行の教科書では、「政府が作った案は、天皇の統治権を認める不十分なもので、総司令部に受け入れられませんでした。各政党や学者の間でも、多くの改正案が作られ議論されました」と記述している。ところが、「つくる会」の教科書では、「日本側では、戦前、軍から弾圧を受けた憲法学者美濃部達吉をはじめとして、日本軍国主義の原因は憲法にはなく、また、それまでの憲法でも民主化は可能だとの意見が強く、政府もそれに多少の修正をほどこせばよいと考えていた」が、ＧＨＱが認めず、「ＧＨＱみずから作成した憲法草案を押しつけた」と、ことさらに「押しつけ憲法」であることを強調している。

・「教育勅語」を注釈入りで全文掲載し、本文でも「近代国家の国民としての心得を説いた教えで…近代日本人の人格の背骨をなすものとなった」と礼賛している。

・教育基本法については、白表紙本では「戦後のおもな改革」をまとめた表のなかに僅かに項目としてあげられているだけで、本文では全く言及していなかったが、さすがに検定本では本文でも記述された。

⑥全体として、天皇中心、為政者中心の歴史叙述となっていること。天皇や時の為政者をことさらに美化・擁護し、彼らにとって都合の悪いことは叙述しないという恣意的な姿勢で貫かれていること。

・「豊臣秀吉は社会に平和をもたらすために刀狩を行った」という記述には、驚くほかない。現行の教科書は「刀狩と検地によって、農民の一揆などの抵抗を防ぎ、武士と農民とを区別する兵農分離をすすめました」と正しく記述している。

・江戸時代に、「交通網が発達しておらず、藩ごとに行政区分も分かれていた」ために、飢饉の被害が大きくなり、百姓一揆が起きたとする記述も、封建支配者の民衆に対する苛酷な苛斂誅求（かれんちゅうきゅう）を免罪しようとするものである。

・日本の近現代史を治安維持法抜きに語ることはできない。現行の教科書では、三カ所にわたって治安維持法に言及している（1925年、普通選挙制の実施と抱き合わせで制定されたこと、1928年、民衆運動の高まりに対して、最高刑を死刑に引き上げ、弾圧を強めたこと、第二次大戦後の「民主化」措置により廃止されたこと。なお、囲みで第１条の要約を紹介している）。ところが、扶桑社版の教科書には、一言の記述もない。まさに「臭いものには蓋をする」発想であり、歴史的事実の隠蔽そのものである。

⑦さらに、すでに内外からるる指摘されているように、近現代史におけるアジアへの侵略の歴史を正当化し、かつての太平洋戦争を「大東亜戦争」＝アジア解放のための戦争として肯定していることは重大である（重大であるが、詳述は避ける）。

【結論】

「新しい歴史教科書」と銘打って仰々しく宣伝していますが、その内容はまさに戦前の国定教科書、皇国史観にたつ教科書の復活版というべきであって、「新しい」内容はまったくなく、時代錯誤の内容を資料や図版、編集の工夫で「新しく」見せかけているにすぎません。

この教科者の執筆者たちは、「自国の歴史に誇りを持て」と叫んでいますが、彼らこそ、日本の歴史を営々と築いてきた日本人民の努力やそのたたかいを冒涜（ぼうとく）し、誇りを傷つけているのです。彼らが立脚している基本的な立場は、大日本帝国憲法肯定、日本国憲法否定であって、まさに憲法違反の教科書といわざるをえません。

恣意的に委員を差し替え、３年後は採択強行

その後、国松知事は教育長に民間企業の管理職出身者を起用した。県教育委員は、通常２期８年間務めることになっている。ところが、前回の採択の際「つくる会」の教科書に批判的な意見を述べたある委員は、就任の際「２期やってもらうことになっている」と言われていたにもかかわらず、新しい教育長のもとで１期で交代させられた。こうして、2005（平成17）年8月、県教育委員会は、「つくる会」教科書の河瀬中学校への採択を強行した。

これに対して、「採択の撤回を求める河瀬中・高校保護者の会」が結成され、粘り強く抗議と撤回をもとめる運動が進められた。

粘り強い運動によって、2009年度は不採択に

2009（平成21）年度、再び採択の時期を迎えた。今回は「つくる会」の内部抗争によって、従来の扶桑社版に加えて、ほぼ同じ内容の自由社版の教科書も検定を通り、２社が採択を求めて教育委員会に働きかけた。全教滋賀教組や滋賀高教組は早くから県教委と交渉し、両社の教科書を採択しないよう要請してきた。また、「『つくる会』教科書を中学生の手に渡したくない市民・保護者の会」が中心になり、両教組とともに日教組傘下の滋賀県教組なども参加し、「子どもと教科書ネット21」の俵義文事務局長を招いての教育講演会も開かれた。

さらに、滋賀大学の木全（きまた）清博氏を講師に「教科書を考えるつどい」をもち、県教育委員への私信による要請行動なども実施した。採択へ向けての県教育委員会の審議が山場を迎えた８月６日、「子どもと教育を守る滋賀県民の会」では代表委員の川端俊英さんや長尾寿さんなどとともに、県教委への申し入れと話しあいをもった。

私は、今回は自由社版と日本書籍版の歴史教科書の詳細な比較検討表を作成、そこから指摘できる問題点を再び要請文書に書きあげ、運動推進の学習資料として活用するとともに、県教委にも提出、各県教育委員に手渡してもらうよう要請した。

こうしたとりくみによって、全国的には、横浜市が市内の半数の学校での採択を強行するなど、「つくる会」の教科書の採択が広がるな

かで、滋賀県ではいったん採択した河瀬中学校の扶桑社版教科書を不採択にさせるという大きな成果をかちとることができた。

8　『戦後滋賀の教育のあゆみ―民間の実践を中心に』を編む

戦後70余年、この滋賀の地においても、民間でさまざまな教育実践・教育研究・教育運動が繰り広げられ、蓄積されてきた。しかし、その時々の記録は残っていても、それらを集め、一つに編む仕事はまったく手づかずになっていた。

戦後滋賀の民間の教育実践・教育研究・教育運動のあゆみを、いつかまとめておかなければいけない。かねてからの思いであった。しかし、軽々にとりかかれるような課題でない。

滋賀民研は、2008（平成20）年11月に設立20周年を迎えた。それを記念して、民間の実践を主眼にした『戦後滋賀の教育のあゆみ』の編集・刊行を思いたった。

私の胸中で長い間暖めていた課題だったが、民研の事務局で論議を始めたのは、2006（平成18）年度の定期総会が終った頃だった。

2006年の夏には、編集の趣旨や主な内容・編集委員会の構成やとりくみのスケジュールなどを盛りこんだ「方針」案を作成、同年11月の理事会に提案、審議・決定をみた（2007年度定期総会で追認）。

編集委員の人選と委嘱を行い、第１回編集委員会を開いたのは2007年2月だった。以後、編集委員会の開催は13回を数えた。その後、何回か編集小委員会を開き、原稿の検討や編集作業をすすめた。２年半にわたる長期間のとりくみとなった。

冊子は、６章・51節の構成で、内容的には、ほぼ当初の構想通りのものができあがったのではないかと思っている。

33人の人たちが快く執筆依頼に応え、趣旨に沿う原稿を寄せてくれた（囲み記事や聞き取りに応じてくれた人を含めると38人、うち10人は未会員もしくは元会員）。12の単位教育サークルが、それぞれのサークルのあゆみや活動内容をレポートしてくれたこともありがたかった。

寄せられた原稿を編集委員会（途中からは小委員会）で、一本ずつ読み合わせ、検討を加え、加筆・修正した。執筆者にはやや失礼な点もあっただろうが、結果として刊行の趣旨に沿ったまとまった冊子ができあがったのではないかと思っている。各章の冒頭に「とびら」と「この期のあらまし」をつけ、随所に写真を入れたことで、結構読みやすいものにできあがったのではないか。編集作業については、今回も阿部義宣さんに大変お世話になった。

2008年度の会費納入の際、「設立20周年記念事業資金カンパ」を訴えたところ、多くの会員に快く応じていただき、編集委員会の諸費用と出版準備資金が一定確保できた。冊子は、幸い研究所の内外から好評をもって迎えられ、多くの人たちの協力を得て、頒布活動も順調にすすめることができた。大変厳しくなってきていた民研の財政にも一定貢献することができた。

「今やっておかなければいけない」「今だからできる」、一つの大きな仕事が成し遂げられた感慨がある。

9　滋賀文化懇話会と『歴史修正主義への反論』刊行

滋賀文化懇話会で度々話題を提供

2010（平成22）年の春、「明るい革新県政の会」の会だったか、旧知の川端俊英・加藤直樹・山本敬治の各氏とばったり出会った。

川端俊英さんは若い頃、滋賀県立八日市高校に勤めておられた。同校には中村誠輝さんや山本彰良さんなど親しい友人がいた。隣町の愛知高校に勤めていた私は、時々八日市に出かけ、喫茶店で皆とだべっていた。彼らは、その後京都や大阪に転勤したが、卒業生を含めて、京都で同窓会のような集まりをもっていた。そこにも誘われて、顔を出すようになった。川端さんの教え子の市田忠義さん（日本共産党副委員長、当時は京都府委員長）もメンバーで、今でも親しくしていただいている。

川端さんは、その後、名古屋の同朋大学に勤められたが、住居は大津市藤尾のままだった。藤尾公民館で市民向けに「教養講座」をもたれていた。要請されて「学校教育と子どもの人権」とのテーマでしゃべったことがあった。後に京都の文理閣から『地域に根ざす社会教育のこころみ』と題して講義録が刊行された（1984年）。川端さんには、その後もいろいろな機会にお世話になった。部落問題研究所の文芸部会の責任者もされていて、研究所関係の会合でご一緒することも多かった。

加藤直樹さんは立命館大学に勤められる前は、滋賀大学教育学部におられた。滋賀県民主教育研究所（滋賀民研）を一緒に立ち上げた小嶋昭道さんとも親しく、民研の呼びかけ人や理事になってもらった。研究所通信『手をつなぐ』の創刊号にも寄稿していただいた。山本敬治さんとは、滋賀県立短期大学農学部に勤めておられた時からの付き合いである。

親しい３人に要請されたら、断るわけにはいかない。大学教員のＯＢが中心の滋賀文化懇話会に参加することになった。その後、私が代表世話人の一人を勤めていた「革新の会しが」の文化部門に位置づけられるようになり、それなりに有意義な活動ができた。

２カ月に１回程度開かれていた例会では、次のようなテーマで報告をした。私なりに力を入れた。

「今日の学校教育をめぐる問題状況」（2011年7月）

「中学生のいじめ・自殺について」（2012年9月）

「近江における芭蕉の足跡をたどる」（2014年3月）

「文部省著作教科書『民主主義』に寄せて」（2015年11月）

「『戦争をする人づくり』へ――安倍『教育改革』の行方」
(2016年11月)
「芭蕉はなぜ義仲寺に葬られたのか」(2019年1月)
「天皇制の歴史を振り返る―『平成』から『令和』への代替わりにかかわって」(2019年11月)

年に1・2回程度開かれた公開の「市民文化講座」では、次のテーマで講演をした。

「松尾芭蕉と近江」(2017年11月)

50人を超える参加があり、好評だったように思う(当日の資料に手を加えて、第3部に収録)。

事務局長の加藤直樹さんが2015年に、設立以来会長を務められた川端俊英さんが2017年に逝去された。2016年度から会長は成瀬龍夫さん(滋賀大学元学長)が受け継がれた。また、2017年度からは浪江巌さん(元立命館大学)が事務局長を勤められた。ところが、コロナウイルスのために活動が一時中断、その間に、会長・事務局長ともに体調を崩された。後継者が見つからず、2021年11月に幕を閉じることになったのは大変残念だった。

2年余の研究会を経て、『歴史修正主義への反論』を刊行

文化懇話会の例会で、成瀬龍夫さんが「歴史修正主義への反論」との報告をされたのは2016年3月だった。成瀬さんはその後も個人的に追究されていたようだった。2018年には同テーマでの研究会を呼びかけられ、これにも参加するようになった。最初は4人だったが、その後メンバーも一時は7人に増えた。近代史の専門家にも加わってもらおうということになり、旧知の井口和起さん(京都府立大学元学長、福知山公立大学前学長)に、ご無理をお願いした。

2カ月に1回程度、それぞれがテーマを決め、報告、討論をくりかえした。やがて、それらを原稿にまとめて出版しようということになった。しかし、引き受けてくれるところがなかなか無く、難航した。京都の文理閣がようやく引き受けてくれた。ところが、コロナウイルスの影響もあり、また体調を崩すメンバーが出るなどして、最終的には、成瀬龍夫・近藤學（元滋賀大学副学長、滋賀九条の会事務局長）・井口和起の各氏と山田の４人が執筆した。『歴史の真実と向き合おう―歴史修正主義への反論』と題して、2021年11月にやっと刊行できた。

主な内容は次のとおり。

第１部　歴史修正主義の風潮にあらがう
　　２つの章と1つのコラム
第２部　日本近現代史の論点
　　８章と６つのコラム
第３章　日本近現代史の底流を探る（執筆者座談会）
付　録　歴史修正主義関連年表
　　文献と主なできごと

関連年表は近藤さんと私が作成した。結構手間がかかった。類書には見られない特徴になったのではないかと思っている。

私は、「『教育勅語』の復活は許されない」「これはひどい歴史修正主義の教科書」の２つの章と、「天皇制の代替わりと女系・女性天皇問題」「高校社会科の解体」「日本国憲法は果たしてアメリカの『押しつけ』か」の３つのコラムを執筆した（若干手を加えて、それぞれ第２部と第３部に収録した）。

『前衛』や「平和新聞」「滋賀民報」などにも紹介・書評が掲載されるなど、結構好評だったと記憶している。

第3部

もう黙ってはおられない

—折々の雑稿を編む—

（１）象徴天皇制と「令和」への代替わり

はじめに

60数年前の1959年4月、皇太子だった明仁天皇と美智子妃の結婚に際して、青年教師だった私は愛知高校学芸班の機関誌『だるま』に、次のような文章を寄せた。

天皇となるべき人が、おそらく何重ものかっこつきのものであろうけれど、恋愛の自由、結婚の自由をもった。それは天皇となるその人個人のために喜ばしいというだけのものではない。天皇が人間としての自由を保障される範囲で、国民は天皇制の支配（それは意識の面で、今日もなお強固に残存している）から自由になることができるだろう。
自ら自由である人間こそが、他人の自由を尊ぶことができる。自由でない人間、自由であろうとしない人間が、どうして自由の尊さを知ることができよう。どうして他人の自由を尊重することができよう。…（『だるま』第４号）

今回の天皇の代替りと改元に際しての喧噪さはどうだろうか。マスメディアが、天皇制のあり方と元号そのものについて国民的に議論するせっかくの機会を奪った責任は非常に大きい。と同時に、日本人の軽薄さも腹立たしく、情けない思いがしている。
畏友の佐々木隆爾氏（東京都立大学名誉教授・現代史研究者・高島高校出身）は、『現代天皇制の起源と機能』（昭和史叢書・昭和出版・1991年）で、「現代天皇制が国民の心の支配という目に見えない分野で果たしてきた役割の大きさ」を鋭く指摘している。
国会での多数にあぐらをかき、欺瞞と隠蔽、忖度の強権政治を続けてきた安倍政権には、参議院選挙を前に逆風が吹いてきた。ところが、今回の天皇の代替わりと「令和」への改元を最大限に利用し、巻き返しをはかろうとしてきた。

そのことに危機感を感じて、象徴天皇制と令和への代替わりについて、若干の考察を試みた。

1．昭和天皇の戦争責任

1945（昭和20）年8月15日、日本はポツダム宣言を受託して、連合国に無条件降伏をした。ポツダム宣言には次のように明記されていた。

「日本国民を欺瞞し、之をして世界征服の挙に出づるの過誤を犯さしめたる者の権力及勢力は永久に除去せられざるべからず。」

従って、絶対主義天皇制が解体されるべきは当然であった。日本の戦後処理に際して、昭和天皇をどう処遇するかは連合国にとっても大きな課題であった。連合国のなかでも、フィリピン・オーストラリア・ソ連・中国などは、昭和天皇は戦争犯罪人として処罰すべきだとの意見であった。アメリカの世論も、そうした意見が強かった。1945年6月に行われたギャラップ世論調査では、「天皇に戦争責任あり」とするのが7割以上を占めていた。しかし、アメリカ政府は、日本に対する占領統治を円滑にすすめるためには天皇制を温存、利用する方が得策だとの考えに傾いていった。さらに根本的には、アメリカはソ連との対抗上、日本の「共産主義化」は絶対阻止しなければならない、そのためには天皇制を残す必要があると考えたのではないかと思われる。なお、佐々木隆爾氏は前掲の著書のなかで、イギリス首相チャーチルのアメリカ大統領ルーズベルト宛ての書簡が発端だったとしていることも付け加えておこう。

では、日本側の事情はどうか。当時の日本政府は、天皇制を残すことに腐心していた。敗戦時の東久邇宮（ひがしくにのみや）内閣にとっては「国体護持」

が至上命題であった。次の幣原(しではら)内閣も天皇の戦争責任回避に最大限の努力を払った。もちろん、当時の日本国民の多くも天皇制を支持していた。

こうした背景には、同じ「枢軸国」のドイツやイタリアとの根本的な違いを押さえておく必要があるだろう。日本では、戦争責任の追及は極めて不十分であった。それに対して、ナチスやファシストに対するドイツやイタリアの戦争犯罪の追及は大変厳しいものがあった。ドイツやイタリアでは、戦争を遂行した政権が崩壊し、それに取って代わった新しい政権が自国政府の戦争責任を追及した。ところが、日本の場合には、戦争中の統治機構がそっくりそのまま継続したという事情が大きく影響している。敗戦を迎えたが、日本の国が即生まれかわったわけではなかったのである。

昭和天皇の戦争責任は明確であり、戦争が終わった時点でその責任を取って退位すべきだったと私は思っている。なお、昭和天皇の側近で内大臣を務めた木戸幸一（A級戦犯として終身刑となり、後に仮釈放）は、講和条約が結ばれたら退位するべきだと天皇に進言していたと伝えられている（藤原彰「占領政策と天皇制─天皇戦争責任問題を中心に」歴史学研究会編『いま天皇制を考える』青木書店、1997年）。

2．日本国憲法は本当に占領軍の押し付けか

ポツダム宣言を受託して降伏した以上、大日本帝国憲法に替わる新しい憲法の制定が求められたのは必然であった。

1945年10月4日、近衛文麿内務相はマッカーサー連合国軍総司令官を訪ね、憲法改正の示唆を受け、改正案づくりに着手した。しかし、その後近衛は戦犯に指定されて自殺。改正作業は頓挫(とんざ)した。同年10月13日、幣原内閣は松本烝治国務相を委員長とする憲法問題調査委員会を設置。翌1946年2月8日、「憲法改正要綱」（松本案）を占領軍

総司令部に提出した。しかし、これは「天皇ハ至尊ニシテ侵スヘカラス」（第３条）などと、明治憲法の焼き直しに過ぎないもので、当然マッカーサーは拒否。「今の日本政府には改正案をつくる能力がない」と判断、ＧＨＱの民政局に改正案の作成を命じた。2月26日には占領政策についての最高決議機関である極東委員会の開催が予定されており、昭和天皇の責任追及や退位を求める意見が出ることも予想された。そこで、マッカーサーには、それまでに各国を納得させられる改正案をまとめておきたいとの思惑があった。

民政局では、前年12月に発表されていた「憲法研究会」の「新憲法草案要綱」を参照した。これは、鈴木安蔵が中心になって起草したもので、自由民権運動のなかでつくられた植木枝盛の「東洋大日本国国憲按」を一番参考にしたといわれている（自主作成映画『日本の青い空』参照／なお、この間の事情については、小西豊治『憲法「押しつけ論』の幻』講談社現代新書、2006年に詳しい）。そういう意味では、日本国憲法の源流は明治時代の自由民権運動にあったといえよう。マッカーサーからＧＨＱの改正案を示された幣原首相は、その進歩的な内容に驚愕（きょうがく）したが、「これでなければ天皇制は守れない」といわれ、やむをえず受け入れたという。

この間の事情について、幣原は3月20日、枢密院で「若し時期を失した場合には皇室の御安泰の上からも極めて懼（おそ）るべきものがあったように思われ、危機一髪ともいうべきものであったと思う」と述べている。従って、もしも「押しつけられた」と表現するのであれば、それは天皇制にしがみつこうとした当時の支配層の受けとめ方であったというべきだろう。

こうして、ＧＨＱの改正案をもとに政府の改正案が作成された。そして、1946年4月10日、男女同権の普通選挙で選ばれた衆議院に提出され、審議の過程で７箇所の修正を受けて、同年11月3日に日本国憲法が公布された（実施は翌1947年5月3日）。

3．日本国憲法と象徴天皇制

日本国憲法は、第１条で「天皇は、日本国の象徴であり日本国民統合の象徴であって、この地位は、主権の存する日本国民の総意に基く。」と規定した。しかし、「象徴天皇制」というのは実はわかりづらい。「象徴」とはフランス語の symbole の訳語で、「広辞苑」によれば「具体的なものと抽象的なものを何らかの類似性をもとに関連づける作用。例えば白色が純潔を、黒色が悲しみを表すなど」と説明している。従って、本来、「象徴」とは具体的な「もの」であるべきで、「生身の生きた人間」を象徴とするのには無理があるように私は思う。但し、ここでは「主権の存する日本国民の総意に基く」との規定が重要であろう。それは与えられたものではなく、国民の「総意」によるものであって、「総意」が変われば変更がありうるということである。

第４条で「天皇は、この憲法の定める国事に関する行為のみを行い、国政に関する権能を有しない」と規定している。法律などには例外がありうるので、本来「のみ」などという限定した用語は使用しない。日本国憲法で「のみ」と規定されているのは第24条の「婚姻の自由」と第76条の「司法権の独立」の条文だけである。それだけ、天皇の権能の限定を重視したということであろう。

第７条は「天皇は、内閣の助言と承認により、国民のために、左の国事に関する行為を行う」として、10項目を挙げている。いわゆる「天皇の国事行為」であって、いずれも形式的・儀礼的な行為である。

しかし、第２条「皇位は世襲のものであって、国会の議決した皇室典範の定めるところにより、これを継承する」との条文は大きな問題をはらんでいると私は思っている。なぜなら、日本国憲法と同日に施行された現行の皇室典範は、大日本帝国憲法時代の皇室典範と同じく、第１条で「皇位は皇統に属する男系の男子がこれを継承する」と規定しているからである。これが、日本国憲法の「両性の平等」と矛盾することは明白である。もちろん、戦前の皇室典範は憲法と同格であり、帝国議会も関知できなかったのに対して、国会が議決したものであり、その改廃は国会にゆだねられている。

今日、27カ国で王制が残っているが、大半が女性の王位を認めている。男性優先の国もあるが、女性に王位を認めていないのは日本の他ヨルダンとタイだけである。日本でも江戸時代までは女性の天皇が10代、8人在位していた（2人は重祚（ちょうそ））。

かつて小泉内閣時代に女性の天皇を認める方向で皇室典範の改正にむけて有識者会議がもたれた。会議は2005年11月、10人の委員全員一致で女性天皇・女系天皇を認める報告書を提出した。官僚トップの内閣官房副長官を長く務め、有識者会議のメンバーでもあった古川貞二郎氏は、小泉政権が続いていたら報告書に沿った皇室典範の改正が行われていただろうと語っている（「朝日新聞」2019年5月11日付）。しかし、皇室典範の改正が頓挫（とんざ）したのは、男系論者である安倍晋三内閣官房長官（当時）が強く反対したからだという（笠原英彦『象徴天皇制と皇位継承』ちくま新書、2008年）。

新しく皇嗣（皇太子）となった秋篠宮は、高齢になることを理由に即位辞退の意向をもらしている。さらに秋篠宮の長男・悠仁（ひさひと）が長じて結婚し、もしも男子が授からなければ、男系・男子にこだわる現行の皇室典範のもとでは、いわゆる「皇統」が途絶えることになる。女性・女系の天皇を認める皇室典範の改正は避けられないだろう。

象徴天皇制と憲法との関係について、千田夏光氏は『教師のための天皇制入門』（汐文社、1991年）のなかで、次のように問題点を指摘している。私もまったく同感である。

①日本国憲法で否定された「家」制度が残されている。

②憲法の「男女同権」の原則に反する。

③天皇家に生まれた男子は自動的に天皇にならなければならないのは、憲法第13条「個人の尊重」に反する。

4．明仁天皇とその退位

個人的なことになるが、私は明仁天皇（現上皇）と美智子妃は同年代の人として、親近感をもってその言動を見守ってきた（天皇は1年年長、美智子妃とは同年齢）。2人が、日本国憲法を尊重・遵守して、30年間、国の象徴およびその妃としての務めを果たされたことには敬意を表したいと思っている。2つの事例をあげておこう。

1つは、2018年12月20日、天皇としての最後の誕生日に、宮内庁での記者会見で述べた言葉の1節である。

「昭和47年に沖縄の復帰が成し遂げられました。沖縄は先の大戦を含め実に長い苦難の歴史をたどってきました。皇太子時代を含め、私は皇后と共に11回訪問を重ね、その歴史や文化を理解するよう努めてきました。沖縄の人々が耐え続けた犠牲に心を寄せていくとの私どもの思いは、これからも変わることはありません。…平成が戦争のない時代として終わろうとしていることに、心から安堵しています。」

今、辺野古への基地建設を強行する安倍・菅・岸田政権に対して、沖縄県民が島ぐるみで熾烈にたたかっていることを承知の上での発言だったに違いない。昭和天皇が1947年10月、ＧＨＱのシーボルト政治顧問に書簡を送り、「日本の防衛のため、アメリカが25年でも50年でも長く沖縄を占領してほしい」と要請したことも知った上だったのではないかとも思うが、これは確かめるすべがない。

2つめは、美智子妃が満79歳の誕生日(2013年10月20日）に際して、宮内庁記者会の質問に文書で答えた一節である。

「5月の憲法記念日をはさみ、今年は憲法をめぐり、例年に増して盛んな議論が取り交わされていたように感じます。主に新聞紙上でこうした論議に触れながら、かつて、あきるの市の五日市を訪れた時、郷土館で見せていただいた『五日市憲法草案』のことをしきりに思い出しておりました。明治憲法の公布（明治22年）に先立ち、地域の小学校の教員、地主や農民が寄り合い、討議を重ねて書き上げた民間の憲法草案で、基本的人権の尊重や教育の自由保障及び教育を受ける義務、法の下の平等、更に言論の自由、信教の自由など、204条が書かれており、地方自治についても書かれています。当時、これに類する民間の憲法草案が、日本各地の少なくとも40数カ所で作られていたと聞きましたが、近代日本の黎明期に生きた人々の、政治参加への強い意欲と自国の未来にかけた熱い願いに触れ、深い感銘を覚えたことでした。」

安倍自民党政権が五日市憲法とはまったく逆の方向で憲法改悪に執念を燃やしているなかでは、大変勇気ある発言だと感銘を受けたことを記憶している。安倍首相（当時）はどんな顔をして、この談話を読んだことだろう。

2016年8月8日、明仁天皇はビデオ・メッセージを発して、高齢を理由に退位したい旨を表明した。現行の皇室典範では天皇の生前退位を認めていないが、国民の多くも天皇の意向を支持した。私は皇室典範を改正するのが筋だと考えたが、安倍内閣は今回のみの特例として「天皇の退位等に関する皇室典範特例法案」を国会に提出、2017年6月、可決・成立した。これに基づき、2019年4月30日をもって明仁天皇は退位。5月1日、皇太子が即位した。

5．平成から令和への代替わり

平成から令和への代替わりに伴う一連の儀式は、まだ残されている部分もあるが、主なものは終わった。それは、一言で言えば、明治時代に天皇神格化を意図して始められた形式を踏襲したものであった。日本国憲法が規定する「国民主権」と「政教分離」「両性の平等」の原則に明らかに反していた。以下、問題点を略述する。

4月30日の「退位礼正殿の儀」と5月1日の新天皇即位の礼である「剣璽等承継の儀」「即位後朝見の儀」は国事行為として行われた。しかし、それは先述したように、憲法の国民主権と政教分離の原則に反するものであった。

「剣璽等承継の儀」は神話に由来する皇位のあかしとされる「三種の神器」のうちの剣（つるぎ）と勾玉（まがたま）、御璽（ぎょじ）（天皇印）を引き継ぐ儀式で、皇室の行事であって、「国事行為」ではない。また、これに女性皇族が参列できないのは明白な女性差別である。

「即位後朝見の儀」は新天皇が初めて三権の長など国民の代表と公式に会う儀式である。しかし、「朝見」とは「臣下が参内（さんだい）して天子に拝謁すること」(広辞苑)であって、「天皇主権」の明治憲法下の儀式の踏襲であり、日本国憲法とは相容れない。

10月22日には、「即位礼正殿の儀」が行われ、今年に限って休日になった。天皇が「高御座（たかみくら）」に立って即位を宣言、安倍首相が低い所から寿詞（よごと）を述べて万歳を三唱、参列者がそれに唱和するという。「高御座」とは、天孫降臨神話にある「天津日嗣（あまつひつぎ）の高御座」(ニニギノミコトが天照大神の神霊を受け継ぎ、天下を統治するべく座した)を受け継いでいる。まさに大日本帝国憲法の「神権天皇」(現人神)思想に基づくもので、国民主権の日本国憲法とは絶対に相容れない。戦前の「紀元節の歌」に、「天津日嗣の高御座、千代よろづ代に動（ゆる）きなき基（もと）い定めしそのかみを仰ぐけふこそたのしけれ」とあったことを忘れてはならない。

さらに問題なのは、11月14日に予定されている「大嘗祭（だいじょうさい）」である。これは、新天皇が初めてその年の新穀を天照大神や天神地祇に供え、自らも食するという神事である。そのために新たな神殿（大嘗宮）を建て、式が終れば取り壊すという。安倍内閣もさすがにこれは「国事行為」とはしなかったが、27億円の国費を充てることにしている。「国民の税金の無駄使い、これに極まる」と言いたい。この件については、秋篠宮が「身の丈にあった儀式にすべきだ」として、皇居内の既設の施設を使い、皇室の私的予算である「内廷費」を充てるべきだとの当然と思える発言をしたが、政府は聞く耳をもたなかった。

安倍内閣は、今回の一連の儀式の基本方針を「憲法の趣旨に沿い、かつ皇室の伝統等を尊重したものとする」としてきた。しかし、日本国憲法の「国民主権」や「政教分離」の原則に反していることは既述のとおりである。では、本当に「皇室の伝統等を尊重」したものだろうか。

歴史学者の中島三千男氏（神奈川大学名誉教授）は、次のように述べている。少し長いが、大切なことなので引用しておこう（「しんぶん赤旗」2019年5月1日付）。

奈良時代以降、仏教の興隆が王権の興隆に直結するという仏教的国家観が優勢になり、鎌倉時代から幕末の孝明天皇までの550年間、「即位灌頂（かんじょう）」という神仏習合的な即位の儀式が行われてきました。

服制も、律令制が取り入れられ即位の礼が本格的に行われるようになって以降、中国の皇帝にならって中国風（唐風）の服制が孝明天皇までの千数百年間続いてきたのです。長く続いてきた神仏習合的、中国風の儀式が1868年８月の明治天皇の即位の際に廃止され、1909年の「登極令」で国家神道の核心的教義というべき「天皇制正統神話」（神勅神話・建国神話）に基づく諸儀式が整備されました。

天皇が束帯に身を包む王朝絵巻風、純神道式の儀式は、いまから150年前に始まったもので、伝統というより長い日本の歴史のなかでは新しい儀式であり、明治以降に新たに「創られた伝統」にすぎないのです。

登極令に規定された「賢所大前の儀」や「剣璽渡御の儀」「大嘗祭」などの儀式は、徹頭徹尾、天皇制正統神話を目に見える形で演じるためのものです。

おわりに

パソコンに向かいながら、プロ野球や大相撲のテレビ中継をちらちら見ていると、「令和初ヒット」とか「令和初金星」とかの言葉がやたらに流れてきて、うんざりしている。私は元号を使う気はさらさらないので、「令和」については何の感慨もないが、1・2のことを付け加えて、本稿を閉じることとしたい。

4月30日付「朝日新聞」は、「新元号　濃い政治色」との特集記事を掲載していた。「新しい元号『令和』の選定過程を検証すると、安倍晋三首相主導の強い政治色が浮かんできた。首相が指示して元号案を追加…」とのリードのもと、「万葉集研究の第一人者…中西進氏に新たに考案を依頼」「首相は『一億総活躍』のイメージと重ねて気に入り」、『令和』が本命になった」と伝えていた。

私の友人の一人は、「テレビで『令和の御代』と聞いてゾッとした。平生から子どもたちに論語の『巧言令色鮮仁』の意味を説明しているので、『令和』には違和感がある。みんなで『令和狂騒曲』に乗せられないようにしようと呼びかけたい」と語っていた。

（※2019年10月 9 日、滋賀文化懇話会での話題提供／資料を一部抜粋）

（2）安倍政権の国政私物化、ここに極まる
―「桜を見る会」の問題点を暴く―

1．「桜を見る会」とはそもそも何か

「桜を見る会」は、毎年4月中旬、総理大臣が「各界において、功績・功労のあった方々を招き…慰労する」（2019年10月15日付「政府答弁書」）ため、新宿御苑で開催される。公費で運営され、酒食が提供される。参加は無料である。2012年、第2次安倍内閣が発足してから、規模と経費がうなぎのぼりに膨らんできた。2019年度の場合、招待者1万5400人、出席者1万8200人、予算は1766万円なのに、支出総額は5518万円であった。

2．参加規模が拡大し、予算の3倍以上も支出したのはなぜか

国民の税金で運営されているのに、支出が予算の3倍以上にもなっていること自体、極めて不当である。安倍首相が「桜を見る会」を私物化し、安倍事務所と安倍後援会が無制限に参加者を募ったからである。安倍事務所が配布した参加申込書には「功績・功労」を記入する欄はない。参加希望者が開催要項に該当するかどうか、誰も一切チェックしていないのである。山口県からの参加者がブログに「10㍍歩いたら山口県の人に出会った」と書いていた。一昨年は参議院選挙があったことも影響している。自民党の改選議員には特別に推薦枠が設けられていた。まさに、税金を使った事前運動そのものではないか。

3．「国の公式行事」なのに、なぜ名簿を公開しないのか

「内閣総理大臣が…功績・功労のあった方々を…慰労する」会に招かれることが、公表されては困る「個人情報」のはずがない。同じような趣旨で持たれている「園遊会」（春・秋２回、赤坂御苑で、天皇・皇后が各界の功労者を招いて開催）の場合には、招待者名簿は30年間保存され、かつ公開されている。ところが「桜を見る会」については、「個人情報だ」として名簿の公開を拒んでいる。しかも、日本共産党の宮本徹衆議院議員が資料要求した１時間後に、内閣府は大型シュレッダーを使って名簿を廃棄した。自分たちに都合の悪いことは隠し通すという民主主義否定と言わざるを得ない。

４．ジャパンライフの「詐欺商法」に加担、7000人が被害

ジャパンライフの山口隆祥会長が「桜を見る会」に招かれ、そのことを最大限に利用して大型の詐欺行為を行い、甚大な被害を与えた。ジャパンライフは、家庭用の磁気治療器を販売し、「マルチ商法」で早くから問題になっていた。2013年には消費庁から行政指導を受けている。その山口会長が翌年の「桜を見る会」に招かれ、各地の「セミナー」で招待状と受付表を大型プロジェクターで映し出し、不安がる高齢者を信用させた。「年利６％」の高配当をうたって大量の出資金をかき集めた末、2017年12月に倒産した。被害者は7000人、被害総額は2405億円に達した。

責任を追及された首相は、「山口氏とは個人的な面識は一切ない」と言い切った（2019年11月2日、参議院本会議）。ところが、1984年、父の安倍晋太郎外務大臣がワシントンを訪問した際、秘書官として首相も同行した。山口会長もその一行に加わっていたのである。これでどうして「個人的な面識は一切ない」などと言えるのか。野党は一致して、「一問一答」式で審議に応じなければならない予算委員会での集中審議を要求し続けた。ところが、自民党はこれをかたくなに拒否

し、真相が究明されないまま、臨時国会を閉じたのである。まさに「臭いものに蓋をする」「国政私物化」「国会軽視」「民主主義否定」の政治姿勢以外の何ものでもない。

おわりに

相次ぐ閣僚の辞任や高級官僚の不祥事も、政権全体のモラル失墜の現れである。

日本中の子どもたちが、平気で嘘をつく首相の姿をテレビで何回も見ている。教師がいじめた子どもを注意した時、「ぼくはやっていない」と言い張り、そばにいた子どもたちもいじめた子どもをかばって「ぼくらは見ていない」などと言ったら、教師はどう指導すればよいのか。

虚偽と隠蔽、忖度の政治のもとで、この国の子どもたちは果してまっとうに育っていけるだろうか。ことは、子どもたちの未来と日本の将来にかかわっている。

腐敗・堕落の極みと言うべき安倍政権を、一日も早く退陣に追いこもうではないか。

（※「日本共産党・晴嵐後援会ニュース」第106号、2020年１月）

(3) コロナウイルス問題の社会的背景を考える

コロナウイルスが深刻な問題となっている。全世界で感染者は471万3620人、死者も31万5185人にのぼり（2020年５月18日現在）、多くの尊い人命が失われている。東京や大阪などの大都市をはじめとして、感染者が拡大。病院や医師、看護師など医療現場は大変な状況におかれている。労働者は在宅勤務を余儀なくされ、非正規労働者が次々解雇されている。商店は閉鎖され、企業倒産が増えている。学校も休校となり、子どもたちは学ぶ場を奪われている。人々は「自粛」を迫られ、家に閉じ込められている。かつての世界恐慌以来の不況が押し寄せようとしている。

私もこの２カ月あまり、予定していた会合が次々とりやめになり、自宅に引きこもりがちだった。そのなかで、人間が余りにも勝手なことをしてきたので、とうとう自然から手痛いしっぺがえしを受けたのではないかとさえ思わずにはいられなかった。以下、報道された情報を基に、今回の事態を招いた社会的背景にかかわって気づいことを少し綴ってみた。

１．社会学者の大澤真幸氏は「ウイルス自体は文明の外からやってきた脅威だが、それがここまで広がったのは、『グローバル資本主義』という社会システムが抱える負の側面、リスクが顕在化したからだ」と述べている（「朝日新聞」2020年４月８日付）。

「グローバル化」は、人、もの、金の国境を超えた移動をもたらすが、ほんの２カ月ばかりの間にウイルスのグローバル化が起きたのである。人やものの移動がこれほどまでに増えなければ、ウイルスもここまで急激に世界中に広がることはなかったのではないか。

２．「未知の感染症は野生動物が主な宿主です。世界中の原生林が伐採され、都市化された結果、野生動物との接触機会が増え、病原体をうつされるリスクも高まった。英国の環境学者ケイト・ジョーンズは『野生動物からの人間への病気の感染は、人類の経済成長の隠れたコストだ』と指摘しています。」（前掲・大澤氏）

３．ここまでコロナウイルスが深刻な問題をもたらしたのは、この30年間にわたって全世界に吹き荒れてきた新自由主義がもたらした結果でもある。世界で最も感染者が多いのはアメリカ（感染者148万人）で、貧富の格差が大きく、かつ医療保険制度が整備されておらず、貧しい人たちは病院にもかかれないために感染が拡大した。

ヨーロッパで、新型コロナウイルスの被害が最も深刻化しているのはイタリアとスペインである。両国とも1990年代に欧州単一通貨ユーロに参加するために課せられた基準を満たすため緊縮政策を実施、社会保障や医療分野が犠牲にされてきた。人口1000人あたりの病床数は、1980年にはイタリアが９.６、スペインは５.４だった。それが、2012年には、それぞれ、３.４、３.６まで低下した。同じ年にドイツは８.２、フランスは６.５だった。この差がウイルスに対する対応の違いを招いたことは明らかだろう。長年にわたる保守政権の新自由主義政策が招いた結果である（「しんぶん赤旗」2020年4月25日付）。

４．それでは、わが国の場合はどうだろうか。行政の努力と国民の協力で、今のところ、他国に比べ爆発的な感染の拡大は幸い食いとめてはいる。しかし、医療崩壊が懸念されている。どうしてだろうか。

安倍内閣が推進している「地域医療構想」は、団塊世代が75歳以上の後期高齢者になる2025年時点の病床数を2017年から12万8000床も削減する計画になっている。その結果、厚生労働省は、「赤字だから統廃合せよ」と、昨年400超の公立病院を名指しまでした。

ＯＥＣＤ（経済協力開発機構）の2019年度の発表によれば、人口1000人あたりの臨床医師の数はオーストリア５.２人、ノルウェー４.８人などに比べて、日本は２.４人と下位４カ国に名前を連ねている。こうした状況がコロナウイルスの蔓延に伴い「医療崩壊」を招く危険をもたらしているのである（「しんぶん赤旗」2020年4月22日付、東北福祉大・佐藤英仁氏談話）。

コロナウイルスという未曽有の災厄に直面するなかで、社会のあり方そのものを問い直すことが求められているのではないか。新自由主義が標榜する「自立・自助、競争と自己責任」でウイルスに勝てるはずはない。「協力・共同、連帯」の社会をこそ目指すべきだと、私は今、痛切に思っている。

最後に、この間、脳裡をかすめたかのマルクスの有名なことばを紹介して、締めくくりに替えたい。

「わがなきあとに洪水はきたれ！ これがすべての資本家、すべての資本国の標語である。だから資本は、労働者の健康や寿命には社会によって顧慮を強制されない限り、顧慮しないのである。」（カール・マルクス『資本論』）

（※「滋賀県高等学校退職教職員協議会ニュース」第239号、2020年9月）

（4）「憲法第15条根拠」は許せない
―日本学術会議会員の任命拒否にかかわって―

日本学術会議会員への任命を拒否された6人の人たちが、このたび、菅内閣に「自己情報開示請求」を行った。同じく、法学者や弁護士など1162人が「行政文書開示請求」をした。菅内閣の対応が注目されている。

この問題の発端は、昨年菅首相が日本学術会議から推薦された105人の会員候補のなかから6人を恣意的に任命しなかったことである。これが日本国憲法第23条の「学問の自由」をふみにじるばかりか、国会で制定された「日本学術会議法」にも違反することは明確である。しかも、菅首相は、「なぜ6人を任命しなかったのか」一切説明しようとしない。その上、学術会議が提出した105人の名簿を見ていないとさえ言明している。言語道断と言わざるをえない。ことは日本の民主主義と人権の根本にかかわる大問題である。923にのぼる学会などが抗議声明を発表したのも当然である。

私がさらに大きな問題だと思うのは、菅首相が今回の措置の根拠として、日本国憲法第15条第１項をあげていることである。2020年10月29日、衆議院本会議の代表質問で日本共産党の志位和夫委員長がこの問題を取り上げ、追及した。これに対して、菅首相は「憲法15条１項の規定に基づき、任命権者の責任を果たした」旨、６回も強弁した。

憲法第15条第１項は「公務員を選定し、及びこれを罷免することは、国民固有の権利である」と規定している。これは言うまでもなく、国民主権に基づく参政権の根拠規定である（「本項は、あらゆる公務員の終局的任免権は国民にあるという国民主権の原理を表明したもの」宮澤俊義著『全訂日本国憲法』日本評論社、1978年）であって、内閣総理大臣の「公務員任免権」を規定したものでは断じてない。反対に、首相は国民から「選ばれ、罷免される」べき立場である（国民が衆議院議員を選び、衆議院議員が首相を選ぶ訳だから、形式的には「国民から選ばれた」と言えなくもない。罷免権を基に、知事や市長は有権者がリコールできる。総理大臣も憲法上の理念としては、国民が罷免できるはずである。しかし、それができないのは、私は実定法上の不備だと思っている。最高裁判所の裁判官は「国民審査」を受けるのだから、それと同じような制度は整備できるはずである）。

いずれにしても、今回の「任命拒否」の根拠に憲法第15条を挙げるのは「本末転倒」、憲法解釈の根本的な間違いだと言わざるを得ない。こんなことは、きちんと説明すれば、小学生でも分かる道理である。「日本国憲法をきちんと読んでいない、正しく理解できていない人間が内閣総理大臣を務められるのか」と私は言いたい。

菅首相は、自分は日本で一番の権力者で、「国民の代表」として「公務員の任命罷免権」を憲法第15条で保障されているなどと本気で思っているのだろうか。もしそうだとしたら、大変な人物が総理大臣になったものである。これでは、まさに、フランス・ブルボン王朝のあの悪名高きルイ14世の「朕は国家なり」と同じではないか。私は、憲法第15条の「罷免権」という「国民固有の権利」をもとに、このような総理大臣は「即刻辞めなさい」と声を張りあげたい。

（※「日本共産党・晴嵐後援会ニュース」第115号、2020年10月）

（5）「安倍教育改革」の大失敗
―「教員免許更新制」、やっと廃止に―

「教員免許更新制」が早ければ2022年度から廃止される。制度が発足する前からその不当性を批判し、「一日も早く廃止すべきだ」と主張してきた筆者は「喝采」を叫びたい。「教員免許更新制」は不登校問題とは関係がないと言う人がいるかもしれない。しかし、教師の多忙化を招き、ひいては、不登校増加の一因となったのではないかと私は思っている。

1．なぜ廃止せざるを得なくなったのか

「教員免許更新制」は、幼稚園から小学校・中学校・高校までの教員すべて（約120万人）が、10年に一度、大学などで30時間の「更新講習」を受け、試験に合格した上で、都道府県教育委員会に申請手続きをしなければ免許が失効する。受講の申し込みからその後の手続き、受講料や会場までの交通費、場合によっては宿泊費などすべて自己責

任、自弁である。第１次安倍内閣が教育基本法を改悪した後、「教育改革」の目玉として、2009年度から実施した。しかし、10年毎に１回、30時間の「更新講習」を受ければ「教員の資質能力が抜本的に向上する」などと信じていた教育関係者は誰一人いないだろう。

結果はどうか。教師の「多忙化」にいっそう拍車がかかった。「更新講習」を受け、単位は取得したが教育委員会への申請手続きをしなかったために資格を失う人も出てきた。「更新講習」を受講しないまま退職した人も多く、産休教員などの代替者がなかなか見つからない。教員志望者の減少さえ招いてきた。矛盾が顕在化し、現場教員だけでなく、管理職や教育委員会関係者からも廃止を求める声が高まり、ついに廃止せざるを得なくなった。「安倍教育改革」の大失敗である。

２.「免許更新制」の問題点と不当性

免許更新制の「実施上の矛盾と問題点」として、私は以前、次の諸点を指摘しておいた。

１）毎年、約12万人の該当者が無事に受講できる制度的な保障が全くない。文科省や地教委は実施に何の義務も責任も負っていない。すべて、教員の「自己責任」にしている。

２）受講者の物理的・精神的負担が極めて大きい。交通が便利で、人気のある講座には申し込みが殺到し、すぐに定員がオーバーする。インターネットでの申し込み以外は受け付けないことになっているから、勤務時間中に子どもたちを自習させて、パソコンに向かわざるを得ない。当然、子どもにしわ寄せがいく。

３）主に夏期休暇中に講座を開講する大学側の負担も大変大きい。

４）教師の「洗脳」がすすめられるおそれがある（講師が文科省の方針の受け売りをしても、最後にはテストがあるので、受講者は批判もできない）。

5）「資質向上」が目的であれば、すでに「初任者研修」「10年目研修」「中堅教員研修」などがある。また、職務上必要であれば、行政の責任で（費用も含めて）実施すべきである。

さらに、私は「免許更新制」の「不当性と反教育性」として、次の3点を指摘した。

1）「教員の身分は尊重される」との教育基本法の大原則を踏みにじっている。世界各国の教員免許はすべて終身制である。「更新制」を採用しているのはアメリカの一部の州だけである。

2）「研修」（研究と修養）は、本来、自主的にすべきものである。一人ひとりの教員が自主的・自発的に、日々研修に努めている（子どもと接することが、教師としての力量を高める。多忙化で、思うに任せないのが現実だが）。

3）どんな仕事でも、経験を積めば力量はそれなりに伸びる。従って、大抵の免許は、当然終身制である。更新が必要なのは、私の知る限り「運転免許」くらいである。教員免許だけ、10年毎に1回「更新」させなければいけない理由も根拠も全くない

3．政治の下僕（しもべ）と堕した教育行政

具体的な「制度設計」を打ち出した2007年7月の中央教育審議会（中教審）答申は次のように述べていた。

「教員としての資質・能力は、本来的に時代の進展に応じて更新が図られるべき性格を有しており、教員免許制度を恒常的に変化する教員として必要な資質能力を担保する制度として、再構築することが必要である。」

教員免許制度（終身制）は1900（明治33）年に始まった。「本来的

に更新が必要である」というのであれば、実に1900年からの109年間も、国は「本来的に必要なことをやってこなかった」ことになる。このような何の根拠もない「暴論」によって免許更新制は導入されたのである。まさに、教育行政が完全に政治の下僕と堕した結果というべきだろう。答申でこのように記述した者は、責任をとるべきである。

2022年に廃止されたとしても、こんな愚かな制度が15年間も続いたのだ。120万人の教員の半分は、2度もしんどい思いをしたことになる。廃止したからと言って済む問題ではない。

文部科学省が2021年10月13日に発表した昨年度の「不登校児童生徒数」は19万6127人。前年度を1万4855人上回り、過去最多となった。さまざまな要因があり、一概には言えないが、教師たちが超多忙で、一人ひとりの子どもとゆっくり関われない現場の状況に大きな要因があると私は思っている。その一端が「教員免許更新制」である。

文科省や中教審は、施策の誤りを認め、その反省に立って、これまでの研修のあり方についても、この際改善すべきである。ところが、「発展的解消」などと称して、教員一人ひとりの研修受講履歴を記録するシステムの導入や地教委の研修の一層の「充実」などを図ろうとしている。

4．教員研修は本来どうあるべきか

この機会に、私自身の経験も踏まえて、教員の「研修」は本来どうあるべきかについて思うところを2・3述べておきたい。

教員の「研修」とは、「教育公務員特例法」（教特法）第21条が明示しているように「研究と修養」ということである。そうである以上、本来他から強制されて行うものではなく、一人ひとりの教員が自主的・自発的に行うべきである。子どもが自ら学ぶ意欲がなければ、学習したことが身につくはずがないのと同じ理屈である。ところが、ここ数十年来、「研修」は文科省や地方教育委員会が企画・実施し、教員はそれを受けるものと見なされてきた。まさに本末転倒と言わざるを得ない。

私は1958（昭和33）年に大学を卒業し、教職に就いた。しかし、当時は「初任者研修」や「10年経験者研修」「中堅教員研修」など、いわゆる「天下り研修」は一切なかった。従って、私は県教育委員会の行う「研修」を受けたことは一度もない。それでは、教員としての力量は身についていなかっただろうか。まさか、そんなことはあるまい。

では「教師としての資質や能力をどう磨いたのか」と問われたら、「私自身が努力し、各種の教育サークルで学び、また、子どもたちからも学んできた」と答えるだろう。「滋賀地歴教育研究会」や「滋賀県教育サークル協議会」、「あしたの会」などとの現代史サークルで学んだ。地元の愛知川町で、小学校・中学校の教師たちと一緒に自主的な教育サークルを持ったこともある。

今一つ、「研修」に関わって忘れられない思い出がある。私は教職に就く際、できれば専門の日本史の勉強も続けたいとの思いがあった。それで、学生時代に顔を出していた日本史研究会・中世史部会（隔月に1回、ウィークデーの午後に持たれていた）の開催通知を送ってもらった。授業のやりくりをして、「職務専念の義務免除」（いわゆる「職専免」）で参加したい旨申し出た。そうしたら、当時の教頭は「山田君、若い時にはしっかり勉強しいておくことが大事だ。遠慮しないで行きなさい」と言って、旅費・日当付きの正規の出張扱いで送り出してくれた。そのうち、教職員組合の仕事にも関わり、忙しくなって、中世史部会への出席は断念せざるを得なくなったが…。

「教育公務員特例法」は、第20条（研修の機会）で「教育公務員には、研修を受ける機会が与えられなければならない。2　教員は、授業に支障がない限り、本属長の承認を受けて、勤務場所を離れて研修を行うことができる」と規定している。研修とは、強制されて「やらされるもの」ではなく、本来、自分の意志で「行うもの」である。私の新任時代には、この条文が生きていた。しかし、残念ながら今ではすっかり死文化してしまい、そんな規定があることさえ知らない教師が多いのではないか。

おわりに

私は「このような反教育的な制度は、一日も早く廃止すべきだ」として、かつて、次のように述べたことがある。

「派遣切り」にあった労働者たちが、「人間をモノのように使い捨てにするのは許せない」と声を挙げたことで、流れが少し変わってきた。かつて、平和と民主主義のため、命がけでたたかってくれた先輩たちのお陰で、今日の日本がある。…理不尽なこと、筋の通らないことには、それはおかしいと、声を張り上げる勇気をぜひとも持ちたい。
ことは、子どもたちのしあわせと日本の未来がかかわっているのだ。
（※滋賀民研・研究所通信『手をつなぐ』第401号、2021年11月／なお、『登校拒否・不登校問題全国連絡会ニュース』第14号、2021年12月号にも抜粋して掲載）

（6）「デジタル化」で日本の学校はどうなる？
―こんなに問題、「ＧＩＧＡスクール構想」―

1．「言い出しっぺ」は経団連

今、公教育が「情報産業」に支配されようとしている。安倍・菅政権は、財界の言いなりに、教育の「デジタル化」「ＧＩＧＡスクール構想」を拙速的に進めてきた。岸田内閣もこれを受け継ぎ、推進しようとしている。

すでに、全国の小学校・中学校で、すべての子どもたちに、１人１台のタブレットが配られた（小学校・中学校は無料で配布したが、高校は半数近くの都道府県が有料で購入させようとしている。５～６万円が父母負担となり、各地で大きな問題になっている）。教師たちには、まったく「寝耳に水」だった。どう使うのか、多くの学校が、今困惑している。かかった費用は総額4600億円。いったい、いつ、どこで、誰が決めたのか。国会で事前に審議されたとのニュースはまったく聞いていない。

実は、2019年11月、経団連（日本経済団体連合会）が「児童生徒に１人１台の端末を配備する」よう「提言」した。その１カ月後、文部科学省が「ＧＩＧＡスクール構想」に基づいてタブレットの配備を決めた。言い出したのは「経団連」。経済産業省がそれを後押しし、文科省が押し切られたというのが真相だと私は推察している。

2．「ＧＩＧＡスクール構想」とは

「ＧＩＧＡスクール構想」って、いったい何？と多くの人が疑問に思うだろう。Global and Innovation Gateway for All の略。「全ての

人に革新的な入り口を」との意味になる。横文字の略語で、目新しさをよそおい、国民の目を欺（あざむ）こうとしている。

経団連はさらに、2020年9月、「EdTech推進に向けた新内閣への緊急提言」を発表した(「EdTech」とは、EducationとTechnologyを組み合わせた造語。アメリカ人やイギリス人が聞いても分からないだろう。こんな言葉が公用語？として、堂々と使われること自体、嘆（なげ）かわしいと私は思う）。同日、菅内閣はデジタル改革関係閣僚会議で「デジタル庁」設置を決定した（平井卓之デジタル担当大臣は情報企業「電通」の出身、自民党のネット選挙対策を担当していた）。

３．情報産業が教育を支配する

子どもがタブレットを使う度に情報が蓄積される。インターネットの閲覧履歴ほど、企業が欲しがる情報はない。グーグルなどの情報企業は、検索履歴をもとに利用者が最も関心を持ちそうな情報を手に入れる。さらに、高速大容量の通信環境が必要になる。そこで、企業が即座に動く。「楽天」は全国の自治体を対象に、「楽天モバイル基地局」を学校の敷地内に設置することを条件に、校内通信ネットワークに使う光回線を無料で提供する「ＧＩＧＡスクール構想」支援プランを発表している。

これまでの鉛筆やノートに代わって、オンライン授業用のアプリと連携させたタブレットを使用させる。使えば使うほど、生徒個人の学習データが蓄積される。その子のレベルにあわせた問題を出すこともでき、「個別、最適化」した学習が進むなどと言われている。果たして、そうだろうか。

デジタル教科書を使えば使うほど、教師の個性と多様性がなくなる。教師に求められるのは、子どもたち一人ひとりがしっかり理解できるよう工夫することではなく、タブレットを使いこなす技術になってしまう。次は、当然「教員を減らしましょう」という流れになる。デジタル庁設立の中枢にいるパソナグループの竹中平蔵会長は、「オンライン授業をすすめると、教員の数は今よりずっと少なくて済む」と公言している。

今でさえ教師が不足し、超多忙で、その増員が必須の課題となっている。学校に行けない子どもたちが増えているのは当然である。この上さらに教師が減らされて、教育がよくなるはずはない。

文部科学省発表の2020年度「児童生徒問題行動調査」によれば、パソコンやスマホを使った「ネットいじめ」が全国で1万8820件に及んだ。学校が配布したタブレットを使ってのいじめも各地で頻発している。2020年11月には東京都町田市で、いじめられた小学校６年生の女子が自殺した。両親は「学校が配布したタブレットが使われた」と告発している。

４．「デジタル化」で、果たして子どもはまっとうに育つか

教育は、本来、子どもと教師、子ども同士の人間的なふれあいのもとで成立する営みである。「デジタル化」と「ＧＩＧＡスクール」で、子どもがまっとうに育つだろうか。

ＩＣＴ教育が世界で一番進んでいるオーストラリアとニュージーランドは、ＰＩＳＡ（ＯＥＣＤが３年毎に実施している国際的な学力到達度調査）の結果、調査の度毎に学力が大きく低下している。紙に書くことで記憶が定着し、考える力も身につく。映像は便利ではあるが、一時（いっとき）のものに過ぎないからだ。

ＩＴ技術の進歩は確かに著しい。私もわからない単語に出くわすと、事典や辞書を引くより、インターネットに頼ることが多くなっている。メールで原稿を送ったり、連絡を取り合ったりする機会も増えた。情報機器をうまく活用することは、今後も教育の大きな課題であること

は間違いない。しかし、それを使うのはあくまで人間である。人間が情報機器に使われてはならない。教育活動のそれぞれの場面で、「タブレットを使うとよいか」「従来通り、紙と鉛筆を使う方がよいか」、子どもたちと教師（場合によっては保護者も含めて）で話し合い、決めていくべきだろう。

教育とは、人間が人間を相手に行う最も人間的な営みである。子どもと教師、子ども同士の人間的なふれあいのもとで成立するのである。

パウロ・フレイレは、『被抑圧者の教育学』のなかで、「子どもと教師、子ども同士の対話こそが教育の本質である」と喝破している。「対話」には、意見交換、討論、相互批判、他人の意見に耳を傾けるなどが含まれる。それらが人間を育む。「教育のデジタル化」は、それらのすべてを、そして教育の本質をもないがしろにするに違いない。

私は、日本の学校教育が情報産業に浸食されるのを、今大変憂えている。それと同時に、情報機器をうまく活用できる教育現場であって欲しいと切に願っている。

＜参考文献＞

・大阪教育文化センター編『「ＧＩＧＡスクール構想」光と影、教育の展望』（2021年）
・堤未果『デジタル・ファシズム－日本の資産と主権が消える』（ＮＨＫ出版、2021年）
・児美川孝一郎『浸食する教育産業、溶解する公教育』（『経済』2021年12月号）
・座談会『「ＧＩＧＡスクール構想」で教育現場に何が起きているか』（同上）

（※「日本共産党・晴嵐後援会ニュース」第129号、2022年１月）

（7）芭蕉はなぜ義仲寺に葬られたのか
－芭蕉と近江とのかかわりについて考える－

1．芭蕉と近江

松尾芭蕉（1644～1694年）が初めて近江に来たのは、亡くなる9年前の貞享2（1685）年、「野ざらし紀行」の旅の途中でした。京都滞在中に、堅田・本福寺の住職・三上千那の要請を受けたからです。近江に来て、「辛崎の松は花より朧（おぼろ）にて」との句を詠んでいます。

以後、前後6回近江を訪れ、2年続けて越年しています。これは江戸に出てからはじめてのことでした。びわこに魅せられたのでしょう。

芭蕉は生涯、980句の発句を残しています。近江で89句詠んでいますから、江戸に次いで多いだろうと私は思っています。

芭蕉の有力な門人36人を選んで、その肖像を画いた『蕉門三十六歌仙図』というのがあります（蕪村の筆になるともいわれていますが、そうではないようです）。義仲寺の「翁（おきな）堂」にも掲げられています（これはコピー）。12人が近江の門人。江戸5人、尾張・美濃各4人、郷里の伊賀上野は3人ですから、近江の比重の大きさが分かります。晩年の芭蕉にとって、近江は一番かかわりの深い土地だったのです。

2．芭蕉はなぜ義仲寺に葬られたのか

芭蕉は元禄7（1694）年9月末に大坂で病に倒れました。近江の門人たちが急を聞いて駆けつけ、看病しました。しかし、結局10月12日に亡くなりました。享年51歳でした。

郷里の伊賀上野には兄も健在で、菩提寺もありました。しかし、芭蕉は「骸（から）は木曽塚におくるべし」と遺言しました。そこで、遺体は近

江の門人たちの手でその日のうちに舟で淀川をさかのぼり、伏見まで運ばれ、明くる日、大津に到着しました。14日、義仲寺で、義仲の墓の隣に葬られました。300人余りの会葬者があったといいます。

これについては、従来、「芭蕉は義仲を敬慕していたからだ」と説明されてきました。そう書いている本も数多くあります。しかし、私は「それは違うだろう」と思っています。

義仲寺は、今は街中ですが、埋め立ての結果です。昔は、すぐ前がびわこでした。前の道は車が行き交きしにくい程狭いですが、これが実は旧東海道です。

「骸を木曽塚におくるべし」との言葉に続いて、芭蕉は述べています。「ここは東西の巷、さざなみよき渚なれば、生前の契り深かりし所なり。なつかしき友達の訪ね寄らんも便わづらはしからじ」と（路通『芭蕉翁行状記』）。そこには、「義仲」の「よ」の字もありません。

「びわこのほとりで眠りたい」「近江の門人たちのところに帰りたい」というのが芭蕉の本意だったのではないか、というのが私の推察です。

3．義経・義仲と芭蕉

芭蕉は、確かに悲劇の主人公が好きでした。とりわけ義経を敬慕していました。「おくのほそ道」の旅では、「飯塚」のところで、義経の従者佐藤庄司の旧跡を訪ねました。近くの古刹・医王寺に「義経の太刀、弁慶の笈」が保存されていることを知り、「笈も太刀も五月に飾れ紙幟」と詠んでいます（「笈」とは行者が荷物を入れて背負った箱です）。

また、義経の旧城「高館」では、「義臣すぐってこの城にこもり、功名一時の叢となる」と述べ、「国破れて山河あり、城春にして草碧(あお)みたり」との杜甫の「春望」の一節を引用して、「夏草や兵(つわもの)どもが夢の跡」との名吟を残していることは、皆さんもご存じのところでしょう。

では、義仲についてはどうでしょうか。芭蕉は「おくのほそ道」の帰路、北陸路で義仲の旧城・「ひうちが城」のそばを通り、「義仲の寝覚めの山か月悲し」と詠みました。しかし、この句は「おくのほそ道」には収録していません。また、「ひうちが城」を「義仲の旧城」とも書いていないのです。

その少し手前、小松の「多太(ただ)神社」のところでは、斉藤別当実盛(さねもり)が源義朝から授かったという兜(かぶと)について詳述しています。そして、「むざんなや甲(かぶと)の下のきりぎりす」と詠んでいます。実は、実盛は幼い義仲を助けた大恩人です。今は平家の家人となって、白髪を黒く染めて討死した実盛の首(こうべ)を見て、義仲は号泣したといいます。これは平家物語や源平盛衰記でも取り上げている有名なエピソードです。一編のドラマといってもよいでしょう。古典に通じていた芭蕉はそのことをよく知っていたはずですが、まったく言及していません。義経との差は歴然たるものです。

芭蕉は義仲寺の無名庵に何回も滞在し、ここで越年もしました。無名庵は義仲の愛妾・巴御前が夫の菩提を弔っていたところです。「あなたはどなたですか」と問われ、「妾(わらわ)は名もなき女性(にょしょう)なり」と答えたことから無名庵と呼ぶようになったといいます。芭蕉が本当に義仲を敬慕していたのであれば、義仲や巴御前と自分を結ぶこうした“因縁”について何かを書き残していたはずです。

芭蕉は、214通の手紙を残しています。そこには義経の名が2回出てきます。ところが、義仲寺で認(したた)めた手紙もあるはずなのに、「義仲」や無名庵については、まったく言及していないのです。

それでも人は、「義仲を敬慕していたから義仲寺に葬られた」というのでしょうか。

4．芭蕉とびわこ、そして杜甫

芭蕉が敬愛していたのは、平安末期の歌人・西行と中国・唐代の大詩人杜甫でした。「おくのほそ道」は西行の500年忌に、彼の歌枕を訪ねる旅でもありました。芭蕉には、西行にちなんだ句や文章が数多くあります。

また、晩年、旅に明け暮れた芭蕉の「頭陀袋（ずだぶくろ）」には常に杜甫の詩集が入っていたといいます。「おくのほそ道」の「夏草や」の句のところでは「国破れて山河あり…」と杜甫の「春望」の一節を引用していることはすでに述べました。それ以外にも、杜甫の詩に関わる句や文章が多くあります。「幻住庵の記」でも「呉楚東南に走り…」と、杜甫が洞庭湖畔で詠んだ「岳陽楼に登る」の一節を引用しています。

近江に来て、びわこを初めて見た芭蕉は、杜甫の詩に詠われている長江河畔の洞庭湖を思い起こしたのではないかと、私は思っています。もちろん、芭蕉に今更聞くことはできませんが…。中山義秀は、『芭蕉庵桃青』（中公文庫）のなかで、「仁者は山を楽しむ。智者は水を楽しむ」（『論語』）を引用して、「山国育ちの芭蕉はびわこに魅せられた」と述べています。

義仲寺に葬られたのは「びわこのそばで眠りたい」との思いからではないかと私が述べる根拠の一つはそこにあります。

5．近江の主な門人

近江における芭蕉の主な門人を紹介しておきましょう。いずれも、「蕉風」と呼ばれた芭蕉の晩年に入門した人たちです。

江左尚白一医師、近江俳人の中心的存在。但し、後年は芭蕉から離れた。

浜田洒堂―医師、珍碩とも称した。芭蕉に「四方より花吹き入れてにほの波」の句と「洒落堂の記」がある。洒落堂は膳所中庄に「戒琳庵」として現存。

望月木節―医師。温厚で、芭蕉が最も信頼していた。大坂で病に倒れた時、「お前にすべてを任す」と言ったという。

菅沼曲水―膳所藩士。芭蕉に幻住庵を提供した。芭蕉が一番世話になった。曲水宛に17通の手紙を残している。

水田正秀―膳所藩士。曲水の叔父。義仲寺の無名庵を改築して、芭蕉に提供した。

森川許六―彦根藩士。絵に優れ、芭蕉に絵を教えた。芭蕉に「許六離別ノ詞」「贈許六辞」がある。芭蕉の没後、「芭蕉翁行脚図」を画いた。

三上千那―堅田本福寺の住職。芭蕉を大津に招いた。

河合乙州―大津で問屋役を営み、芭蕉を経済的に援助した。芭蕉は新築なった乙州宅で越年したこともある。姉の智月も門人。芭蕉の葬儀に際して、曲水の妻とともに浄衣を縫った。

内藤丈草―元犬山藩士。致仕して出家。芭蕉の死後、義仲寺の裏山・竜が丘の「仏幻庵」で芭蕉の菩提を弔った。その跡地が国道１号線沿いの「竜が丘俳人墓地」である。

武士や医師、僧侶、商人…、様々な職業・身分の人がいます。江戸時代には厳しい身分制度がありました（但し、「士農工商」と言うのは間違いです。江戸時代に「士農工商」と述べた文献はほとんどありません。幕末に儒学者が言いだし、明治になってから「四民平等」が唱えられ、その結果、逆に江戸時代は「士農工商」だったということにされたのです。実際には「武士」「百姓」「町人」との３身分でした。商人と職人は同じ「町人」という身分だったのです）。

俳諧は「座の文芸」といわれ、身分の枠を越えた自由な世界でした。「十七文字の解放区」と言う人もいます（立松和平『芭蕉の旅、円空の旅』NHK出版、2006年）。人々にとっては、そこが楽しかったのでしょう。

６．芭蕉の手紙

芭蕉は筆まめな人で、世話になった門人たちにその都度、手紙を出しました。もらった門人たちも「芭蕉さんからの手紙だ」というので、大事にとっておいたのでしょう。現在、214通の手紙が残っています（偽物も多いようですが）。

今日のように、ポストに放りこめば、日本のどこにでも、翌日か２・３日のうちには必ず届くような時代ではありません。飛脚に頼むことになりますが、お金も時間もかかります（江戸～大坂間が普通、６日間かかったようです）。そこで、江戸の人に届ける場合は、江戸に行く人を見つけて言付けたりしました。大変な手間がかかったのです。

そんななかで、近江の門人宛が格段に多く、68通に上っています。次いで多いのは郷里の伊賀上野ですが、31通です。個人では曲水宛が17通で、一番多いです。曲水と正秀宛には、「膳所（大津）は旧里の如く存じ候」と書いています。芭蕉の本音が出ていると思います。

また、江戸勤番中の曲水には「息子さんが大きくなられましたよ」、正秀宛には「ご内儀のお体の具合は如何ですか」などと、門人の家族にまで気遣いを見せています。

７．芭蕉と琵琶湖大橋

連句（連歌）は、何人もの人が、五七五・七七・五七五・七七と交替で続けていきます。百句続けて詠むのが普通でしたが（百韻）、結構、時間がかかりました。そこで、芭蕉の時代には36句で完了する「歌仙」が主流となりました。その連句の最初の句を「発句」といいます。やがて発句だけが独立して詠まれるようになりました。明治時代になって、正岡子規が「発句」を「俳句」と言い換えました。また、「連句」で前句に付けることを「付句」といいます。芭蕉の「付句」は数え切れないほどあります。

ところで、琵琶湖大橋・西側のたもとに芭蕉の句碑が建っています。

比良三上雪さしわたせ鷺の橋

句は、「百人一首」に収められている大伴家持の有名な「かささぎの渡せる橋におく霜の白きを見れば夜ぞ更けにける」との古歌によっていることはわかりますね。揮毫は時の知事、谷口久次郎。

実は、谷口は俳人でもあり、芭蕉のこの句から着想を得て、琵琶湖大橋の建設を思い立ったといいます。彼の在任中（1958〜1966年）は、ちょうど高度経済成長期で、県財政にも余裕がありました。県立高校の５校新設や安土の大中湖の干拓なども行われました。

句碑の建立は芭蕉の270年忌記念でした。芭蕉の夢が300年近い星霜を経て、現実のものとなったとも言えるでしょう。芭蕉が近江に残した記念物と言えなくもありません。

８．芭蕉の書と柿衛文庫、江戸時代の木板技術

伊丹市に「柿衛文庫」というのがあります。芭蕉の真筆をはじめ、俳諧関係の史資料を数多く収納しています。伊丹市長を務め、聖心女子大教授でもあった岡田利兵衛は、江戸時代から続いてきた家業の酒造業も継ぎました。私財を投じて、芭蕉の真筆をはじめ、関係の史資料の収集に努めました。それらは約6500点に上りました。氏の没後、財団法人「柿衛文庫」が設けられ、そこに託されました。

氏は多くの編著書を出しましたが、その一冊に『芭蕉の書と画』が

あります。それによると、芭蕉の書風は、不断の真摯な努力と精進によって８つの段階に分かれるといいます。幻住庵前庭の『幻住庵の記』（陶板）の書体は、円熟期の最も優美なもののようです。

芭蕉は俳画も画きました。画家でもあった門人の森川許六に絵を習ったようです。

芭蕉はまとまった俳論は書いていませんが、多くの俳文や紀行文を残しています。しかし、生前に刊行されたものは『幻住庵の記』だけです。連句集『猿蓑』に収録されました。他は、すべて門人の手で没後に刊行されたものです。

『猿蓑』の現物は、京都大学の史料館に収納されています。幻住庵の前庭のものはこれを撮影、２倍に拡大して陶板に埋め込んだものです。私はこれを見て、江戸時代の木板印刷の技術の高さにも驚いています。文字を逆に写しとって、版木（桜の木が多く使われた）に正確に彫らなければなりません。大変な技術です。もちろん、一度、下版を作れば、いくらでも増刷できます。しかし、こうした事情から、出版には結構資金がいりました。また、値段も高かったようです。そこで、京都や大坂、江戸には、たくさんの貸本屋がありました。地方には、行商の貸本屋が廻っていったようです（私の子ども時代には、半期毎？ に行商の薬売りが廻ってきました。使った分だけ代金を受け取り、新しく補充してくれました。「富山の万金丹」という言葉がありますから、富山から来たのか、それとも近くの甲賀町からだったでしょうか。貸本屋もそれと同じだったようです）。

江戸時代には「寺子屋」が各地にあり、当時の識字率はおそらく世界で一番高かったでしょう。俳諧が盛んだったのもその所為だったと私は思っています。

9．近江で詠んだ芭蕉の発句

最後に、近江で詠んだ芭蕉の主な発句を紹介しておきます。

＜幻住庵にて＞

先ず頼む椎の木もあり夏木立

頓(やが)て死ぬ景色は見えず蝉の声

我が宿は蚊の小さきを馳走かな

＜石山寺で＞

曙(あかつき)はまだむらさきにほととぎす

石山の石にたばしるあられ哉

＜瀬田川で＞

此のほたる田ごとの月とくらべ見ん

五月雨(さみだれ)にかくれぬものや瀬田の橋

世の夏や湖水に浮かぶ浪の上

＜堅田にて＞

病雁の夜寒に落て旅寝哉

海士(あま)の屋は小海老にまじるいとどかな

＜義仲寺で＞

何に此師走(しわす)の市(いち)にゆくからす

草の戸や日暮れてくれし菊の酒

あられせば網代(あじろ)の氷魚(ひお)を煮て出さん

＜乙州宅にて＞

かくれけり師走の海のかいつぶり

人に家を買はせて我は歳忘れ

＜木節亭にて＞

秋ちかき心の寄るや四畳半

湖(みずうみ)やあつさを惜しむ雲のみね

＜三井寺について＞

三井寺の門たたかばやけふの月

＜浮御堂で＞

錠（じょう）あけて月さしいれよ浮御堂

比良三上雪さしわたせ鷺（さぎ）の橋

＜その他＞

山路来て何やらゆかしすみれ草（小関越えにて）

行く春を近江の人と惜しみける

（※2019年１月16日、滋賀文化懇話会での話題提供資料／一部省略して、週刊『滋賀民報』紙に2022年９月18日付から３回にわたって掲載）

（８）安倍元首相の「国葬」は明白に憲法違反

参議院議員選挙投票日の前々日、2022年7月8日、遊説中の安倍元首相が奈良市内で狙撃され、救急搬送されたものの、結局帰らぬ人となった。暴力で人の命を奪うことが許されるはずがない。哀悼の意を表するとともに、加害者を厳しく糾弾したい。

しかし、この事件に付随して、２つのことが大きな問題になってきた。一つ目は、安倍元首相の「国葬」問題である。二つ目は自民党と旧「統一教会」の醜い癒着である。後者については、次項で述べるので、ここでは「国葬」について問題点を整理しておきたい。

１．戦前は「天皇の思し召し」で「国葬」

戦前には確かに「国葬令」という法令があった。これは「勅令」＝

天皇の命令で決められたものである。天皇や皇族を除けば、13人が国葬に附されている。1926（大正15）年に勅令で「国葬令」が定められた。そこでは「国家に偉勲ある者」は「特旨」（特別な思し召し）により「国葬を賜る」と規定し、国民に服喪を強制した。天皇絶対主義のもとに「国民統合」をはかるためであった。1934年の東郷平八郎、1943年の山本五十六の国葬は軍国主義思想を鼓吹し、国民を戦争に思想動員するためであった。

「国葬令」が、戦後、国民主権と民主主義を基調とする日本国憲法の施行（1947年5月3日）に伴い失効したのは当然だった。特定の個人の死亡にたいして、全国民に弔意を強制することは、なによりも憲法の規定する「個人の尊重」と「思想・信条の自由」の明白な侵害であるからである。

2．一片の「閣議決定」での「国葬」は許されない

ところが、岸田内閣は７月22日の閣議で、安倍元首相の「国葬」を9月27日に全額国費で執り行う旨、決定した。今日、わが国には「国葬」を行う根拠となる法律は存在しない。「根拠は何か」と聞かれて、岸田首相は「内閣府設置法の規定にもとづく」と答えた。

しかし、「内閣府設置法」のどこにも、特定の個人の「国葬」を内閣の責任で行うなどとは規定していない。それを、国民の多額の税金を使って、一片の「閣議決定」をもとに行うのは、余りにも横暴である（当初、岸田首相は、国葬に使う費用は2億5000万円、それを国会にもはからず、内閣の責任で予備費を充当すると説明した。予備費は、本来「予見し難い予算の不足に充てる」ためのものである。しかも、それは式典の費用だけで、警備その他を含めると16億6000万円になる。式典をとりしきる業者は悪評高い「桜を見る会」と同じく「ムラヤマ」だと言う。あきれる他ない。）。

3．安倍首相は、国民のためにいったい何をしてきたか

岸田首相は「国葬」を実施する理由として、安倍氏が８年８カ月の長きにわたって政権を担当したことと、その功績が大きいことを挙げている。しかし、この間に何が行われたのか。主なものを拾い上げてみる。

・歴代内閣が「憲法９条のもとでは、認められない」としてきたのを、閣議決定だけで覆し、集団的自衛権容認による「戦争する国づくり」をすすめた。
・教育基本法を改悪。教員免許更新制の実施（破綻して、2022年度で廃止）、「ＧＩＧＡスクール構想」の押しつけ、管理体制強化、学校の「ブラック」化、不登校やいじめの増大。
・「アベノミクス」による貧富の拡大、消費税の増税と法人税の引き下げ、「異次元の金融緩和」による円安の進行。
・「桜を見る会」に象徴される「行政の私物化」、さらに「森友、加計疑惑」。

私は、抗議の意味で「朝日新聞」に投書した。「子どもたちは毎日、テレビで首相がウソをついているのを見ている。教師がいじめた子どもを注意した時、『僕はいじめていない』と言い張る。周りの子どもたちもそれに忖度して『ぼくたちは知らない』と言ったら、教師はどう指導したらよいのか」と。

これだけ、国会でウソをつきまくった総理大臣を、私は寡聞にして知らない。それでも岸田首相は、国民の税金を使い、国民に「弔意」を強いるのか。

安倍政治を歓迎した人もいれば、厳しく反対した者もいる。「国葬」についても国民世論は賛否あい分かれている。通信アプリ（ＬＩＮＥ）を使っての調査によれば、「中日新聞」が76％、「九州新聞」では72％以上が反対している（「しんぶん赤旗」７月26日付）。

4.「もくろみ外れ、政権痛手、割れた世論、党内対立も」

日本武道館で国内外から4000人を集めて「国葬」が行われた翌日、9月28日、「朝日新聞」は「もくろみ外れ　政権痛手」「割れた世論　党内対立も」との記事を載せた。反響を的確に捉えているように思われるので、一部抜粋して紹介し、小論の結びに換えたい。

「安倍元首相の死去からわずか6日後に岸田首相が決断した国葬、当初のもくろみは外れ、7月の参院選で得た『推進力』がそがれただけでなく、政権そのものを深く傷付ける結果を招いている。…首相は当初、『国民の総意』を強調した。だが、安倍氏の政治的評価が定まっていないことや、法的根拠があいまいなことなどに日増しに批判が強まり、皮肉にも、世論の分断が加速していった。…

国葬の是非にも関わる『世界平和統一家庭連合（旧統一教会）』と安倍氏との関係については『本人が亡くなられた今、その実態を把握することには限界がある』と調査しない対応を変えず、報道各社の世論調査では内閣支持率が急落した。

国葬の意義として、海外要人との『弔問外交』を強調したが、いずれも短時間の会談で、国民の理解を得るまでには至らなかった。」

（※本稿は、「安倍元首相の「国葬」と、旧統一教会の政界浸透」と題して「滋賀県高等学校退職教職員協議会ニュース」第252号、2022年９月号に掲載したものです。旧「統一教会」問題は、次項で詳述します。）

（9）「統一教会」の正体を暴く

はじめに

参議院選挙投票日の前々日、2022年7月8日、遊説中の安倍元首相が奈良市内で狙撃され、帰らぬ人となった。民主主義の世の中で、暴力で人の命を奪うことが許されるはずがない。哀悼の意を表するとともに、加害者を厳しく糾弾したい。

しかし、この事件は、旧統一教会（2枚看板で、実は「勝共連合」と一体）と自民党との裏の結びつきを、はしなくも白日のもとにさらけ出した。加害者の母親が旧統一教会に1億円に上る多額の献金をしたために破産、家族の生活が破壊されたことに恨みをもったことが今回の襲撃のそもそもの原因だった。当初は教主を襲撃しようとしたが、果たせなかったので、「最も影響力のあるシンパ」として安倍氏をねらったと加害者自身が供述した。

この間、自民党と教団との醜い結びつきが次々明るみに出てきた。日本の政治革新を目指す上で避けられない問題だと考え、この間の報道（主として「朝日新聞」と「しんぶん赤旗」）をもとに、旧「統一教会」の正体を暴く努力を試みた。

なお、有田芳生著『統一教会とは何か』（大月書店、2022年）と日隈威徳著『統一協会＝勝共連合とは何か』（新日本出版社、2022年）も参照した。

1．「統一教会」と文鮮明の足跡

教団の旧名称は「世界基督教統一神霊協会」。1954年、文鮮明が韓国で設立した。ファッショ的軍事政権だった朴正熙とその諜報機関

KCIAと結びつき、急速に勢力を伸ばした。

1964年、日本で宗教法人の認可を受けた。同年、「原理研究会」を設立。全国の大学で学生に「伝道」を開始した。

1968年、文鮮明は、岸信介、右翼の大物・笹川良一や児玉誉士夫らの協力を得て、「国際勝共連合」を設立。1982年、アメリカで脱税と陰謀の罪で有罪判決を受け、13カ月服役した。他国で収監された者は日本に入国できない。そこで、1992年、金丸信自民党副総裁の口利きで特別に入国を果たした。

1994年、「世界基督教統一神霊協会」は、「世界平和統一家庭連合」と改称した。しかし、日本国内で宗教法人を統括している文部科学省文化庁の宗務課は、「実態に変化がないのに名称変更は認められない」と認めなかった。

その間、教団はアメリカ、日本、韓国はじめ世界各国で、教育・学術・宗教・政治・福祉・文化・芸術など、様々な分野で関連団体を作り、活動を広げた。

2015年、文化庁は「世界平和統一家庭連合」への名称変更を承認した。時の文部科学大臣は「安倍派」の下村博文。「自分は関知していない」と強弁した。しかし、文化庁の関係者は「大臣に事前に説明した」としている。また、日本共産党の宮本徹衆議院議員が関係文書の開示を求めたところ、文化庁はほとんどを黒塗りで提出。その理由を教団の「正当な利益を害するおそれがある」と回答した。驚く他ない。

2．「教義」？　の概略

経典は「原理講論」という。アダムとエバ（イブ）の時代、エバの不倫によって人類は原罪を負い、サタンの血統となった。神＝文鮮明によって清められた女性が子を産むことで血統転換がなされ、人類は救済される（血分け＝祝福＝集団結婚）と説く。「祝福」参加の条件は伝道、霊感商法、勝共活動などの信仰活動に従事すること。結婚の相手は神＝文鮮明が決める。多くは韓国の男性と日本の女性。日本はサタンの国、韓国は神の国。日本から韓国に献金するのは罪を償うためで、当然であるとしている。

「先祖解怨」＝霊界にいる先祖の苦しみを消滅させる。そのためには「献金」が必要。信者の父母だけでなく、父親の母方、母親の父方、4家族の「先祖解怨」が必要。献金額は、1～7代前までをひとくくりに70万円、それ以前は7代ごとに3万円、430代前まで必要だという。1世代が仮に20年とすれば、8600年前である。

これらが宗教上の「教義」と言えるだろうか。荒唐無稽（こうとうむけい）、でたらめという他ない。正体を隠し、策略を弄して「勧誘」している。

3．あの手、この手で、信者を「勧誘」

ある国立大学に通っていた10年ほど前、キャンパス内で勧誘され、約4年間所属していた元信者の30代の男性が、当時の体験を語った。（「朝日新聞」2022年8月29日付）

「少し時間あるかな」。大学1年の夏休み明け。男性は大学構内で突然話しかけられた。同じ大学の3回生で、ボランティア活動をするサークルに所属しているという。優しい雰囲気に好感を持ち、話を聞くと、学童保育で子どもと遊んだり、大学周辺で清掃活動をしたりしているという。魅力的な活動に思え、すぐに入会を決めた。

冬休み、サークルの合宿に参加し、バレーボールなどに汗を流した。宿舎に戻った夜、突然、会議室に全員が集められた。「講師」を名乗る中年男性が現れ、高齢の男性の顔写真を示して、「文鮮明」氏だと紹介。「救世主」だと語った。…

その後、サークルの仲間と、ボランティア活動に加えて、風鈴やはがきセット、茶葉などの訪問販売もするようになった。報酬はなく、売れないと先輩に叱られた。辞めたいと思ったこともあったが、「既に周囲と人間関係ができていて辞められなかった。」

さらに毎月、仕送りや奨学金の1割程度を献金することを求められ、応じた。…

転機は大学4年の時。教団関係者から、大学卒業後は先祖の供養のために1000万円以上の献金をするように告げられた。合同結婚式での結婚も求められ、急速に違和感が膨らんだ。ある日、(信者の)寮から逃げ出し、教団からも脱会した。

4. さまざまな方法でむしり取る「霊感商法」と献金

全国霊感商法対策弁護士連絡会に寄せられた相談件数は1987～2021年で2万8236件、被害額は約1181億円。これに消費者センターが18年まで集計したものを合わせると、相談件数3万4537件、被害額は1237億円にのぼる。「消費者相談の窓口が十分に機能していたら、10分の1くらいが統計に残る」というから、被害は少なくとも1兆円を超えるだろうと見られている。

高額な献金や物品販売が問題になっている「統一教会」。その実態は？「『悪い因縁』説かれ失った大金」との見出しで「朝日新聞」8月15日付がその一端を次のように報道している。

当時、息子の結婚について思い悩んでいる時期だった。…「先祖が過去に人を殺傷した因縁がある」「絶家の家系で、子供は結婚できない」―そんな言葉を繰りかえされた。「悪い因縁から身を守るために」1カ月もたたないうちに、印鑑の購入を求められ、100万円以上を支払った。その後も、物品の購入や献金を迫られた。「断ったら、今までの献金がすべて無駄になる」「知人や親戚に話したら、おしまい。」こうした「忠告」を何度も受け、誰にも相談できないまま、購入や献金を続けた。

教団が「コンプライアンスの徹底」を宣言した2009年以降も「お金を求める姿勢はかわらなかった。」経典や物品購入が減り、物を残さない形での献金が増えた。退職金やアルバイトで得た給料、保険の解約金をつぎ込み、夫から受け取る生活費もすべて献金、2010年以降でも2000万円近くをつぎ込んだ。さらにクレジットカードのキャッシングで借り入れて献金、限度額に達すると、別の金融機関に申し込む自転車操業の状態になった。借金が数百万円に達し、教団に入信していることが夫にばれた。家族から説得を受け、元信者の勉強会に参加するなどして、教団とのつながりを絶つことができたという。

5．「共産主義を撲滅する」という「勝共連合」の暗躍

「統一教会」のもう一つの顔＝反共・反動の最悪の先兵として活動しているのが、統一教会と表裏一体の「国際勝共連合」である（以下、主として「しんぶん赤旗」2022年8月28日付「統一協会　危険な二つの顔」による）。

「国際勝共連合」は、1968年に文鮮明が「共産主義をこの地球上から完全に一掃する」ために設立した。韓国での活動に注目したのが、笹川良一ら日本の反動右翼勢力だった。文鮮明らと密議、岸信介元首相らが発起人となって1968年に日本でも発足した。岸元首相は、その後も「勝共連合」と緊密に連携した。1970年には関連団体「ＷＡＣＬ（世界反共連盟）日本大会」の推進委員長を勤めている。

「勝共連合」は、選挙妨害や反共謀略ビラの配布など、選挙の度ごとに日本共産党への激烈なデマ攻撃を繰り返してきた。自民党への選挙支援は、反動支配勢力に取り入るための活動だった。運動員を送り

込み、ビラまきや電話作戦などを行うだけでなく、自民党が公然とできない“汚れ仕事”も請け負ってきた。各地の選挙の際に見られる悪質極まりない謀略ビラの大量配布などがそうである。

その典型的なケースが、1978年の京都府知事選だった。選挙は蜷川民主府政の継承をめざした元京都大学教授の杉村敏正に対して、自民党・新自由クラブは参議院議員の林田悠紀夫を擁立、社会党衆議院議員が割り込んで、激烈な選挙戦となった。当時「京都民報」の記者で、その後「しんぶん赤旗」の記者を勤めたジャーナリストの柿田睦夫は「しんぶん赤旗」日曜版9月4日付で、次のように語っている。

「世界日報」（1978年4月8日付）は、「19台の宣伝カーと2000人の会員を動員し、機関紙号外9種類、約280万枚」を配ったと書いています。

全戸配布され、街頭でバラまかれた勝共連合機関紙「思想新聞」号外。その見出しは「共産党の殺人癖」「リンチ殺人がゾロゾロ」…とうそとねつ造で塗り固められたものでした。

黒い大型宣伝車が大音量で走り抜け、四条河原町を「宮本（日本共産党委員長＝当時）を証人喚問へ」のゼッケン・白ハチマキ姿で埋めつくしました。杉村候補のビラを配る女性の耳もとにハンドマイクをつきつけて、「日共粉砕」「人殺し」などとどなりつける…。京の街は無法地帯となりました。

「（杉村陣営の）オレンジバッチをつけたＡさんが通りかかったところ、勝共連合の男にツバをはきかけられ、思わず左手でよけようとしたら、突然男が倒れ、その途端、『見たぞ、見たぞ。共産党が暴力をふるった』と四方からとり囲まれ、そのまま派出所へ連れ込まれた。」

以後、勝共連合は急速に自民党内部に浸透、各地の選挙で同様のことが見られるようになった。

６．「持ちつ、持たれつ」の自民党と「統一教会」
―根本には理念の重なり―

自民党は、選挙で運動員の派遣、集票など大きな支援を受ける。「統一教会」は議員の集会への参加やメッセージなどで、社会的認知の効果がある。「持ちつ、持たれつ」の悪縁だと言われている。しかし私は、それだけではないだろうと思っている。「朝日新聞」2022年9月6日付は「旧統一教会と自民　重なる主張」との見出しで、「改憲案」などについて次のように整理している。

「改憲案」

自民党―自衛隊明記、緊急事態条項、参院選合区解消、教育無償化

勝共連合―自衛隊明記、緊急事態条項、家族保護

「選択制夫婦別姓」

自民党―主要政党で唯一導入に賛成せず

勝共連合―「日本の婚姻・家族制度の根幹を揺るがす」と反対

安倍暗殺事件以来、自民党と旧「統一教会」の癒着について、マスコミも大きく取り上げるようになった。自民党自身も放置できず、かかわりを持たないよう通達を出し、過去の関わりについても調査をした。９月８日、国会議員と旧統一教会や関連団体との関わりについての調査結果を公表した。その結果、379人中179人が接点があったと回答した。しかし、その後も点検漏れが次々明らかになった。第２次岸田内閣の発足にあたり、つながりのあった６人を退けたとしているが、留任した者や新しく閣僚に加えた者の中にも、教団と接触があった者が次々明るみに出てきた。さらに、改造内閣で副大臣、政務官に任命された54人のうち、約４割に当たる23人が接点を持っていたことが明らかになった（「朝日新聞」2022年8月16日付）。国政選挙に際して、旧「統一教会」側が政策協定（「推薦確認書」）への署名を求め、

それに応じた議員が数十人に上っている。

世論の厳しい批判と支持率の急落に直面して、岸田首相は旧「統一教会」問題を放置できず、ようやく宗教法人法にもとづく調査と法人格の取り消しを求めるかどうか、検討をすすめる態度を表明した。その際、「不法行為は刑事事件に限る」としていたのを、翌日には「民事事件も含める」と修正した。

厳しい世論と野党の追及に追い詰められ、ようやく臨時国会の会期末（2022年12月10日）、犠牲者救済の特別立法が成立した。しかし、「献金」返還の条件を「統一教会側が配慮義務を欠いた」としていること、「マインドコントロール」に対する規制を欠くなど、大変不十分なものである。元信者2世や被害者救済にあたってきた弁護団、さらに日本共産党とれいわ新選組が法案に反対した。

7．法に基づく解散命令をきっぱりと

9月16日、旧「統一教会」による被害者救済に取り組んできた全国霊感商法対策弁護士連絡会が全国集会を開いた。そして、教団に被害信者への謝罪と損害賠償を求めた上で、宗教法人法に基づく解散命令の請求を行政に求める声明を採択した。

これまでの論述と重複するが、「しんぶん赤旗」2022年9月17日付から、当日の主な発言を紹介して、小論のまとめに換えたい。

代表世話人の山口広弁護士は、「『統一教会』は単なる宗教団体ではない。資金作りを担う事業部門や、各国の政権に何が何でも食い込もうとアプローチする政治部門、新聞などで発信する部門などを備えた複合体だ」と指摘。その最大の関心事は日本信者から際限のない献金と人材を韓国側の教団組織に捧げることだと述べ、「どうか日本の政治家はこのような組織と絶縁し、被害の拡大を止めてほしい」と語

った。

同じく代表世話人の郷路征記弁護士は、「宗教団体の伝道であることを隠したまま、『先祖の因縁』などで恐怖感、不安感をあおる。身近な人に相談もさせず、『やめる自由』を事実上なくして信仰させる。信仰の自由を侵害している」と指摘した。

（※2022年11月19日、滋賀民研理事会資料。その後、補足して諸集会で配布）

（10）今こそ、コスタリカに学ぼう！

1．コスタリカって、どういう国？

コスタリカという国をご存じだろうか。

昨秋(2022年度）のサッカー、ワールド・カップの予選リーグで、ドイツやスペインに勝ち、最終トーナメントに出場した日本が、予選で唯一負けたのがコスタリカだった。軍備を持たないことで有名。人口500万余りの小国だが、今、世界を動かしている。

中米のパナマ運河の北側の小国。北緯８度から11度。太平洋とカリブ海に挟まれた長細い国土。面積は北海道の６割ほどしかない５万㎢。人口は北海道よりやや少ない。熱帯にあるが、国土の約３分の１は3000ｍ級の高山とその山間の高原盆地である。標高差による自然環境の差異と両海岸側の低地の気候の違いによって、多様で複雑な地形と気候を呈している。植林が効果を挙げ、国土の５割を森林が占めている。

2．軍備を廃止、その予算を教育に充てた

「戦争放棄」の日本国憲法の発効より２年遅れて、1949年に軍備を持たないことを憲法で定めた。しかし、その後の歩みは日本とは大変対照的である。アメリカの言いなりになって、再軍備を進めた日本と違い、軍事費をすべて教育費に充てた。教育費が一時、国家予算の３分の１を占めた。大学まで完全に無償である。子どもが１人でも居れば学校を建てる。その結果、かつての農業国が今ではＩＴ産業中心の技術立国となった。2015年にパリで開かれたＣＤＴ21（気候変動枠組会議）で合意取り付けに活躍したのも、また2017年に国連総会で採択された核兵器禁止条約（2021年発効）の提案国もコスタリカだった。「大国」が世界を動かす時代はとうに終わったのである。

3．「エコツーリズムの聖地」

コスタリカは「エコツーリズムの聖地」と言われる。欧米各地からたくさんの観光客が訪れる。人口500万人余りの小国に、年間210万人の外国観光客が来る。こんな国は他にないだろう。エコツーリズムの基本は、自然を生かした観光産業とそれで得た収入を基にした自然保護である。

国土の26％が自然保護区または国立公園になっている。もちろん、自然にそうなったのではなく、国の政策と国民の努力の積み重ねの結果である。豊かな自然と多様な動植物の存在が世界中の人々を惹きつけている。世界で「もっとも幸せな国」と言われている。

4．議員は男女同数が基本、大統領も議員も再選不可

コスタリカは、日本と同じく立法・行政・司法の三権分立制だが、

こと選挙に関しては選挙最高裁判所（ＴＳＥ）が完全に権限を持っている。選挙の告示、投票者の登録、投票用紙の作成・配布、投票の回収・開票・結果の公表まで、一切を行う。一応独立しているとはいえ、行政権が選挙を握っている日本とは大きな違いである。

国会議員の選挙は選挙区毎の完全比例代表制で、候補者名簿は男女同数が基本となっている。政治腐敗を防止するため、大統領、国会議員とも連続しての立候補はできない（この点も日本とは大きく違う）。投票率は７〜８割台と極めて高く、４年に１回の大統領選挙は国を挙げての「お祭り」騒ぎになるという。

５．コスタリカに学び、軍事費ではなく、教育費こそ倍増を

コスタリカの教育費はGNPの約７％、さらに８％を目標としている。我が国は2.9％。OECD37カ国中、36番目という不名誉な状況である。

教師は長時間労働で疲弊し、年間5500人が「心の病」で休職している。学校が「ブラック」化し、教員志望者が減り、少ない定数さえ埋まらない。小学校・中学校・高校併せて、年間約30万人の子どもが学校に行けていない。しかも、2023年度の政府予算案では、教職員定数が2474人減となっている。教育費の貧しさが招いた結果である。それでも岸田政権は、軍事費に５年間で43兆円もつぎ込み、アメリカの言いなりに、これまでの２倍のＧＮＰ2％を目指すのか。世界で３番目の軍事大国になりたいのか。憲法第９条を持つ矜持（きょうじ）はどこに行ったのか。軍事費を増やすお金があれば、教育費にこそ回すべきである。ことは、子どもたちの幸せとこの国の未来に関わっているのだ。倍増したとしても５.８％、コスタリカにはとうてい及ばない。

私は、今こそコスタリカに学び、国民生活を犠牲に、憲法を踏みにじる岸田内閣の退陣と、政治の根本的な転換をはかりたい。

（※滋賀県高校退職教職員協議会ニュース・NO255、2023年3月）

（11）登校拒否—なぜ増える？　どう対処する？

1．“不登校、最多24万人”

2022（令和4）年10月27日、文部科学省は前年度（2021年度）の「児童生徒の問題行動・不登校生徒指導上の諸課題に関する調査結果について」を発表した。

その内容は極めて衝撃的だった。全国の小学校・中学校の不登校の児童生徒が前年度より4万8813人（24.9％）増加して、24万4940人となった。高校も7934人増え、5万985人だった。

滋賀県内の不登校は、小学生1073人（前年度比487人増）、中学生1910人（前年度比495人増）、合計2983人に上っている。高校生は1024人（前年度比92人増）だから、小学校・中学校・高校を合計すれば4007人。

高校などを含めた「いじめ」認知件数も、全国で前年度比19％増の61万5351件、これも大変深刻な事態である。

2．“子どもの責任”にしてしまう無責任な文部科学省

今回の報告で、文部科学省（文科省）が「主たる不登校の要因」として指摘している項目を挙げておく（小学校・中学校合計、％のみ）

＜学校に係わる状況＞

いじめ　0.2％　いじめを除く友人関係　9.7％　学業の不振5.2％
教職員との関係　1.2％　進路の不安　0.6％　部活動への不適応
0.3％　学校のきまり　0.7％　進路の不適応　3.3％

＜家庭に係わる状況＞

家庭の生活状況の変化　2.6％　親子の関わり　8.0％
家庭内の不和　1.7％

＜本人に係わる状況＞

生活リズムの乱れ・非行など　11.7％　無気力・不安　49.7％

＜上記に該当なし＞

4.9％

これは、それぞれの子どもがなぜ不登校になったかについて、学校から教育委員会に報告した結果を文科省で集計したものである。これで、不登校が増加した原因が明らかになるだろうか。的確な対策を講じられるだろうか。決してそうではない。

第一に、「いじめ」の認知件数が61万5000件もあって、「いじめられて学校に行けない子どもが僅かに500人しかいない」などということがあり得るだろうか。「なぜ学校に行かないのか」を不登校の子どもたちや父母から、直接聞こうとしないのか。これで、適切な対策が立てられるはずはないだろう。

3．なぜ急激に不登校が増えたのか

それでは、なぜこれだけ急激に不登校が増えたのだろうか。いくつかの要因が考えられる。順不同で挙げてみる。

1）教師が疲弊して、子どもたち一人ひとりに向き合えない。

文科省が昨年暮れの12月26日に発表した全国の小学校・中学校・高校の教職員で「心の病」での休職者は、前年度より694人増の5897人となった。1カ月以上、病気休暇を取った人を合わせた数は1448人増えて、1万944人にのぼった。

しんどくなれば、最大40日の年次有給休暇が取れる。それでもしんどければ、90日の病気休暇が取れる（いずれも有給）。従って、休職は最後の手段であり、何倍もの「予備軍」がいることになる。5900人近い休職者は「氷山の一角」と言わざるを得ない。

教師が超時間外労働で「心を病む」ほど疲弊していて、どうして一人ひとりの子どもたちに目を配り、その悩みに気づき、手を差し伸べることができるだろうか。

2）「競争の教育」が子どもたちを分断し、子どもと教師の溝を深めている

「全国学力テスト」が民主党政権時代に一時、抽出になったこともあったが、第２次安倍政権になってまた悉皆（しっかい）になって久しい。その結果が学校評価に連動し、学校と教師、そして子どもたちまで競争に駆り立てている。

埼玉大学教育学部の馬場久志さんは次のように語っている。「最大の背景は競争的な教育です。学校が進学や就労のために子どもの『品質管理』をする役割を担い、子どもたちを競わせ追い込む構造が長年変わっていません。新自由主義のもと自己責任がはびこるなかで、失敗が許されないような状況が広がり、子どもの失敗が教師の指導の問題とされ、教師も失敗を許容できなくなっています。」（「しんぶん赤旗」2022年10月26日付）

3）「日替わりメニュー」のように変わる教育政策に教師が翻弄されている

子どもと教師、子ども同士の人間的なふれあいのもとでこそ、人間が育っていく。時代が変わっても、教育の本質は変わらないはずである。ところが、いつの間にか、人間を育み、子どもたちの魂をゆさぶるような教育がどこかへ行ってしまった。このまま推移すれば、日本の将来はどうなるのかと危惧される。

60数年前、私が教職に就いた時、校長はどちらかと言うと保守的な人だった。しかし、彼は職員会議できっぱり言い切った。「皆さん。自分が思うように、存分に教育活動を進めてください。責任は私がとります」と。ところが、今はまったく逆ではないか。「皆さん、法令や規則、上からの指示に従ってください。すべて自己責任です。」

アクティブ・ラーニング、「ＧＩＧＡスクール構想」、小学校へ英語教育導入、ＥｄＴｅｃｈ、「個別・最適化教育」「令和型の教育」。教師たちは「日替わりメニュー」のようにクルクル変わる教育政策に振り回され、教員評価に脅かされ、多忙化と天下り研修に追われている。

これでは、子どもの不登校が増えて、当然ではないだろうか。

４）“学校スタンダード”や些末な「校則」が子どもたちを「学校ぎらい」にしている

小学校では、「学校スタンダード」を決めている場合が全国的に結構ある。それについて、かつて私は次のように述べたことがある。

①「学校スタンダード」の根底にある教育観、教育理念をまず問題にしたい。一人ひとりの子どもは、それぞれ個性的な存在である。一人ひとりがかけがえのない命を持っている。それを最大限に伸ばすことこそが教育という営みではないのか。それなのに、すべての子どもたちを、なぜ同じ枠にはめこうもうとするのか。

②「学校スタンダード」で決められている項目がすべて間違っているというのではない。個々にとりあげれば、それなりに有意義なものもあるだろう。問題は、それを一人ひとりの個性や置かれている事情を無視して、一律に守らせようとするところにある。

③子どもたち一人ひとりが個性的な存在であるだけではなく、家庭環境も違えば、親の生活状況も違う。１人親家庭の子ども、家が貧しく、朝食も食べずに登校する子どももいる。そうであれば、教師は、そうした子ども一人ひとりの状況に応じた働きかけをするのが当然ではないか。一律に同じことをさせるわけにはいかないだろう。

④「子どもは、つまずきながら歩む」。失敗を繰り返しながら成長していく。道草をする場合もある。友だちと仲違いし、けんかをすることもある。自由に遊ぶこともできない、道草もできない、

やんちゃもできない、はめをはずすこともできない、決められたことに従順に従うだけで、子どもが伸び伸び成長していけるだろうか。

⑤教育とは、子どもと教師との人間的なふれあい、信頼関係のもとで成立する営みである。決められたことを有無を言わさずに押しつける教師に、子どもは魅力を感じるだろうか。信頼を寄せるだろうか。「学校スタンダード」は、子どもと教師の人間的なふれあい、信頼関係を壊わしてしまうだろう。

⑥子ども一人ひとりに個性があるのと同じように、教師もまた個性をもった存在である。子どもに厳しい教師、逆に優しい教師、いろいろな教師がいて、学校がなりたっている。「学校スタンダード」は、子どもたちだけでなく、教師一人ひとりに、決められた枠を押しつけ、教育の自由と自律性を奪ってしまう。

⑦「学校スタンダード」は、子どもと教師の自由を奪い、親の生活にまで規制していく。その結果は、学習指導要領体制と「ゼロ・トレランス」体制のなかに子どもと教師を囲いこんでしまうことになるだろう。日本の学校は、「学校でなくなる」「学校が窒息してしまう」方向に向かって歩んでいるように、私には思われてならない。

また、中学校を中心に、全国的に些末な校則が子どもたちを縛り、「学校嫌い」にし、不登校の一因となっている。これについては、「子どもの権利尊重」の視点から見直しの動きが出てきている。文科省もそうした動きに押され、2021年6月に「校則の見直し等に関する具体的事例について」との通知を都道府県教委等に出した。その中では、「児童生徒の内面的自覚を促し、校則を自分のものとしてとらえ、自主的に守るよう指導を行うことが重要」だとして、校則の見直しを求めている。一歩前進と評価できるが、子どもと親と教師が話し合って、一緒に校則をつくっていくことこそが必要である。そうでなければ、「与えられた校則に縛られるのはご免だ」という子どもをなくすことはできないだろう。

5）「同調指向」が個性的な子どもを学校に行きづらくしている

今日の「学校社会」は「みんなと同じ」という同調傾向が非常に強い。そうでないと「ハズ」される。そのため、個性的な子どもは学校に行きづらくなってしまう。

そういう状況を踏まえて、「みんな違って、みんないい」と、多様性を認め合う教育活動を日常的にすすめることが求められている。

6）教育予算の倍増と教師の大幅増員を！

文科省の調査によれば、2021年4月の時点で、全国で2081人の教員が定数に比べ不足していた。文科省や地教委が決めた教員定数さえ充足していないのだ。学校の「ブラック」化がすすみ、教師は疲弊し、非正規化が進行、教員志望者も減少している。

状況は極めて深刻である。教育が危機に瀕しているのだ。内閣全体でどう対処すべきか、十分時間をかけて論議し、対策を立てるべきではないか。「防衛計画」よりも、こちらの方がよっぽど喫緊の課題である。

こうした状況は、教育予算の「貧困」が招いた結果であることは間違いない。防衛費の倍増ではなく、教育予算の増額と「学校教育の立て直し」こそが、今こそ、切実に求められているのだ。

岸田内閣が2022年末に決定した2023年度当初予算は過去最高の114兆3812億円。防衛費も前年度を1兆4214億円上回る6兆8219億円である。過去30年間の増額は合計しても１兆円程度だから、単年度でそれを上回ることになる。小学校・中学校の教職員定数は2474人減というから、まさに本末転倒ではないか。岸田内閣は、安倍元首相を始め歴代内閣さえやらなかった大軍拡を強行しようとしているのだ。しかも、政治と金の問題、また「旧統一教会」との癒着などですでに4人の閣僚が辞任し、支持率は3割台に低下している。

防衛費を2倍に増やす予算があれば、教育費にこそ回すべきではないか。ことは、子どもたちの未来と日本の将来にかかわっているのだ。

7）体罰と「指導死」の絶滅こそ

学校教育法で明確に禁止されているにもかかわらず、体罰が後を絶たない。体罰を肯定する教師や親もまだまだ多い。また、体罰の結果でもあるが、教師の「指導」によって死亡する、ないしは自死に至るケースも後を絶たない。こうした問題状況が、教師への子どもたちの信頼を失わせ、不登校の遠因となっていることは間違いない。是非とも絶滅を図りたいものである。

8）福祉行政と連携し、困難な家庭に援助の手を

長年続いた自民党・公明党政権のもとで、我が国の経済成長は止まり、停滞が続いている。経済格差が大きくなり、貧困家庭、一人親家庭も増加している。そうした恵まれない家庭の子どもがが学校に行けていないケースも増えている。

それらすべての責任を教師が背負うことはもちろんできない。行政や地域の様々な社会福祉機関とも連携しながら、できる限りの対策を講じていくことが必要である。ことは一人ひとりの子どもたちの未来に関わっているのだ。

なお、「コロナ禍」が子どもたちの不登校を増やしている状況も無視できない。これについては、先の文科省の調査では、別項目で集計している（2021年度の場合、小学校・中学校合計して、3万4100人）。

4．激増する登校拒否・不登校にどう取り組むか

激増する登校拒否・不登校にどう取り組むべきか。少し古いが、十

数年前にまとめた文章を、少し手を入れて再録する。

登校拒否・不登校をどう見るか

登校拒否は、ある日突然に起るように見えるが、実際には、長い期間にわたってその子の内部で蓄積されてきた葛藤や苦しみが噴出したものといえよう。多くの場合、学校での人間関係がうまく調整できず、集団に適応できないことなどが背景にあるが、時にははっきりした「いじめ」や教師の心ない言動がきっかけになることもある。

登校拒否は病気でもなければ、怠けでもない。それは、たとえていえば、洋上を航海する船に嵐が襲ったとき、一時、船を港に避難させて船体や人命を守るのと同じように、不安や緊張の高まった心にそれ以上の負担をかけまいと、一時退いて、本能的に自分の身や心を守ろうとするものともいえよう。臨床心理士の高垣忠一郎氏は、「今日の学校教育は、子どもたちに高速道路を突っ走るような忙しい生活を強いている。登校拒否は、走り疲れたために、一時パーキング・エリアに入って休息しているようなものだ」と言っている。

登校拒否にとりくむ基本的な視点

わが子が急に学校に行かなくなることほど、親にとってショッキングなことはない。勢い、登校を迫り、早急に解決することを求めて、あせり、不安にかられる。

しかし、子どもは「学校には行かなければならない」「行けないぼくはダメだ」と自分を責め、負い目・ひけ目で苦しみながら、身も心も金縛りの状態で足が出ない。そこへ、「早く学校へ行かせよう」とか「来させよう」と、無理な登校刺激を与えれば、さらに子どもの心は引きつり、いらだち、やがては引きこもりや家庭内暴力など神経症的症状へと進んでいく。

子どもが登校を拒否することによって訴えている問題は、大人にとっては水面上の僅かな氷山のように見えるが、実際は水面下に、心の深いところから生じている大きな悩みや訴えが隠されている場合が多い。目に見えないその子の悩みや訴えを解決しないままで、表面に表れた氷山の一角だけを取りさっても、登校拒否の解決にはならない。

登校拒否の子どもは、一時期学校から退いて、育ちの過程でやり残した仕事をするとも言われている。今まで蓄えてきた力の上に、自立して生きる力を補強しようとする。心の安定を取り戻し、エネルギーを充電しようとしているといってもいいだろう。子どもがそのような仕事を自分のペースでできるよう、気長く見守り、支え、援助し、それにふさわしい環境や人間関係を整えてやることが、周りの大人の仕事である。

ある女の子が、「学校に行ってほしい」という母親に対して、「今私に学校に行けということは、人間をやめろ！ということだ」と答えた。また、やっと登校拒否の長いトンネルから抜け出た少年が「ぼくは、ぼくなのだと思います。今、ぼく自身の目的ができました」と話したという。

子どもの自己回復力を信じて、辛抱強く見守ることが、登校拒否にとりくむ基本である。

学校・教師はどうとりくむべきか―具体的な対応と留意点

クラスの子どもが不登校になったとき、担任はどういう対応すればよいのだろうか。

1）まず、家庭と連絡をとって、家庭訪問をする。その場合、子どもが会うことを嫌がっている場合には、無理に会おうとしないで、父母と面談し、子どもの様子を聞く。子どもと出会えたときにも、「なぜ学校に来ないの？」と理由を問いただすようなことはしない。なぜなら、「なぜ行けないのか」は、本人にも分からない場合が多いからである。「早く出てきなさい。クラスのみんなが待っているよ」というのも禁句である。「学校に行かなければならない」ことは本人が一番よく知っている。「行けない自分はダメだ」と自分を責めているのである。だから、説教・説得・激励などはしてはならない。まして、叱ったり、皮肉やいやみなどを言ったりすれば逆効果で、子どもをいっそう追いつめることになる。「疲れているようだから、ゆっくり休んだらよいよ」という言葉をかけるようにしたい。

2）親は「なぜ、うちの子だけが登校できないのか？」とあわてて、「このままずっと学校に行かなかったら、この子の一生は台無しだ」と不安にかられ、無理に登校させようとして、子どもをいっそう追いつめることになりがちである。「お子さんは心身ともに疲れて、エネルギーを使い果たしたようですから、しばらくゆっくり休ませてあげましょう。ゆっくり休んでエネルギーが回復すれば、また学校に来れますよ。長い人生、半年や一年学校に行かなかったからダメになるようなことはありませんから」と声をかけ、親が安心して子どもを見守れるようサポートすることが大切である。

3）その後は、親の都合も聞きながら、一週間に一回ぐらいの頻度で、家庭訪問する（子どもや親の負担になるようであれば、ひかえる）。学校のことは本人が聞かないかぎり話題にしない。その子の趣味の話をしたり、一緒に遊んで帰ってくる。学級通信や行事の案内など、配布物はきちんと届ける。「登校刺激はひかえた方がよい」ということが一面的・機械的に受けとめられて、学校と家庭の関係が疎遠になり、子どもや親が「学校から見放された」という思いを持つ場合もあるので、「君のことはいつも気にかけているよ」というメッセージは常に家庭に届くようにする。

4）子どもの様子を見ながら、元気になってきたようであれば、再登校の働きかけをしていくことになる。この場合も、あせることは禁物である。仲の良い友だちがいれば、放課後や休日に遊びに行ってもらう。ある日、いきなり再登校するという場合もあるが、無理をしないで、初めは放課後に登校するとか、午後から登校するということがあってもよい。また、登校してもいきなり教室に入りにくい場合には、保健室や相談室などで過ごすようにする（いわゆる「別室登校」）。

再登校する場合には、子どもは大変緊張しているので、ごく自然な形で受け入れることが大事である。子どもにとっては、戦場に戻るような思いなので、鎧（よろい）・冑（かぶと）を身につけないと登校できない―髪を染めたり、少し異装をしたりという場合もでてくる。そうしたときにも、目くじらをたてずに、受け入れるようにしたい。遅刻しながら、必死の思いで再登校した子どもが、事情を知らない教師に、「今ごろ何しに来たんだ」と叱られて、また不登校になったというケースがあった。担任は事前に全教職員に事情を説明して、共通理解をはかっておく必要がある。

5）担任にとって悩ましい問題の一つは、クラスの他の子どたちに不登校の子どものことをどう伝えるかということである。長期に欠席していても、クラスの一員であることは間違いない。しかし、純然たる病気であれば、子どもに分かるように病名や病状を説明すればよいが、不登校の場合はそうもいかない。下手をすれば、クラスの子どもたちが「ズルだ」とか「怠けている」というように思ってしまう。「学校に行きたい」「行かなければならない」という気持ちを持ちながら、身体がついてこないために来れない状況をどう説明するか、大変難しい。

小学校の教員でもあるBさんは、3年生の途中不登校になった娘（あゆみ）が5年生になったとき、思いきってクラスのみんなに手紙を書いた。あゆみのことを少しでもわかってほしいと思ったからである。学校へ行こうとして、どうしても行けなくなったあゆみのことについて、次のように書いた。

「友だちからいやなことをされても、いやといわずに、がまんしてがんばり続けました。コップに、いやなこと、がまんが少しずつたまっていって、ある日、とうとう限界をこえて、あふれ出してしまったみたいに学校に行けなくなりました。…あゆみは、今、自分らしく生きるために新しい自分をつくるという人間としての大きな勉強をしています。学校は休んでいても、同じクラスの一員として、そんなあゆみのことをあたたかく見守ってくれたらうれしいです。」

新しく担任になったT先生は、学級通信に「みんなちがってみんないい」という金子みすずの詩を紹介したあと、Bさんの手紙を載せて、「きょうは、みんなといっしょに、あゆみちゃんのことを考えたい」とみんなに呼びかけた。それにこたえて、クラスの友だちやお母さんから、Bさんの手紙を読んだ感想が届けられた。それをまた学級通信に載せてBさん宅に届けた。こうしたとりくみによって、やがてあゆみちゃんは再登校できるようになった。

担任としての対応についても、参考になるのではないだろうか。

家庭ではどう対応すればよいか

1）登校拒否の子どもの願いを理解する

登校拒否の子どもは親に対して特有の願いをもっている。それをきちんと理解し、受けとめることがまず必要である。進行状況や回復の過程によってウエイトは違うが、どの子にも共通していることとして、次のようなことが挙げられる。

①心身の癒しを求めている。
②家庭に心の安らぐ居場所を求めている。
③学校へ行けない自分も見捨てないでほしいと願っている。
④どの兄弟よりも自分に目を注いでほしいと願っている。
⑤どうにかして不登校から抜け出したいと願っている。
⑥あまり指図はしないで、ゆっくり待ってほしいと思っている。

2）子どもの立ち上がりを適切に援助する

①原則として、無理に学校に行かせようとせず、子どもが不快に思うような言動をとらない。

②子どもの状態を共感的に理解し、受けとめる。

③子どもを信頼し、何事も任せる（無関心の関心の態度で接する）。

④子どもがいわゆる「幼児返り」をする場合がある。子どもが甘えてきたときには、十分に甘えさせる（「甘えさせる」ことと「甘やかす」こととは違う）。

⑤話しかけてきたときには、無条件に傾聴する。

⑥何かを要求してきたときには、条件を付けないで受け入れる。ただし、できない場合には、理由をきちんと説明して、断る。

⑦子どもの気持ちを尊重しながら、買い物・遊園地に出かける・旅行に行くなど、親子で一緒に過ごす機会を増やす。

⑧回復してきた段階では、子どもの気持ちを尊重しながら、友だちやメンタルフレンド（大学生）、お兄ちゃん・お姉ちゃん的に接してくれる家庭教師など、他人とのかかわりの場を設ける。

⑨回復の過程は直線状ではなく、ジグザグで、揺れつ戻りつ、らせん状にすすむものであることをふまえて、一喜一憂せずに、どっしりとかまえて対応する。

3）学校とのかかわり、親自身の自立

①学校（担任の先生）とは、できるだけ定期的に連絡をとり、子どもや親の願いは率直に伝える。

（あるお母さんは、家庭訪問の際、「学校の教師としてではなく、一人の人生の先輩として、子どもと接してやってほしい」とお願いしたという。大事なことではないだろうか。）

②家庭訪問は、お互いの負担にならない範囲で、定期的にやってもらう。

③行事の案内、配布物はきちんと届けてもらう。

④子どもがエネルギーを回復してきたように思ったときには、再登校へ向けての働きかけ・援助の方法などについて、学校と相談する。親や教師があせらずに、子どものペースを尊重する。
⑤悩みを抱えているからといって、親が子どもにべったりくっついていれば、子どももかえって心の重荷になる。親は親の仕事や生活をきちんと送っていく。親自身の自立が大切。
⑥子どもの不登校に直面して、右往左往し、悩み苦しむなかで、これまで「がんばらなければならない」とか「ねばならない」で生きてきた自分の生き方を見直し、「ゆっくり自分の人生を楽しもう」と生き方を変えた親も多い。その方が子どもも気が楽になり、好影響を与える。
⑦このように、親が心の余裕を持つためには、地域の「親の会」に参加し、親同士が交流し、支えあい、学びあう場をもつことがぜひとも必要である。

社会的自立と進路に向けて

1）学校復帰がすべてではない

学校は子どもたちの学びの場であるとともに、友だちとの交流のなかで人間関係を体得し、社会的自立をはかっていく場でもある。従って、不登校の子どもたちが、紆余曲折を経ながら、ないしは中学校なり高校への進学などをきっかけに、学校に復帰ないし再登校できれば、それに越したことはない。しかし、学校復帰だけが不登校解決の道ではないし、学校復帰を第一義的に追求することはよくない。今日、学校以外にもさまざまな学びの場があり、学校に行かなくても、一個の人間として自立した生活を送っていくことは十分可能である。すでに、学校は絶対的なものではなく、相対的な存在となっている。

親も教師も、「学校に戻れば、それに越したことはない。しかし、戻らなければ、その子の人生がお先真っ暗というわけでは決してない」という考え方にたって、対応していくことが大切である。

2）社会的自立と進路の保障こそが目標

2003年4月に出された文部科学省の不登校問題調査研究協力者会議報告「今後の不登校への対応について」においても、「不登校に対する基本的な考え方」として、「不登校の解決の目標は、児童生徒が将来的に精神的にも経済的にも自立し、豊かな人生を送れるよう、その社会的自立に向けて支援することである。その意味において、学校に登校するという結果のみを最終目標にするのではなく、児童生徒が自らの進路を主体的にとらえ、社会的に自立することを目指すことが必要である」と述べている。

不登校の子どもたちは、不登校の間、周囲からは無為に過ごしているように見えても、決してそうではない。自分と向き合い、新しい自分づくりの生みの苦しみのなかで、もがいているのだともいえよう。その過程を経て、たとえ時間はかかっても、必ず自分らしく生きる道を切り開いていくに違いない。

3）選択肢は多様にある。親や教師は情報を提供する。決めるのは子ども自身

今日では、たとえ学校に行かなくても、さまざまな道が開かれている。フリースクール、大検（高校卒業認定）、行政サイドの適応指導教室、学習塾。

親や教師の役割は、子どもの状況をふまえながら、そうした様々な情報を集め、子どもに提供することである。そして、どの道を選択するかは、子ども自身の決定に委ねることが肝心である。子どもは簡単には決めることができないで、迷いに迷い、逡巡して、親に助言を求めるかも知れない。その場合でも、「こうしたらどう」と軽率に助言しない方がよい。親の敷いたレールをひた走りに走ってきて、つまずいた結果、不登校になったというケースも多い。たとえ時間がかかっても、子ども自身が決めること、親は子どもの決定を尊重することが大切である。

4）さまざまな相談機関を活用する

登校拒否・不登校の子どもたちが年々増加し、社会問題化してきたなかで、行政サイドの対応、対策もそれなりにとられてきた。滋賀県内の場合でいえば、県立「心の教育相談センター」が、親や子どもの相談にあたっている（以前は、子どもたちの活動の場も提供してきたが、今は中止）。市町村教育委員会が設けている適応指導教室も増えている。民間の相談施設も多くできてきている。それらの中には、学校復帰を第一義的に目指したり、特定の考え方で対応したり、民間施設の場合には経済的な負担が大きいなどの問題点が見られる。従って、情報をよく集め、自分たちにあったところを探したうえで、こうした施設を活用していくことも考えていきたい。

5）親と子の社会的な孤立を避ける

これだけ不登校が増え、社会問題化してきた中でも、まだまだ地域社会には不登校に対する社会的な偏見があり、子どもが学校に行っていないというだけで、肩身の狭い思いをしている親も多い。そうした結果、地域社会から孤立し、親子でひっそりと肩を寄せ合って暮らしているという状況もまま見られる。しかし、これが一番よくない。これでは、不登校解決の道である「社会的自立」は、ますます遠のいていく結果にならざるを得ない。

毎年夏に開かれている「登校拒否・不登校問題全国のつどい」は、「ひとりぼっちで悩む親をなくそう！」というスローガンで始まった。同じような趣旨で、各地で「親の会」や「不登校を考える会」も開かれている。そうした場に積極的に顔を出して、親自身が社会的な交流、つながりを持っていくようにしたい。そのことが、やがて子ども自身の社会的な交流と社会的自立につながっていくに違いない。

登校拒否が出ない学校づくりを

今日、学校は、子どもたちがいそいそと喜んで登校できるような、楽しく、また自分を成長させる喜びのもてるところになっているだろうか。

ここまで、現に不登校・登校拒否の子どもとどうかかわっていけばよいのかを考えてきたが、ここで少し視点を変えて、登校拒否の子どもが出ないような学校をどうつくっていくのかを考えていきたい。そのために、いくつかの問題点や課題を提起しておくこととしたい。

1）すべての子どもを一個の人格として尊重する学校を

教師の何気ない一言が子どもの心を傷つけ、登校拒否のきっかけとなっている場合が結構ある。自分の納得いかない理由で、みんなの前で教師に殴られたとか、友だちが教師から体罰を加えられたことにショックを受けて登校拒否になった子どももいる。

「子どもの権利条約」が批准されてほぼ30年になる。一人ひとりの子どもがそれぞれかけがいのない命をもち、人格をもっていることを、何よりもまずすべての教師の共通認識にしたい。

「学校の主人公は誰か」と子どもたちに聞いたところ、多くの子どもが「校長先生」と答えたという。学校のために子どもたちがいるのではなく、子どもたちのために学校があるはずである。しかし、私たちの現実の学校の実態はそう言い切れるものになっているだろうか。

自由と自主を基本に、一人ひとりの子どもを大切にするという戦後の民主教育の目標がいつの間にかどこかへいってしまった。教職員の自主性・自発性をそぐような管理・統制の強化もすすんでいる。学校が、子どもたち一人ひとりの個性を育て、才能を伸ばし、いきいきと発達させていく場でなくなってきたところに、登校拒否の遠因があるともいえよう。

子どもが主人公といえる学校、一人ひとりの子どもが大切にされている学校、子どもが心から安心して通える学校、勉強のできる子もできない子も、力の強い子も弱い子もそれぞれの取り柄が認められ、集団として成長していけるような学校をどうつくっていくのか、そのことをまずみんなで真剣に考えあっていきたい。

2） 子どもたちが互いに認めあい、支えあう学級集団を

子どもたちの間でのいじめが登校拒否のきっかけになっている場合もある。登校拒否気味だった子どもが、何とか学校へ行こうと決意して登校したら、クラスの子どもたちが、その子が来るか来ないか賭けをしていたことがわかってショックを受け、また翌日から学校へ行けなくなったという報告を聞いて、胸が痛んだことだった。

相手の身になって考えることができない自分本位の子ども、他人に対する思いやりの心が育っていない子どもたちが多くなっている。核家族で、きょうだいも少なく、はれものにさわるように大事に育てられてきているという、家庭での子育ての問題もある。隣の席の子どもを競争相手だと思わせ、友だちを蹴落として前へ進もうとさせる受験体制の影響もある。子どもたちをとりまく退廃的な文化が子どもたちの心をむしばんでいることも否定できない。

しかし、どんな子どもたちも、心の奥底では自分が仲間から信頼されること、他人のために自分も何かの役に立てることを願っている。

班活動などを積極的にとりいれて、日常的に学級集団づくりをすすめること、子どもたちが集団で力を合わせてとりくめる行事や活動を多く設ける。子どもたちに生活を見つめさせ、仲間とぶつかるなかで自分を太らせ、仲間との心の交流を深めていくような生活綴方や班ノートのとりくみも大事にしたい。

互いに認め合い、支えあう仲間づくりがしっかりできていれば、登校拒否におちいりそうな子どもも、仲間の輪のなかで学校生活を続けていくことができるだろう。

3）悩みをかかえた子どもを早期につかんで、手だてを講じる

断続的な不登校状態が一定期間つづき、その後完全な登校拒否になる子どももいれば、何の前ぶれもなくある日突然登校しなくなる子どももいる。しかし、そこへ来るまでには、その子の内部でつもりつもってきた何かが、あるいは学校へ行きたくないという気持ちを抑えに抑えて、がんばって登校していた日々があったはずである。そのとき、親や教師がその子の内面の葛藤に気づいていれば、何か手が打てたのではないだろうか。

教師が毎日追いたてられるような忙しい生活のなかで、ゆっくり子どもの相手ができない、そのために子どもの考えや気持ちがつかめない、というのが残念ながら今日の学校現場の実態である。このような実態を改善することは、教育行政の責任であり、すべてを個々の教師の責任に帰すことはできない。とはいえ、目の前にいる子どもたちのために、現状のもとでもできる手だては、それとしてとりくんでいかなければならない。

一人ひとりの教師が、子ども一人ひとりの内面を大切にする視点に立つこと、個々の子どもをよく理解しようとする姿勢をもつことで、その学校の空気は相当変わるだろう。具体的には、出身学校との連携に努めること、早期に個別面談や家庭訪問を実施することなどによって、精神的に不安定な子どもを把握することができる。中学や高校では、学級担任と教科担任、部活の顧問の連携を蜜にし、欠席や遅刻・早退などの状況をその都度つかむことで、悩みを抱えたり、精神的に不安定な子どもを早期に発見し、家庭とも連絡をとって対策をたてることができるだろう。

こうしたとりくみをすすめていく上で一番大切なことは、教師が子どもたちから人間的に信頼されているということである。信頼する教師には、子どもたちは、クラスのこと、友だちのことなど、何でも話してくれる。そして、子どもたちのことを一番よく知ってい

るのは、仲間の子どもたちである。

4）学校全体で担任を支える体制を

子どもたちと日常的に接して、教育活動の最前線にたっているのは学級担任である。登校拒否の子どもへの対応においても、また登校拒否を出さないためのとりくみにおいても、学級担任の役割は決定的に重要である。しかし、すべてを学級担任まかせ、学級担任のせいにするようなことでは、問題はなかなか解決できない。担任を支える体制が学校のなかでどうつくられているかが問われることになる。

まず前提になるのは、それぞれの学校で民主的な教職員集団がどうつくられているかということである。教師一人ひとりがバラバラにされて管理されるようなことになっていないだろうか。仲間うちで陰口を言いあったり、いやみや冷やかしを言ったり、足のひっぱりあいをしていないだろうか。職員室で日常的に子どものことが話題になっているだろうか。課題を持つ子どもの指導について、担任任せにせず、学年の担任団全体で論議してとりくむことができているだろうか。

また、前項でも触れたが、中学校や高校の場合、学級担任と教科担任、部活の顧問の連携をとること、気になる子どもがいた場合、その都度の連携とともに、定期的に学年の担任団とその学年の教科担当者が連絡会をもって、気になる子どもの状況を出し合い、意見交換をするなどをぜひやっていきたい。

5）学校に子どもたちの悩みに応えるスタッフと相談室を

これまで、日本の学校教育のなかでは、子どもたちの身体的な健康管理については、養護教諭が配置され、校医や歯科医の検診も定期的に実施されるなど、学校保健体制がそれなりに整えられてきた。しかし、子どもたちの精神的な健康維持という点では、体制もとりくみもきわめて不十分であった。登校拒否・不登校が大きな社会問題になるなかで、この課題についても、ようやく、行政面でのとりくみが始まってきた。スクール・カウンセラーの配置がすすめられているが、非常勤で、週2回、半日、しかもいくつかの学校かけもちという体制では、極めて不十分と言わざるを得ない。

教育相談係、教育相談室、教育相談委員会、名称はいろいろであるが、学校として教育相談に組織的にとりくむ体制ができてきたことは喜ばしい。学校の規模にもよるが、規模の大きい小学校や中学校・高校では、養護教諭も含めて、2～3人の専任スタッフがほしい。また、各学年の担任団のなかから一人ずつ相談委員会に加わることが望ましい。専任のスタッフについては、専門的な研修の機会が必ず保障される必要がある。

そして、子どもたちがいつでも気軽に相談にいける「相談室」を設ける。こうした教育相談の体制や相談室があること、その利用の仕方などについて、機会あるごとに子どもや保護者に周知・徹底することも大切である。

教育相談係と学級担任との連携をどうすすめるかも、重要な課題である。学級担任から相談係に相談をもちかけ、アドバイスを求めたり、養護教諭や相談係の教員が気になる子どもについてかかわりをもっていく場合もある。いずれにしても、両者が緊密に連絡をとりあい、相談係に“まかせっきり”、相談係が“かかえこみ”にならないよう留意することが大切である。

6）父母とともに、地域に開かれた学校づくりを

登校拒否の子どもが出ないような民主的な学校づくりを考えるとき、父母に開かれた学校、父母とともにつくる学校という視点を落とすわけにはいかない。学級通信や学年通信を発行して、学校での子どもたちの様子を父母に伝え、父母の気持ちや意見を受けとめようとしている学校や教師も多い。しかし、大半の父母にとっては、学校の様子がよくわからず、教師や学校に対して言いたいことがあ

っても、子どもにはねかえってきそうで言えないとか、言っても聞き入れてもらえないというのが実態ではないだろうか。

学級担任が、常に父母と力をあわせて子どもたちの成長を促そうとする姿勢をつらぬくことによって父母の信頼をかちとり、父母からみて、何でもうちあけ、相談できるような関係を築くことが大切である。そのためには、父母と力をあわせて教育活動をすすめていくということが、学校全体の教育方針として確立されていなければならない。

ＰＴＡが、地域のボス的な人たちによって役員ポストが占められ、単なる「学校後援会」的な組織になっていないだろうか。また、学級ＰＴＡなどの基礎組織を活性化して、ほんとうに父母と教師が論議を交わし、ともに活動していく場にしていくことができれば、父母や地域に開かれた学校をつくっていく大きな力になるに違いない。

7）民主的な学校づくりと、ゆきとどいた教育のできる条件整備を

今日、小学校・中学校・高校を問わず、教師が追い立てられるような忙しい毎日で、ゆっくり子どもたちの相手ができていないのが実態である。また、年々、教職員に対する管理・統制が強められてきている。教職員がバラバラにされ、がんじがらめにしばられて、自由な教育活動が抑えられていくなかで、子どもとのかかわりが深まっていくはずがない。そうした学校では、子どもの内面をつかもうと努力することよりも、子どもたちを学校の枠にはめこむことに重きがおかれることになりがちである。これでは、登校拒否・不登校の子どもが増えていくのが当然ではないだろうか。

教職員一人ひとりの個性が生かされ、自主性・創造性が尊重され、自由に意見を出しあい、ときにはきびしく批判しあいながら、同時に助けあい、協力しあっていくような民主的な学校であってこそ子どもを大切にし、子どもを主人公にした教育的な営みができるはずである。

地域によっては、少人数学級が一部で導入されてきた。文部科学省もようやく40年ぶりに小学校について学級編成基準の改善に踏み切った。現在、35人学級が学年進行で導入中である（2022年度は3年生まで）。

形式的な官制研修のおしつけ、各種の調査・統計や教育委員会への報告文書の作成などの雑務も教師が子どもと接する機会を狭めている。

文部科学省や都道府県教育委員会や地方教育委員会は、不登校・登校拒否問題に対して、それなりの施策を講じてきている。しかし、教育行政が本来なすべきことは、ここにあげたような諸問題を解決すること一学級定数を30人以下に減らし、教職員を増やすこと。教師の雑務を減らし、一人ひとりの子どもとゆっくり向きあい、かかわれるような、ゆきとどいた教育ができるように教育条件を整備することであるはずである。

教職員もまた、こうした教育現場の実態を率直に父母に訴え、父母とともに、ゆきとどいた教育のできる条件整備を教育行政に強く求めていかなければならない。

(※2022年度滋賀「教育のつどい」不登校・登校拒否分科会レポート／「どう取り組むか」の項は2005年３月執筆に若干加筆)

（12）今回の措置で「徴用工問題」は根本的に解決するか

日韓両国間の懸案となっていた「徴用工問題」について、2023年3月6日、韓国政府は、韓国の財団の寄付を募り、日本企業に命じられた賠償金を肩代わりする「解決策」を発表した。日本政府もこれを歓迎し、過去の植民地支配への「反省とお詫び」を盛り込んだ歴代政府の歴史認識の継承を表明した。韓国側が求めた「誠意ある対応」の一つで、両国が「政治決着」をはかったと受け止められている。しかし、私には、問題の経過や本質から考えて、これで根本的な解決ができたとは到底思われない。以下、問題の経過をふりかえることにしたい。

なぜ「徴用工問題」が起きたのか―混乱の出発点は「日韓基本条約」

「徴用工問題」の本質はどこにあるのか。この問題は歴史的経過を遡らなければならない。もともとの発端は戦前の日本帝国主義の韓国や中国に対する侵略と植民地支配にあった。詳細については、30年近く前にまとめた高校生対象の「学習資料」（後掲）を参照してほしい。

戦後、過酷な条件で酷使された犠牲者が声をあげたのは当然だった。ドイツ（戦後はしばらく東西ドイツ、1990年統一）は各国の第２次大戦とナチスの犠牲者に、671億ユーロという莫大な補償を行ってきた（2023年3月9日現在の外国為替相場で日本円に換算すれば、9兆6624億円）。

そうした中で、1951年、日韓両政府間の交渉が始まった。両者の主張が折りあわず、アメリカが仲介に入ったが難航した。しかし、韓国では1961年、軍事クーデターによってパク・チョンヒ（朴正熙）政権が成立。1965年に「日韓基本条約」が結ばれた。朴政権は日本の経済援助を得んがため、国民の意思を無視して妥結したものだった。条約と同時に結ばれた付属協定によって、日本は有償・無償の経済援助・借款を行う（無償３億ドル、有償２億ドル、経済援助を含めて最終的には11億ドルにのぼった）。また、日韓両国間及び国民間の請求権は「完全かつ最終的に解決された」旨、うたわれた。それは、日本の戦争責任を棚上げにし、韓国への経済進出の足がかりを得ようとするもので、日本の支配者と独占資本にとっては願ってもないものだった。

当然、韓国でも日本でも激しい反対闘争が起きた。
韓国政府は手にした賠償金の大半を経済の復興にあて、被害者には僅かしか交付しなかった。被害者に不満が残ったのは当然だった。

韓国大法院（最高裁）判決までの経過とその後の状況

韓国の被害者たちは、最初は日本の裁判所で損害賠償の訴訟を起こした。しかし、最高裁判所を始め、日本の裁判所は「日韓基本条約」と「付属協定」を根拠にすべて「請求」を棄却した。
そこで、15人の被害者が日本製鉄（旧日鉄住金）と三菱重工業を相手に韓国の裁判所に提訴した。この間、韓国では2017年、大統領パク・クネ（朴槿恵・朴正熙の娘）が失脚したあと、ムン・ジュイン（文在寅）が大統領に就任、それまでの親日政策の見直しをすすめた。そのなかで、韓国の大法院（日本の最高裁判所にあたる）は2018年10月、被害者の請求を認める判決を下した。裁判所は被告企業に賠償金の支払いを命じたが、日本の企業は応じない。そこで、裁判所は韓国内の被告企業の財産を差し押さえ、日韓関係が完全に冷え込んだ。
しかし、2022年の大統領選で野党のユン・ソンニョル大統領に交代したことで流れが変わった。新政権は日韓間の懸案の解決を目指し、水面下で折衝を重ねた。こうして今回の合意に達したものと思われる。

今回の「合意」は、禍根を残すだろう

今回の日韓間の「合意」で、「徴用工問題」が根本的に解決したとは、私には到底思われない。なぜなら、被害は日本企業と日本政府が与えたものである。それを韓国の企業に肩代わりさせるというのは、誰が考えても筋が通らない。第一、すべての原告が納得する訳がない。原告たちは金銭的な要求だけで提訴したものではないと私は思う。人間としての名誉と尊厳をかけたものに違いない。韓国の世論も6割以上が今回の措置に反対しているという（「朝日新聞」2023年3月17日

付）。

「日韓基本条約」によって被害者個人の請求権まで消滅したものでないことは、過去の政府答弁でも確認されている。

マスコミは「懸案がようやく解決を見た」と、大方が歓迎している。しかし、ここで声をあげなければ、私たち一人ひとりが、過去の日本の帝国主義的な侵略と支配を容認することになると私は思っている。

○**参考**《２年生・統一ＬＨＲ資料》 1995年2月8日

在日朝鮮人・韓国人問題について

＜はじめに＞

ちょうど１年前の昨年２月７日、南朝鮮の元「従軍慰安婦」だった27人の女性が来日、慰安婦制度にかかわった責任者の処罰をもとめる告訴状を東京地方検察庁に提出しました。しかし、受理されませんでした。

「従軍慰安婦」とは、どういうことか分かりますか。

第２次世界大戦中に、日本の軍隊が朝鮮の少女や婦人をあざむいて連行し、その自由を奪って、中国大陸や東南アジアなどの「戦地」で、連日日本軍兵士の性的欲望を満足させるための相手をさせたというひどい問題です。

また、在日朝鮮・韓国人の「指紋押捺」問題もありましたね。何故、多くの朝鮮の人たちが今も日本に住んでいるのでしょうか。そして、その人たちはどんな状態におかれているのでしょうか。

今回は、今日の日本の人権問題の一つとして、この在日朝鮮人・韓国人問題をみんなで学び、考えていきたいと思います。

＜近くて遠い国＞

朝鮮は日本の隣国、歴史的にも文化的にも非常につながりの強い国です。日本の伝統的な習俗や生活様式のなかで、朝鮮と共通のものはいっぱいあります。ひなまつり、端午の節句、七夕などみな同じです。水田耕作に伴う弥生文化も朝鮮から入ってきました。5～6世紀には、秦氏や漢氏など、高い文化や技術を身につけた多数の朝鮮半島からの渡来人によって、日本の国土が開かれ、文化が築かれていったのです。この湖東地方にも、そうした渡来人の足跡は無数に残っています（秦荘町・百済寺・竜王町の須恵・薬師、石塔寺など）。室町時代には、日朝間の貿易も盛んに行なわれていました。江戸時代には将軍の交代する度に朝鮮から通信使が来朝、幕府は国賓として手厚くもてなしていたのでした（「朝鮮人街道」はこの朝鮮通信使が通った道です）。16世紀末の豊臣秀吉による朝鮮侵略はありましたが、19世紀後半までの日本と朝鮮は、隣国同士として親しく行き来し合う関係にありました。

＜日本による侵略と植民地支配＞

日本と朝鮮との関係が、日本の一方的な圧迫と侵略の方向に進んだのは、明治維新以後のことです。明治政府は、朝鮮や台湾へ進出することによって、特権を奪われた士族の不満を外にそらし、新政府の国内での威信をうちたて、同時に欧米諸国に圧迫されていた不利な状況から抜け出る第一歩にしようとしたのです。

日清戦争（1894～1895年）は、朝鮮の支配をめぐる日本と清国の対立からおこった戦争でした。この戦争の間に、日本は朝鮮を完全に占領下におき、クーデターによる王宮占領、政権のすげ替えなど朝鮮の内政に勝手気ままに干渉しました。朝鮮国内では、農民の“世直し”のたたかいや、国の近代化をはかろうとする動きが度々ありましたが、いずれも日本や清国の干渉によってつぶされてしまいました。そして、日清戦争以後、日本は軍隊の力で、民衆の間だけではなく、朝鮮の宮廷や官僚の中にも強く見られた反日的な空気を押えこんでいきました。こうして、日露戦争を経て、1905年には朝鮮の外交権を奪って保護国とし、ソウルに統監府をおいて内政をも掌握、1910年、日韓併合条約を押しつけ、大韓帝国を滅ぼして朝鮮を名実ともに日本の植民地としたのです。

「日韓併合」後は、日本陸海軍の現役の大将が朝鮮総督として派遣され、朝鮮の立法・行政・司法・軍事に関する権限を一手に掌握、憲兵と警察とが一体となって民衆支配の網の目をはりめぐらしました。また、「土地調査事業」と称して、農民から土地をだまし取って、国有地に組み入れ、日本からの移民に安価で払い下げました。朝鮮は、綿織物など日本の工業製品と資本の市場として、さらに米などの食糧や原料・資源の供給地として、日本資本主義の経済支配に一層深く縛りつけられ、民衆の生活は根底から破壊されていきました。

こうした植民地支配の強化に対して、朝鮮の民衆は、1919年に朝鮮全土をまきこんだ「３・１独立運動」など、抵抗・独立運動を粘り強くすすめました。これに対し、日本は朝鮮人に対する「同化教育」を強引にすすめました。それは、朝鮮人に対して「日本語による教育」を強制し、朝鮮人みずからの手による民族教育を一切禁圧するものでした。日中戦争が拡大するなかで、「一、私共ハ、大日本帝国ノ臣民デアリマス。二、私共ハ互イニ心ヲ合セテ天皇陛下ニ忠義ヲ尽シマス」と毎日誓詞を唱えさせる「皇民化」政策や、朝鮮人から「氏」と「名」を奪い、日本名に改めさせる「創氏改名」にまでエスカレートしていきました。それは、まさに朝鮮民族そのものを抹殺しようとするものでした。

さらに、次に述べるよに、朝鮮人を日本に強制的に連行して酷使し、今問題になっているように、朝鮮の少女や婦人をかどわかして戦地へ連行、「従軍慰安婦」として日本軍兵士の性欲処理の相手までさせたのでした。

＜朝鮮人は、どうして日本に来たのか、連れてこられたのか＞

日本の植民地支配が始まった1910年に、日本に居住していた朝鮮人は僅か790人にすぎませんでした。それが、植民地支配の強化とともに増加していき、日本の敗戦直前には230万人を越えるにいたりました（朝鮮の全人口の１割を越える）。

1910年代には、“大戦景気”で急成長をとげた日本の産業界が朝鮮人を安い賃金で雇い始め、植民地支配下で生活に困った朝鮮の人たちが働き口を求めて日本に渡るようになりました。1920年代には、「土地調査事業」（土地取り上げ）や「産米増殖計画」（米取り上げ）によって、いっそう生活を破壊された結果、口べらしや送金目当てに子どもを渡日させたり、一家をあげて日本に渡り再起を期そうとする人が多くなり、在日朝鮮人は一気に30万人近くになりました。しかし、この時期にはまだ日本に定住する人はそう多くはありませんでした。

1930年代の末から渡航者が大幅に増加します。これは、自分からすすんで来た人でもなければ、生活できなくなってやむを得ず来日した人でもありません。強制的に連行されてきた人たちなのです。

1939（昭和14）年、日中戦争が長期化するに伴い、日本では炭坑夫や土木作業員が軍隊に召集されたり、軍需工場へ動員されて、深刻な人手不足を生じました。この人手不足を補うために、朝鮮での青年・壮年の狩り集め＝強制連行が行なわれたのです。日本の鉱山・炭坑・水力発電所・軍需工場などへの強制連行は、初めは一応「募集」という形式をとっていました。村の役人・警官・地方のボスが、上からの割り当て分をそろえて、日本に送りこむのです。集められた人のほとんどは、どこへ送られるのかさえ知らなかったといいます。やがて割り当て分をそろえるために、ひどい無茶が行なわれました。寝込みを襲われたり、野良仕事中に引っ張られたり、町を歩いているとき理由もなく警察につかまって、そのままトラックに乗せられた人も珍しくありませんでした。このようにして、敗戦までの６年間に、72万5000人の青壮年が日本に連行され、炭坑（34万人）、土木工事（11万人）、鉱山（７万人）などで奴隷のように酷使され、死亡者は６万人に及びました。

<在日朝鮮人に対する差別ー戦前>

祖国朝鮮で田畑を奪われ、着のみ着のまま玄界灘を渡って来た朝鮮人の、日本での生活は大変厳しいものでした。日本語も不自由な朝鮮人にできる仕事といえば、肉体労働に限られ、それも不安定な職場の危険な仕事、人のいやがる仕事しかまわってきませんでした。賃金は安く、土方などの場合はかなりの部分がピンハネされました。その上、日本人労働者は、朝鮮人労働者に同情するどころか「あいつらがいるから、俺たちの賃金が安くなるのだ」と憎しみの目を向けました。明治以来、日本の朝鮮侵略が進行していくのに伴って、日本人の間には朝鮮人に対する蔑視、差別、偏見が植えつけられていきました。こうした日本人の朝鮮人に対する差別意識や偏見が底流にあって起ったのが、関東大震災の際におきた朝鮮人大虐殺事件でした。

今回の阪神大震災は大変甚大な被害を引き起こしました。関東大震災以来といわれていますね。今（1995年）から72年前、1923（大正12）年９月１日、関東地方を空前の大地震が襲いました。ちょうど昼食時で火を使っていた家も多く、地震とそれに伴って起った大火によって東京は焼け野原になり、約10万人の人たちが死にました。しかし、当時東京の周辺にいた１万5000人の朝鮮人にとって、本当の恐怖はそのあとにやってきました。焼け野原のいたる所に、日本刀や鳶口、竹槍、ドス、猟銃などをもった「自警団」と称する日本人が目を血走らせて立ち、口々に「朝鮮人を殺せ」と叫んでいたのです。言葉のわからない朝鮮人には、何を叫んでいるのかもわかりません。「何を言っているんだ」と思わず朝鮮語を口にした者は、たちまちその場で殺されてしまいました。自警団は、道を通る人たちに「十五円五十銭」などと言わせ、少しでも発音がおかしいと血祭りにあげました。こうして、約6000人の朝鮮人が虐殺されたのです。

朝鮮人虐殺を引き起こしたのは、「朝鮮人が日本人を襲いに来る」「朝鮮人が井戸に毒を投げ込んだ」という出所不明のデマが流されたからでした。日本人と同じように、火事から逃げまどうばかりだった朝鮮人にそんなことをする余裕もなければ、する理由もないことは明らかでした。しかし、天災によって不安のどん底に落ち込んでいた日本人は、このデマを信じ込み、異常な行動へと走っていったのです。

今日では、警察が「朝鮮人来襲」に対する警戒を呼びかけ、軍隊が無線で全国に「朝鮮人来襲」を通報したことも明らかになっています。軍隊や警察が、自警団に銃を貸し与えていました。在日朝鮮人とともに、大杉栄ら日本人の社会主義者も多数虐殺されています。政府権力側は、「食糧暴動などの起るのを防ぐために、民族憎悪の感情をかきたて、政府に向かうはずの民衆の反抗を、朝鮮人に向けさせた」と言われています。

同時に私たちは、多くの日本の民衆が、このような「朝鮮人暴動」のデマを信じこみ、朝鮮人に対する何の根拠もない恐怖・憎悪の念にかられ、朝鮮人虐殺に走った事実を直視しなければなりません。それは、明治以降植えつけられてきた、日本人が内にもつ朝鮮人に対する偏見や蔑視の根強さを示すものであるからです。

<在日朝鮮人のおかれている状況－今日の問題点>

第２次世界大戦の終結、日本の敗戦と祖国朝鮮の解放によって、自由を得た朝鮮人の多くは、戦後帰国しました。しかし、戦後の朝鮮の政治・経済状況が不安定っだたことや、やがて朝鮮戦争が起きたことなどから、また日本の社会に定着してしまい、帰るに帰れぬ事情の生じていた人たちなど、約60万の朝鮮人がそのまま日本で生活を続けることになりました。今日も70万人近い朝鮮・韓国人が日本で生活しています。そして、今なお様々な差別のもとに苦しんでいるのです。

現在、日本に長期間在留する外国人の登録総数は、1984年末現在、84万1831人、うち朝鮮人68万706人（81％）、中国人6万960人（8％）となっています（最近はブラジルやイランなどからの外国人労働者や増えてきています）。

以下、各項目毎に問題点を拾っておきましょう。

1）法的地位（在留権の保障）

韓国籍の人は、日韓法的地位協定に基づき、協定永住を申請して許可された場合は永住権があります。そうでない人たちは、従来は「当分の間、在留を認める」とか「在留期間３年、３年毎に更新」という不安定のものでしたが、1991年11月以降、「特別永住権」に統一され、一応、永住期間の制限はなくなりました。

2）外国人登録制度

○住所・氏名及び職業・勤務先に至るまでの20項目が登録原票に記載されている。

○登録は５年毎に切り替え（1982年以前は３年毎）。以前は、申請時に指紋押捺が義務づけられ、人権侵害として大きな問題になっていました。しかし、国内外の強い反対により、1993年１月８日より、永住権を有する外国人に限り廃止になりました。代って、本人の署名と家族の記載が必要となり、問題が残っています。

○登録証明書は常時携帯、提示を義務づけられている（16歳以上）。

○違反者は１年以下の懲役または禁固、または20万円以下の罰金。

3）民族教育について

○解放後（第２次大戦後）、在日朝鮮人は、苦しい生活の中からお金を出し合い、各地に朝鮮人学校を建設。民族の主体性をまもるため、民族教育を始めた。

○日本政府は、朝鮮人学校を認可しなかったばかりか、1948年、朝鮮人学校閉鎖令を出して強制的に閉鎖。日本の学校に通わせ、日本人としての教育を強制した。

○これに対し、粘り強い反対運動がおこり、再び各地に朝鮮人学校がつくられてきた。今日では、日本の学校と同じく、６・３・３・４制の教育体系をとっている（県内では、大津市に「滋賀朝鮮初級中級学校がある）。

○しかし、日本政府は、今日においても朝鮮人学校を学校教育法に基づく学校（私立学校）として認可していない。そのため、ＪＲの通学定期は、従来、小学生・中学生でも各種学校なみの割り引きしか行われてこなかった。なんとか同じように割引きしてほしいという運動が続けられ、ようやく昨年（1994年）４月から是正された。

○朝鮮高校からの進学（受験）を認める大学が増えてきたが、まだ門戸をとざしている大学もあり、専門学校の中にも、受験を認めないところも多い。

○朝鮮人学校は、従来、中体連・高体連にも参加できなかったが、これも運動の結果、正式加盟は認めないものの、ようやく全国大会にも出場できるようになった。

４）職業上の差別

○朝鮮人は採用しないという就職差別が、依然として行なわれている。

○公務員・公立学校の教員には正規には採用しない（政府の方針）。最近になって、地方では常勤講師として採用を認めるところがでてきた。

○法律上の明文規定で「日本国民」に限定しているものも多い（鉱業権・船舶の所有・市中銀行・保険業・証券業）

５）社会保障について

○健康保険・厚生年金・国民健康保険には、日本国民と同じように加入できる。

○国民年金については、かっては日本国民であることが被保険者の要件となっていた。1982年１月、日本が「難民の地位に関する条約」を批准したしたことから、国籍条項を撤廃した。

○生活保護法―本来的には「日本国民に限る」。在留外国人に対しては、治安上・人道上の立場から「生活保護に準ずる保護を行なう」―いわゆる「準用」という差別的取扱いを行なっている。朝鮮学校に通学している子どもは、教育扶助は受けられない。

○遺族年金・障害年金など恩給法の適用なし。
6）社会生活全般について
○不動産の売買、建物や部屋の賃貸においても差別があり、ゴルフの会員についても、門戸を閉ざしているところがある。
○公営住宅・公団住宅についても、かっては入居させなかった。差別撤廃の運動が高まった結果、1980年4月から公団住宅の入居・分譲については、国籍条項を撤廃。
○税金は、日本人とまったく同じように負担している。しかし、選挙権は一切ない（現実にはその市町村の住民であり、住民税も払っているのに、市町村長や議員の選挙権・被選挙権が与えられていないのは問題だとの意見も強くなってきている）。
（以上は1995年の状況で、今日では改善されているところもある。）
（※2023年3月16日、滋賀高退協交流会での話題提供資料）

（13）何としても食い止めよう！　敵基地攻撃能力保有と大軍拡

1）「国のあり方」を根本的に覆す悪法を次々可決

岸田内閣は、「国のあり方」を根本から覆す悪法を、今通常国会（2023年度）で通した。主なものを次に挙げる。

・原発推進等５法案――これまで原発は「原則40年まで」としてきた運転期間を70年まで延長する「原発回帰」
・戦後、長年にわたって使用されてきた健康保険証を廃止し、マイナンバー使用を強要する「マイナンバー等改定案」（「ひもつけ」で次々ミスが生じているのに）
・難民申請に上限を設け、３回目以降の申請者は、申請中でも母国への送還を可能にする「入管法改悪案」

2）向こう５年間に43兆円の軍事費を注ぎ込み、「敵基地攻撃能力」を保有―改憲の危険も高まっている

岸田内閣は、2022年12月16日、「安保３文書」（「国家安全保障戦略」「国家防衛戦略」「防衛力整備計画」）を閣議決定した。国の防衛政策の根本的な転換を図るものであり、本来、閣議で決めるべきものではない。国会で十分時間をかけて審議・決定すべきのであり、閣議決定自体が「立憲主義」に明白に違反している。また、その内容たるや、歴代自民党内閣さえ守ってきた「防衛費はGNP１％以内」との歯止めを破棄、GNP２％をめざす「大軍拡」を図るものである。

「敵基地攻撃能力」は、具体的には、相手国の領土を攻撃できる長距離のミサイルを開発する。１発５億円もする米国製の長距離巡航ミサイル・トマホークを500発も導入しようとしている。しかし、歴代内閣は、「攻撃的兵器のなかで、たとえばB52(戦略爆撃機）のようなもの、ICBM（大陸間弾道ミサイル）、あるいは中距離弾道弾、このように他国の領域に対して直接脅威を与えるものは（憲法９条で）禁止されている」（中曽根康弘防衛庁長官、1970年3月30日、衆議院予算委員会答弁）としてきた。安倍元首相さえ踏襲してきたことである。

そうしたなかで、自民党・公明党に加えて、日本維新の会・国民民主党も「改憲派」に加わり、衆議院・参議院の３分の２を占めるに至っている。改憲の危険性が高まっているのだ。何としても食い止めなければならない。

3）日本の軍事費、倍増なら、世界で第３位に

スウェーデンのストックホルム国際平和研究所（SIPRI）が2023年４月24日に公表した2022年度の世界の主な国の軍事費は、以下の通り。

米国　　8670億ドル　　中国　　2920億ドル（推定）

ロシア	864億ドル（推定）	インド	814億ドル
英国	685億ドル	ドイツ	558億ドル
フランス	536億ドル		
日本	460億ドル（日本は、現在は第10位）		

岸田政権がすすめようとしているGNP２％（倍加）になれば、交戦中のロシアさえ上回るのだ。憲法第９条で軍備を放棄したはずの日本が、やるべきことだろうか。

（「しんぶん赤旗」2023年4月27日付）

４）防衛費のために“借金”（国債流用）、歴代政権の方針も放棄

第２次大戦中、戦費を調達するために、無制限に国債が発行された。戦争末期には国の財政そのものが破綻していた。その反省にたって、憲法９条を踏みにじって自衛隊を増強してきた歴代の自民党政権も、さすがに「公債を軍事目的に活用することは絶対に致しません」（1965年、佐藤栄作内閣の福田赳夫蔵相答弁）との立場を貫いてきた。しかし、岸田内閣はそれすら放棄した。2023年度予算では、防衛関連予算に4343億円の「建設国債」を充当したのである。防衛費のGNP２％達成のために、今後さらに社会保障費などの圧縮と増税に加えて、国債による充当が行われるおそれがある。（「朝日新聞」2023年5月4日付）

実は、インターネットで、驚くべきニュースに接した。財務省が2022年8月に発表したところによると、国債の発行残高は2022年6月末で1255兆1932億円に達していた。過去10年間の国家予算の合計さえも大幅に上回り、初めて国民一人あたり1000万円を超えたという。いったい、誰が、どうして償還するのか。最終的には、国民の負担になる他ないだろう。

個人が年収の10年分を超えるような借金があれば、とうに破産している。国の借金は対GNP比では、すでに戦時中さえも上回っている

のである。しかも、これだけ大問題なのに、マスコミはほとんどが取り上げていない。

債務残高の国際比較（対GDP比）についても、日本はＧ７のなかでダントツに高い（2021年度、2.57倍）。ついでイタリア1.55、アメリカ1.33、フランス1.16, カナダ1.10、ドイツ0.73倍となっている。

アメリカは、国の債務の上限を法律で決めている。それを上回った場合には、債務超過で、デフォルト（債務不履行）になる。すでに2023年1月で、その上限に達していた。下院で多数を占める共和党との折衝が難航したが、5月末妥協が成立。歳出削減を条件に、2025年1月まで規制を適用しないことになり、やっと債務不履行が回避できた。

日本は何の規制もなく、漫然と国債を発行し続けている“借金王国”である。今年度も、国の歳入の31％が国債でまかなわれている。いつ、国が倒産するか分からない状況だと言っても過言ではない。

防衛費を倍増しようとすれば、社会保障費の切り下げや、教育費の抑制が進むことは目に見えている。増税も避けられないだろう。教育の荒廃は一層進むに違いない。その上、さらに国債にも手をつけることになるのではないか。

５）教育予算の倍増と教師の大幅増員を！

文科省の調査によれば、2021年4月の時点で、全国で2081人の教員が定数に比べ不足していた。文科省や地教委が決めた教員定数さえ充足していないのだ。学校の「ブラック」化がすすみ、教師は疲弊し、非正規化が進行、教員志望者も減少している。

廃止したとはいえ、非教育的な教員免許更新制の後遺症もあり、産休者や病気休職者が出ても、代替教員が確保できず、教員不足が日常化している。教育に「穴が開いてる」のだ（「朝日新聞」2023年5月9日付）。

また、2021度の小学校・中学校の「いじめ認知件数」は、前年度比で19％増の61万5351件となった。状況は極めて深刻である。内閣全体でどう対処すべきか、十分時間をかけて論議し、対策を立てるべきではないか。「防衛計画」よりも、こちらの方がよっぽど喫緊の課題である。

こうした状況は、教育予算の「貧困」が招いた結果であることは間違いない。防衛費の倍増ではなく、教育予算の増額と「学校教育の立て直し」こそが、今こそ切実に求められているのだ。ちなみに、日本の公教育費がGNPに占める比率はOECD38カ国中、最下位から２番目の37位である（OECD平均は4.2％、日本は2.9％、最高はノルウェーの6.4％、次いでコスタリカの5.6％）。教育予算の少なさが、障害児学校の教育条件を一層劣悪にしている。また、大学の高学費も問題になっている。

2023年度当初予算は、過去最高の114兆3812億円。防衛費も前年度を1兆4214億円上回る6兆8219億円である。過去30年間の増額は合計しても1兆円程度だから、単年度でそれを上回ることになる。小学校・中学校の教職員定数は2474人減というから、まさに本末転倒ではないか。岸田内閣は、安倍元首相を始め歴代内閣さえやらなかった大軍拡を強行しようとしているのだ。しかも、政治と金の問題、また統一教会との癒着などで、すでに4人の閣僚が辞任し、支持率は３割台に低下したこともあった。

防衛費を２倍に増やす予算があれば、教育費にこそ回すべきではないか。ことは、子どもたちの未来と日本の将来にかかわっているのだ。

（※2023年6月11日、滋賀民研定期総会で「参考資料」として配布）

あとがき

私は、これまで、私家版の小冊子を含めると結構たくさんの著書を出版してきました。編集に関わった書物を加えるとさらに増えます。知り合いの方々には、その都度、無理を言い、迷惑をかけ、また助けてもらってきました。本当に感謝しています。「持つべきものは友なり」と、心から思っています。

これが最後の出版になるだろうと思い、若干の感慨を記して「あとがき」に代えます。

本文でも述べたように、私は1995年３月に定年を迎え、県立八幡高校を最後に退職しました。

同校には21年間お世話になりましたので、持ち物が結構たまっていました。年度末が近づくにつれ、ぼちぼち整理しました。終業式と離任式が終わる３月24日には、すっかり荷物も片付きました。お世話になった教職員の皆さんにご挨拶し、「これで八幡高校ともお別れだ」との思いで、校舎を後にしました。

ところが、3月27・28日ごろでしたか、Ｉ校長から電話をいただきました。「県教委からの辞令をお渡しするので、登校してほしい」とのことでした。迂闊（うかつ）にも、退職の辞令が出るなどとは思っても見なかったのです。

3月31日、久しぶりに登校しました。「君が代」導入をめぐって激しくやりあったＩ校長から、ねぎらいのお言葉を頂戴し、恐縮しました。また、女性職員からは花束まで贈られ、喜んで帰宅しました。

家に着いて、いきさつを報告したところ、つれあいの言葉にまた驚きました。「何時、首になるかと心配していた。無事に定年まで勤めていただき、ありがとう」と言うではありませんか。

あちこちに首を突っ込み過ぎたようですが、それなりに充実した教職生活だったつもりでした。ところが、周りに助けられ、迷惑をかけ、また心配もさせてきた人生だったと思い知らされたことでした。

人はみな　人と接して　人となる

振り返ってみますと、多くの人たちに導かれ、支えられ、またあるときは頼まれて、ここまで歩んできました。この歳になっても、まだまだ未熟で、間が抜けたところの多い山田です。これからも、皆さんのお力添えをお願い申し上げます。

支えていただいた多くの人たちに感謝申し上げ、稿を閉じることといたします。

梅田修さんを初め、部落問題研究所の皆さんには、今回も大変お世話になりました。ありがとうございました。

時雨忌や　卒寿を前に　稿を編む　　　未稔子（みじんこ）

2023年10月　　　　　　　　　　　山田　稔

山田　稔（やまだ　みのる）

1934年　大津市で生まれる
1958年　京都大学文学部史学科卒業
1958年～1995年　滋賀県立高校教諭
その間、滋賀高教組書記長・滋賀県同和教育研究会事務局長などを歴任
2000年～2020年　立命館大学・滋賀県立大学などで非常勤講師
1988年以降　滋賀県民主教育研究所事務局長・副理事長を歴任、現・理事

主な編著書
『高校における同和教育』（部落問題研究所、1980年）
『高等学校の同和教育』（同和教育実践選書刊行会、1987年）
『私の人権教育論—高校生とともに学んで』（部落問題研究所、1995年）
『滋賀県における近代部落史論集』（滋賀県同和問題研究所、2008年）
『ともに希望を紡いで—ある高校教師の戦後史』（私家版、2010年）
『松尾芭蕉と近江』（三学出版、2018年）
『教育のあり方を問う—政策批判と子ども事件」（サンライズ出版、2020年）

人はみな　人と接して　人となる

2023年10月10日　初版印刷発行

著　者　山田　稔
発行者　梅田　修
発行所　公益社団法人部落問題研究所

〒606-8691　京都市左京区高野西開町34-11
TEL 075(721)6108　　FAX 075(701)2723

ISBN978-4-8298-4525-7